JOHN

mustapha k. bénouis UNIVERSITY OF HAWAII

le français économique et commercial

HARCOURT BRACE JOVANOVICH, INC.

*NEW YORK   SAN DIEGO   CHICAGO   SAN FRANCISCO   ATLANTA
LONDON   SYDNEY   TORONTO*

To Jane Ann, Ian, James, and Keith

Copyright © 1982 by Harcourt Brace Jovanovich, Inc.

All rights reserved. No part of this publication may be reproduced
or transmitted in any form or by any means, electronic or mechanical,
including photocopy, recording, or any information storage and
retrieval system, without permission in writing from the publisher.

Requests for permission to make copies of any part of the work
should be mailed to: Permissions, Harcourt Brace Jovanovich, Inc.,
757 Third Avenue, New York, N.Y. 10017.

ISBN: 0-15-528300-6

Library of Congress Catalog Card Number: 81-82401

Printed in the United States of America

Illustration credits appear on page 246, which constitutes
a continuation of the copyright page.

preface

The need expressed by American college students for practical and relevant French courses has become more urgent in recent years with the greatly increased investment in the United States by French corporations and the rapidly expanding trade between the U.S. and French-speaking countries.

The University of Hawaii, like universities across the country, began developing courses to meet this need. Faced with the prospect of teaching a French Business course at the junior level, I tried to find a textbook. The few available either were not oriented to the American student or did not contain the necessary material. The present book is a result of the material I prepared to provide a classroom text for my course at the University of Hawaii.

Le Français économique et commercial is designed to be used in courses for American students who wish to master the essential vocabulary and style specific to French business. In addition, it introduces them to the basic workings of the French economy and everyday business terms. It is intended primarily for the third-year level, and many will find it invaluable as a reference work.

The first three chapters present the infrastructure of the French economy: agriculture, industry, trade, and transportation. The next chapters deal with services (customs, banking, stock exchange, advertising, insurance, real estate, and taxes) that support the system. Additional chapters cover material directly related to the business world (correspondence, company organization, employment).

In each chapter a descriptive text explains a specific area of business or economics and presents relevant data and terminology. Important terms are defined in French in the *Étude du vocabulaire,* and shorter definitions are given in English footnotes. Points of grammatical structure and other pertinent information are introduced in the *Remarques* (word formation, punctuation, and the like). The

Questions and *Exercices* are designed to test comprehension and reinforce exposure to the vocabulary, structures, and appropriate style. Along with the *Sujets de discussion et de composition,* they give students the opportunity to speak or write in a framework that uses the subject matter acquired in the chapter. Every third chapter is followed by *Exercices de révision.*

Extensive complementary material is included in the *Appendices.* This includes *Vocabulaire essentiel,* words either too broad or too specialized to be treated within the chapters; French business abbreviations with their English meanings and equivalents; names of countries and their currency; and national and international economic and trade agencies (with acronyms). The French-English and English-French vocabularies at the end of the book cover all the terms used in the chapters, plus additional material needed to complete the *Exercices.*

I would like to thank the students in my French Business course given in the fall of 1979 and 1980 at the University of Hawaii, who were the testing ground for this book. Special thanks go to Tina Andrew, who typed the manuscript.

MKB

table des matières

chapitre 7 **la bourse** 61

chapitre 8 **entreprises et sociétés** 69

chapitre 9 **la publicité** 84

chapitre 1
l'agriculture

DONNÉES GÉNÉRALES

L'agriculture d'un pays constitue le secteur primaire [1] de son économie. Elle dépend de conditions naturelles telles que les surfaces cultivables, la nature des sols (terres arables ou incultes [2]) et le climat ainsi que des modes d'exploitation usités [3].

Si l'on exclut les obstacles naturels (montagnes, lacs, étangs,[1] etc.), les terres bâties [4] et les sols impropres à l'agriculture, il reste des surfaces agricoles utilisables dont la productivité dépendra de la fertilité du sol et des moyens de valorisation [5] mis en place.

Le rendement [6] d'un terrain peut être amélioré par l'utilisation d'engrais [7] choisis en fonction de[2] la culture envisagée. En cas de pluviosité [8] défavorable, l'irrigation peut pallier la pénurie[3] ou l'insuffisance d'eau.

Les moyens de valorisation que nous venons de mentionner existent depuis que l'homme cultive la terre. Les premiers cultivateurs connaissaient les bienfaits du fumier,[4] engrais naturel bon marché, des cultures en terrasses et de l'irrigation à partir des eaux limoneuses[5] de certains cours d'eau.[6] Ces pratiques culturales sont toujours en usage dans beaucoup de pays en voie de développement.[7] Dans les pays dits développés, le recours aux engrais chimiques, à la mécanisation et à la motorisation contribue à l'obtention de rendements élevés.

[1] *étangs (m.)* ponds   [2] *en fonction de* in accordance with   [3] *pallier la pénurie* mitigate the shortage   [4] *fumier* manure   [5] *limoneuses* silty   [6] *cours d'eau* rivers, waterways
[7] *pays en voie de développement* developing countries

La taille[8] d'une exploitation agricole joue considérablement en matière de[9] productivité et de rentabilité.[10] De par[11] leur envergure[12] et l'importance des capitaux investis par leurs propriétaires (agriculteurs privés ou sociétés agricoles), les grandes exploitations sont en mesure de[13] bénéficier d'une mécanisation à grande échelle[14] et de la modernisation de leurs méthodes de production. Les moyennes[15] et petites exploitations, par contre, doivent s'associer en coopératives pour pouvoir jouir de[16] ces mêmes avantages.

PRODUITS AGRICOLES

1. Les Céréales

Pour beaucoup de pays, les céréales destinées à la consommation et à l'alimentation animale constituent l'essentiel de la production agricole. On compte parmi elles:

Le blé,[17] principale culture céréalière en Europe, en Amérique et en U.R.S.S. En France, les rendements actuels atteignent jusqu'à 38 quintaux à l'hectare (38 q/ha).[18] La production, qui est en progression, atteint un tonnage annuel allant de 14,5 à 20 millions selon les années.

L'orge,[20] qui entre dans la fabrication de la bière, a vu sa production décupler depuis 1940. Le tonnage annuel actuel oscille autour de 11 millions.

Le maïs[19] (80 millions de qx) est la troisiéme céréale française. La production maïsière est surtout destinée à l'alimentation du bétail et à la fabrication d'huile.

Le riz (150.000 qx), introduit assez récemment dans le delta du Rhône (Carmargue), est une culture en régression et qui ne couvre que 15% des besoins du pays.

L'avoine[21] (20 millions de qx) et **le seigle**[22] (3 millions de qx) sont des cultures en régression [9].

2. Fruits et légumes

Les cultures fruitières (pommes, poires, pêches, abricots, melons, cerises, etc.) sont localisées dans les vallées du Rhône, de la Garonne, dans le Languedoc et en Normandie.

Les cultures maraîchères [10] sont produites dans les vallées de la Loire et de la Garonne, dans la région parisienne et autour des grands centres urbains.

---

[8]*taille* size   [9]*en matière de* in relation to   [10]*rentabilité* profitability   [11]*de par* on account of, by   [12]*envergure (f.)* size, scope   [13]*en mesure de* capable of   [14]*à grande échelle* on a large scale   [15]*moyennes* mid-size, average   [16]*jouir de* to benefit from   [17]*blé* wheat   [18]voir *Remarque*, p. 5   [19]*maïs* corn   [20]*orge* barley   [21]*avoine (f.)* oats   [22]*seigle* rye

3. Plantes sarclées[23] et fourragères[24]

La pomme de terre (90 millions de qx) sert à la consommation alimentaire, à l'alimentation du bétail et à certaines industries (production d'amidon,[25] de glucose et d'alcool). Sa production est en recul.

La betterave,[26] cultivée notamment dans le Nord, en assolement[27] avec le blé, fournit du sucre et du fourrage. La betterave à sucre métropolitaine[28] souffre de la concurrence[29] de la canne à sucre antillaise[30] et réunionnaise.[31]

4. La Vigne

Le vignoble[32] français, de réputation mondiale, s'étend sur environ 1.200.000 ha. La production vinicole globale varie entre 55 et 80 millions d'hectolitres. 50% des viticulteurs[33] français déclarés réservent leur production à l'usage familial.

Les vins de consommation courante [11] proviennent du Midi[34] (surtout du Languedoc méditerranéen). Le Bordelais, la Bourgogne, la vallée de la Loire, l'Alsace et la Champagne produisent des vins de qualité et de grands crus.[35]

5. Cultures industrielles

Outre la pomme de terre et la betterave sucrière mentionnées plus haut, les textiles (comme le lin[36] et le chanvre[37]), le tabac, le houblon[38] (utilisé en brasserie [12]), et les plantes oléagineuses (colza) constituent les cultures industrielles.

LA FORÊT

La forêt constitue une ressource naturelle importante et renouvelable. La forêt française, qui recouvre 23% du territoire national, fournit environ 30 millions de mètres cubes de bois par an. Celui-ci est utilisé pour la construction (bois d'oeuvre) et pour la production de papier (bois de papeterie). L'Office National des Forêts assure la gestion[39] des forêts de l'État et des communes tandis que des groupements forestiers permettent à des sylviculteurs[40] privés de gérer[41] en commun une même exploitation forestière et de procéder à des reboisements[42] avec l'aide du Fonds Forestier National. Malgré les efforts des organismes[43] nationaux, la production

---

[23]*plantes sarclées* root and tuber crops   [24]*fourragères* used as fodder (*fourrage*)   [25]*amidon* (*m.*) starch   [26]*betterave* beet   [27]*en assolement* in rotation   [28]*métropolitaine* from home country (France)   [29]*concurrence* competition   [30]*antillaise* from the Antilles [31]*réunionnaise* from La Réunion, an island in the Indian Ocean   [32]*vignoble* vineyard [33]*viticulteurs* wine growers   [34]*(le) Midi* the South, Southern France   [35]*grands crus* fine wines   [36]*lin* flax   [37]*chanvre* hemp   [38]*houblon* hops   [39]*gestion* management [40]*sylviculteurs* foresters   [41]*gérer* to manage   [42]*reboisements* reforestations [43]*organismes* agencies, boards

de bois de papeterie demeure insuffisante. Aussi la France est-elle contrainte[44] d'en importer de Suède et du Canada (30% des besoins).

L'ÉLEVAGE ET LA PÊCHE

1. L'Élevage

Les produits de l'élevage étant essentiellement destinés à la consommation alimentaire, leur demande s'est accrue en raison de la croissance[45] démographique et de l'amélioration générale du niveau de vie.[46]

Le cheptel [13] français comprend les catégories suivantes:

Les bovins[47]: 23 millions de têtes. Les éleveurs français fournissent, en valeur, le tiers de la production agricole globale (1,6 millions de tonnes de viande, 300 millions d'hectolitres de lait et 780 tonnes de fromage par an). L'élevage bovin sert aussi à la production du cuir.[48]

Les ovins[49]: le troupeau est de l'ordre de 11 millions d'unités alors qu'il en atteignait 35 il y a plus d'un siècle. Cette régression s'explique en partie par le développement des produits textiles synthétiques qui ont supplanté la laine et aussi par la concurrence australienne et néo-zélandaise. L'évolution du comportement[50] alimentaire y est peut-être pour quelque chose également.

Les porcins[51]: l'élevage du porc semble stable (10 millions de têtes).

L'aviculture [14]: l'élevage des volailles est en voie de progression et d'industrialisation. La production annuelle atteint environ 1 million de tonnes de viande et 13 milliards d'oeufs.

2. La Pêche

Malgré ses 3000 km de côtes, la pêche française n'occupe pas une place importante. À l'inverse d'autres pays d'Europe (Norvège, Allemagne Fédérale et Espagne) ou d'Asie (Japon), elle demeure au stade artisanal.[52] Les prises[53] ne totalisent que 730.000 tonnes par an, ce qui contraint la France à importer du poisson.

ÉTUDE DU VOCABULAIRE

[1] *secteurs*   divisions de l'activité économique d'un pays comprenant:

le secteur primaire   les mines, l'agriculture, la pêche.
le secteur secondaire   l'industrie (voir Chapitre 2).
le secteur tertiaire   le commerce, les transports et les services (voir Chapitres 3 et 4).

---

[44]*contrainte* forced   [45]*croissance* growth, increase   [46]*niveau de vie* standard of living
[47]*bovins* oxen   [48]*cuir* leather   [49]*ovins* sheep   [50]*comportement* behavior
[51]*porcins* swine   [52]*au stade artisanal* at the small-business level, as a small trade
[53]*prises* catch

[2] *terre arable*   partie du sol qui peut être labourée et propre à la culture;
terre inculte   terre impropre à la culture.

[3] *exploitation*   action d'exploiter (tirer profit d'un bien, d'une terre); désigne aussi l'entreprise ou l'affaire qu'on exploite. *Usité* = utilisé.

[4] *terre bâtie*   terre occupée par des habitations, des bâtiments ou des routes, etc.

[5] *valorisation*   action de faire valoir; syn.: *mise en valeur, amélioration de la valeur.*

[6] *rendement*   production totale d'une terre évaluée par rapport à la surface.

[7] *engrais*   produit d'origine animale (fumier) ou végétale (plante herbacée) qu'on incorpore au sol pour le fertiliser.

[8] *pluviosité*   valeur moyenne de la quantité d'eau tombée. L'appareil servant à mesurer la quantité de pluie tombée en lieu pendant un temps déterminé s'appelle *un pluviomètre.*

[9] *en régression*   qui n'est pas en progression; syn.: *en recul.*

[10] *cultures maraîchères*   cultures de légumes et de primeurs (produits horticoles qui paraissent sur le marché avant la saison normale).

[11] *vins de consommation courante*   vins que l'on boit ordinairement tous les jours; vins ordinaires.

[12] *brasserie*   entreprise qui fabrique de la bière (à partir de l'orge et du houblon); également le débit de boisson servant de la bière.

[13] *cheptel*   ensemble des animaux d'un pays ou d'une exploitation agricole donnée.

[14] *aviculture*   élevage des poules et poulets et d'autres animaux de basse-cour (dindes, pintades, oies, etc.).

REMARQUE

Poids et surfaces

En agriculture on exprime le poids en quintaux (qx) et tonnes métriques (TM).

1 TM = 10 qx = 1000 kgs.

La surface est exprimée en hectares (ha). Exemple: un hectare est la superficie d'un champ carré ayant 100 mètres de côté. Donc: 1 ha = 100 × 100 = 10.000 m² (mètres carrés). Un hectare équivaut à 2,47 acres soit approximativement 2,5 acres. Noter que la virgule (,) correspond au point décimal américain (.); le point correspond à la virgule (américaine) indiquant les milliers.

QUESTIONS

1. De quels facteurs dépend l'agriculture?
2. Qu'appelle-t-on surface agricole utilisable?

3. Comment un cultivateur peut-il améliorer le rendement d'un champ? *engrais, irrigation*
4. Donner un exemple de pratique culturale utilisée dans la campagne.
5. Quelles sont les principals céréales cultivées en France? et aux États-Unis? À quoi sont-elles destinées?
6. Où sont localisées les cultures fruitières? maraîchères?
7. D'où provient le sucre utilisé en France? *Nord, Antilles, Réunion*
8. Quelles sont les régions vinicoles de France et quels genres de vins produisent-elles?
9. À quoi servent l'orge et le houblon? *la bière*
10. Est-ce que la production sylvicole française est excédentaire ou déficitaire? *(Suède, Canada)*
11. Quelles catégories d'animaux élève-t-on en France? Pour quelles raisons économiques?
12. Quels sont les produits fournis par l'aviculture? *viande, oeufs*

EXERCICES

I. Trouver dans le texte les mots de la même famille que:

1. culture *inculte*
2. produit *production*
3. valeur *valorisation*
4. terre *terrain*
5. vigne *vignoble, vin*

II. Compléter les phrases suivantes:

1. Celui qui pratique l'agriculture est un _____.
2. Un éleveur est celui qui pratique _____.
3. Celui qui pratique la sylviculture est un _____.
4. Le propriétaire d'une exploitation avicole est un _____.
5. La pêche est l'activité ou la profession d'un _____.

III. Si l'élevage de la volaille est l'aviculture, pouvez-vous dire comment on désigne l'élevage*:

1. des huîtres
2. des abeilles
3. des vers à soie
4. des huîtres perlières
5. des poissons

IV. Dites le contraire des déclarations suivantes en remplaçant l'expression en italique par une expression synonyme:

1. La production rizicole est *en progression*.
2. Les terres bâties sont des *terres cultivables*.
3. La France *ne sera pas obligée* d'importer du poisson en 1980.
4. La consommation alimentaire du maïs *n'a pas augmentée* en France.
5. *La croissance* démographique explique l'augmentation de la consommation alimentaire.

V. Traduire:

En français:

1. According to the National Wheat Association, wheat is largely home consumed.

* Voir les réponses dans le vocabulaire, aux mots appropriés.

2. France is increasing the land area committed to corn cultivation.
3. The Dakar Institute for Agricultural Technology issued a report showing that wheat and other cereal imports are stable.
4. This quantity represents about thirty percent of the annual sugar production.
5. The present market for swine and poultry feed ranges from one to two million metric tons a year.

En anglais:

1. La production avicole s'améliore en raison de l'industrialisation.
2. Outre les bovins et les porcins, les Français élèvent les chevaux pour la consommation alimentaire.
3. La canne à sucre des Antilles concurrence la betterave du Nord.
4. Beaucoup d'exploitations sylvicoles sont gérées en commun.
5. Les plantes dites industrielles comprennent le lin, le houblon et le chanvre.

SUJETS DE DISCUSSION ET DE COMPOSITION

1. Pourquoi est-il difficile pour les petites exploitations agricoles de profiter des bienfaits de la mécanisation?
2. En vous inspirant du plan et du vocabulaire du texte, faites un bilan des ressources agricoles de votre état.
3. Quels sont, d'après vous, les inconvénients du métier de pêcheur? Sont-ce là les raisons pour lesquelles la pêche française stagne?

Mesures de masse

1. Avoirdupois (pour l'usage courant) ─────────

Grain (gr)		64,799 mg
Ounce (oz)	Once	28,349 5 g
Pound (lb)	Livre	0,453 592 kg = 16 ounces
Stone (st)		6,530 3 kg = 14 pounds
Quarter (qr)		12,700 6 kg = 28 pounds
U. S. hundredweight	Quintal amér.	45,359 2 kg = 100 pounds
Hundredweight (cwt)	Quintal brit.	50,802 kg = 112 pounds
Kip	Kip américain	453,592 kg = 1 000 pounds
Short ton (t *ou* ton)	Tonne améric.	0,907 18 t = 2 000 pounds
Ton [USA : long ton] (t *ou* ton)	Tonne brit.	1,016 05 t = 2 240 pounds

Tableau de conversion des ounces avoirdupois en grammes

oz	g	oz	g	oz	g	oz	g	oz	g
1 =	28,35	4 =	113,40	7 =	198,45	10 =	283,50	13 =	368,55
2 =	56,70	5 =	141,75	8 =	226,80	11 =	311,85	14 =	396,90
3 =	85,05	6 =	170,10	9 =	255,15	12 =	340,20	15 =	425,24

Tableau de conversion des pounds avoirdupois en kilogrammes

Lbs	0	1	2	3	4	5	6	7	8	9
0		0,4535	0,9071	1,3607	1,8143	2,2679	2,7215	3,1751	3,6287	4,0823
10	4,5359	4,9895	5,4431	5,8967	6,3503	6,8039	7,2574	7,7110	8,1646	8,6182
20	9,0718	9,5254	9,9790	10,4326	10,8862	11,3398	11,7934	12,2470	12,7006	13,1542
30	13,6078	14,0614	14,5150	14,9686	15,4222	15,8757	16,3293	16,7829	17,2365	17,6901
40	18,1437	18,5973	19,0509	19,5045	19,9581	20,4117	20,8653	21,3189	21,7725	22,2260
50	22,6796	23,1332	23,5868	24,0404	24,4940	24,9476	25,4012	25,8548	26,3084	26,7620
60	27,2155	27,6691	28,1227	28,5763	29,0299	29,4835	29,9371	30,3907	30,8443	31,2978
70	31,7514	32,2051	32,6587	33,1122	33,5658	34,0194	34,4730	34,9266	35,3802	35,8338
80	36,2874	36,7410	37,1946	37,6482	38,1018	38,5554	39,0090	39,4626	39,9162	40,3697
90	40,8233	41,2769	41,7305	42,1841	42,6377	43,0913	43,5449	43,9985	44,4521	44,9057

Tableau de conversion des tons avoirdupois en tonnes métriques

Tons	0	1	2	3	4	5	6	7	8	9
0		1,0160	2,0321	3,0481	4,0641	5,0802	6,0962	7,1123	8,1283	9,1444
10	10,1604	11,1765	12,1926	13,2086	14,2247	15,2407	16,2568	17,2728	18,2889	19,3049
20	20,3209	21,3370	22,3530	23,3691	24,3851	25,4012	26,4172	27,4333	28,4493	29,4654
30	30,4814	31,4975	32,5135	33,5296	34,5456	35,5617	36,5777	37,5938	38,6098	39,6259
40	40,6419	41,6579	42,6740	43,6900	44,7061	45,7221	46,7382	47,7542	48,7703	49,7863
50	50,8024	51,8184	52,8345	53,8505	54,8666	55,8826	56,8987	57,9147	58,9308	59,9468
60	60,9628	61,9789	62,9499	64,0110	65,0270	66,0431	67,0591	68,0752	69,0912	70,1073
70	71,1233	72,1394	73,1554	74,1715	75,1875	76,2036	77,2196	78,2357	79,2517	80,2678
80	81,2838	82,2998	83,3159	84,3319	85,3480	86,3640	87,3801	88,3961	89,4122	90,4282
90	91,4442	92,4603	93,4764	94,4924	95,5085	96,5245	97,5406	98,5566	99,5727	100,5887

Mesures de surface

Square inch (sq. in)	Pouce carré	6,451 6	cm²		
Square foot (sq. ft)	Pied carré	9,290 3	dm²		
Square yard (sq. yd)	Yard carré	0,836 13	m²		
Square rod, square pole, square perch (sq. rod)	Perche carrée	25,292 9	m²		
Rood		10,117 1	ares	=	40 square rod
Acre (ac ou acre)	Arpent	40,468 6	ares	=	4 840 sq. yd
Square mile (sq. m ou sq. mile)	Mille carré	2,589 99	km²		

Tableau de conversion des square feet en mètres carrés

Sq. ft	0	1	2	3	4	5	6	7	8	9
0		0,0929	0,1858	0,2787	0,3716	0,4645	0,5574	0,6503	0,7432	0,8361
10	0,9290	1,0219	1,1148	1,2077	1,3006	1,3935	1,4864	1,5793	1,6723	1,7652
20	1,8581	1,9510	2,0439	2,1368	2,2297	2,3226	2,4155	2,5084	2,6013	2,6942
30	2,7871	2,8800	2,9729	3,0658	3,1587	3,2516	3,3445	3,4374	3,5303	3,6232
40	3,7161	3,8090	3,9019	3,9948	4,0877	4,1806	4,2735	4,3664	4,4593	4,5522
50	4,6451	4,7380	4,8309	4,9239	5,0168	5,1097	5,2026	5,2955	5,3884	5,4813
60	5,5742	5,6671	5,7600	5,8529	5,9458	6,0387	6,1316	6,2245	6,3174	6,4103
70	6,5032	6,5961	6,6890	6,7819	6,8748	6,9677	7,0606	7,1535	7,2464	7,3393
80	7,4322	7,5251	7,6180	7,7109	7,8038	7,8967	7,9896	8,0826	8,1755	8,2684
90	8,3613	8,4542	8,5471	8,6400	8,7329	8,8258	8,9187	9,0116	9,1045	9,1974

Tableau de conversion des acres en hectares

Acres	0	1	2	3	4	5	6	7	8	9
0		0,4046	0,8093	1,2140	1,6186	2,0233	2,4280	2,8327	3,2373	3,6420
10	4,0467	4,4513	4,8560	5,2607	5,6653	6,0700	6,4747	6,8794	7,2840	7,6887
20	8,0934	8,4980	8,9027	9,3074	9,7120	10,1167	10,5214	10,9261	11,3307	11,7354
30	12,1401	12,5447	12,9494	13,3541	13,7587	14,1634	14,5681	14,9728	15,3774	15,7821
40	16,1868	16,5914	16,9961	17,4008	17,8054	18,2101	18,6148	19,0195	19,4241	19,8288
50	20,2335	20,6381	21,0428	21,4475	21,8521	22,2568	22,6615	23,0662	23,4708	23,8763
60	24,2802	24,6848	25,0895	25,4942	25,8988	26,3035	26,7082	27,1129	27,5175	27,9222
70	28,3269	28,7315	29,1362	29,5409	29,9455	30,3502	30,7549	31,1596	31,5642	31,9689
80	32,3736	32,7782	33,1829	33,5876	33,9922	34,3969	34,8016	35,2065	35,6109	36,0156
90	36,4203	36,8249	37,2296	37,6343	38,0389	38,4436	38,8483	39,2530	39,6576	40,0623

Tableau de conversion des squares inches en centimètres carrés

Sq. In	0	1	2	3	4	5	6	7	8	9
0		6,45	12,90	19,35	25,80	32,25	38,70	45,16	51,61	58,06
10	64,51	70,96	77,41	83,86	90,31	96,76	103,21	109,67	116,12	122,57
20	129,02	135,47	141,92	148,37	154,83	161,28	167,73	174,18	180,63	187,08
30	193,54	199,99	206,44	212,89	219,34	225,79	232,24	238,70	245,15	251,60
40	258,05	264,50	270,95	277,40	283,85	290,30	296,75	303,21	309,66	316,11
50	322,56	329,01	335,46	341,91	348,36	354,81	361,26	367,72	374,17	380,62
60	387,07	393,52	399,97	406,42	412,87	419,32	425,77	432,23	438,68	445,13
70	451,59	458,04	464,49	470,94	477,39	483,84	490,29	496,75	503,20	509,65
80	516,10	522,55	529,00	535,45	541,90	548,35	554,80	561,26	567,71	574,16
90	580,62	587,07	593,52	599,97	606,42	612,87	619,32	625,78	632,23	638,68

chapitre 2
l'industrie

Le secteur industriel assure plus de la moitié (environ 55%) de la production française. L'indice [1] général de la production connaît une croissance régulière. Sur le plan mondial, la France se classe[1] au 6e rang des puissances industrielles.

L'industrie comprend diverses branches inégalement réparties sur le territoire national. L'État s'efforce[2] de remédier au déséquilibre régional en encourageant la décentralisation des entreprises, l'implantation[3] de nouvelles exploitations et la création de zones industrielles dans les régions, jusqu'ici,[4] défavorisées.

I. L'ÉNERGIE

La production énergétique est à la base du développement économique, en général, et du développement industriel, en particulier. L'essor des hydrocarbures [2] (pétrole et gaz) et de l'électricité explique le déclin du charbon (houille)[3]. Malgré l'importance de plus en plus accrue de l'énergie nucléaire, la consommation énergétique française demeure tributaire de l'étranger.

1. Le Charbon

Les principaux bassins houillers se trouvent dans les régions du Nord et de la Lorraine. La production de houille est tombée de 55 millions de tonnes en 1955

[1] *se classe* ranks   [2] *s'efforce* tries   [3] *implantation (f.)* installation   [4] *jusqu'ici* up to now

à 33 millions en 1972. L'exploitation des houillères est assurée par un organisme d'État, les Charbonnages de France. Depuis 1951, la France fait partie de la Communauté Européenne du Charbon et de l'Acier (C.E.C.A).

2. L'Électricité

La consommation double à peu près tous les 10 ans. Les centrales thermiques [4] fournissent environ 65% de la production nationale à partir de combustibles traditionnels (charbon, pétrole et gaz), tandis que les usines hydro-électriques, situées en montagne, en fournissent dans les 27%; les centrales nucléaires, malgré l'opposition des mouvements écologistes, sont appelées à satisfaire une part de plus en plus importante des besoins énergétiques du pays. La production totale, sous le contrôle de l'Électricité de France (E.D.F.), avoisine[5] actuellement[6] les 190 milliards de kilowatts-heures (kwh).

3. Le Pétrole et le gaz naturel

Le principal gisement pétrolifère des Landes ne produit que 1,5 m de tonnes sur les 100 que consomme annuellement le pays, et qui proviennent, en majeure partie, d'Afrique du Nord (Algérie, Libye) et du Moyen Orient (Arabie Saoudite, Irak, Iran et Koweit) [5].

Ravitaillées[7] par une flotte[8] pétrolière importante et par l'intermédiaire d'un réseau d'oléoducs [6] non moins important, plus d'une vingtaine de raffineries totalisent une capacité de raffinage dépassant 150 millions de tonnes. Cette industrie est aux mains de groupes français comme Elf-Aquitaine et la CFP [7], et étrangers (Shell, Esso, B.P., etc.).

Le gisement de Lacq fournit près de 7 milliards de mètres cubes de gaz naturel, soit le tiers des besoins. D'où[9] la nécessité d'effectuer des achats à partir de l'Algérie et des Pays-Bas.

II. LA MÉTALLURGIE

Les principaux gisements de minerai de fer de Lorraine (45 à 50 m de t) et de bauxite en Provence et dans le Sud-Ouest constituent l'essentiel des matières premières[10] du sous-sol français. Vu[11] la faible teneur[12] du minerai lorrain, la métallurgie française importe des minerais plus riches. Le Canada, le Brésil, la Suède, et la Mauritanie constituent les principaux fournisseurs de ces minerais.

---

[5]*avoisine* is in the neighborhood (of)   [6]*actuellement* right now   [7]*ravitaillées* supplied
[8]*flotte* fleet   [9]*d'où* hence   [10]*matières premières* raw materials   [11]*Vu (prép. invar.)*
Given   [12]*teneur* content

1. La Sidérurgie

La sidérurgie, qui traverse actuellement une période de crise (grèves,[13] occupations d'usines, manifestations,[14] etc.) produit à peu près 25 millions de tonnes d'acier.[15] Un vaste complexe sidérurgique vient d'être récemment implanté près de Marseille (Fos). Les ¾ de l'acier coulé[16] en France sont fournis par deux sociétés: Usinor et Wendel-Sidelor.

2. L'Aluminium

Deux firmes (Péchiney et Ugine-Kuhlmann) qui ont fusionné[17] il y a quelques années sont responsables de la production d'aluminium, plaçant la France au 6e rang mondial (400.000 t).

III. LES INDUSTRIES MÉCANIQUES

1. La Construction automobile

Cette industrie atteint un total annuel de 4 millions de véhicules. Trois firmes (Renault, Peugeot et Citroën) [8] assurent la presque totalité de cette production. La France exporte plus de voitures qu'elle n'en importe: 40% de la production sont vendus à l'étranger contre 25% de voitures importées.

2. L'Industrie aérospatiale

Cette industrie comprend un secteur privé d'une centaine de sociétés dont la plus importante est Dassault-Bréguet, et un secteur nationalisé [9] représenté par la S.N.I.A.S. et la S.N.E.C.M.A. [10] Elle emploie dans les 150.000 salariés[18] et réalise un chiffre d'affaires[19] dépassant 7 milliards de francs.

3. La Construction navale

Après une période de difficultés, les chantiers navals [11] (dont Saint-Nazaire est le centre principal) connaissent une certaine reprise.[20] Malgré la réduction du nombre des employés, le volume produit (vers les 1,2 m de tjs—tonneaux de jauge brute[21]) est en augmentation.

4. L'Industrie électrique et électronique

Les effectifs dépassent les 450.000 personnes. Deux sociétés, la C.G.E. (Com-

---

[13] *grèves* strikes   [14] *manifestations* protests   [15] *acier (m.)* steel   [16] *coulé* melted
[17] *fusionné* merged   [18] *salariés* (salaried) employees   [19] *chiffre d'affaires* sales figure
[20] *reprise* renewed activity   [21] *tonneaux de jauge brute* gross register tons

pagnie Générale d'Électricité) et la Thomson-Brandt dominent cette branche industrielle en pleine expansion et se partagent le tiers de son chiffre d'affaires.

5. L'Industrie chimique

Ce secteur est également en plein essor. Il emploie environ 400.000 personnes et réalise un chiffre d'affaires d'une quarantaine de milliards de francs. La production va des engrais aux matières plastiques et aux produits pharmaceutiques. Elle est contrôlée par des sociétés publiques et privées et implantées à proximité des zones de production d'énergie: carbochimie près des houillères, pétrochimie près des raffineries de pétrole et électrochimie près des centrales hydro-électriques.

6. L'Industrie textile

L'industrie traditionnelle à base de textiles naturels (coton, chanvre, laine) dépend de l'importation. Cette nécessité et la concurrence étrangère expliquent la crise dont souffre cette branche. La modernisation et la concentration des entreprises ainsi que le développement des fibres artificielles et synthétiques (surtout dérivées du pétrole) contribuent à atténuer[22] ses difficultés.

7. L'Industrie alimentaire

La production englobe l'alimentation humaine (pâtes, biscuits, desserts instantanés, boissons, conserves) et animale. Ce secteur important et varié compte plus de 12.000 entreprises dont Gervais-Danone et Nestlé pour les produits laitiers, Lesieur pour les oléagineux et Béghin-Say pour le sucre.

8. Le Bâtiment et les travaux publics

Ce secteur progresse à un rythme régulier (+6% par an en moyenne). Ses effectifs[23] dépassent le million. La construction de logements (environ 500.000 par an) et d'autoroutes et de barrages[24] constitue l'essentiel de ce secteur. L'industrie du ciment[25] s'y rattache naturellement. Le secteur emploie une forte proportion de main-d'oeuvre[26] d'origine étrangère.

IV. LES ENTREPRISES

Les petites entreprises ont tendance à disparaître au profit des grandes. Parmi celles-ci, beaucoup sont nationalisées comme la Régie Renault ou la S.N.C.F.

---

[22] *atténuer* to lessen   [23] *effectifs (m.)* manpower, personnel   [24] *barrages* dams
[25] *ciment* cement   [26] *main-d'oeuvre* labor

(Société Nationale des Chemins de Fer français). La concentration des entreprises par la fusion ou la disparition des plus petites permet au secteur industriel français de se moderniser, de se développer et de supporter[27] la concurrence internationale de plus en plus féroce.

Beaucoup d'entreprises françaises peuvent être considérées comme des entreprises-pilotes[28] sur le plan de la technique et de la technologie. Leurs produits jouissent d'une réputation solide qui encourage les investisseurs et la clientèle étrangère à faire appel à l'industrie française.

ÉTUDE DU VOCABULAIRE

[1] *indice*   chiffre indiquant un niveau à un moment donné. L'indice général a doublé en 36 ans (1926–62), triplé de 1938 à 1965.

[2] *l'essor des hydrocarbures*   l'expansion, le développement, le progrès des produits pétroliers (corps composés d'hydrogène et de carbone).

[3] *houille*   c'est le charbon naturel tiré du sol. L'énergie hydro-électrique est appelée houille blanche. Les mines de houille constituent des houillères.

[4] *centrales*   des usines où l'on produit de l'énergie. Quand la matière (*combustible*) utilisée pour produire cette énergie est brûlée pour la production de chaleur, on a affaire à une *centrale thermique*.

[5] Pays membres du cartel de l'OPEP (Organisation des Pays Exportateurs de Pétrole), OPEC en anglais.

[6] *réseau d'oléoducs*   ensemble de pipe-lines transportant le pétrole; on peut avoir un réseau téléphonique, un réseau routier et même un réseau d'espionnage.

[7] ou Société Nationale Elf-Aquitaine (SNEA); Compagnie Française des Pétroles.

[8] Les deux dernières se sont unies pour former le groupe PSA Peugeot-Citroën qui englobe également les marques Matra et Talbot.

[9] *secteur nationalisé*   une branche de l'industrie sous le contrôle de l'État (à opposer au *secteur privé*).

[10] Société Nationale des Industries Aérospatiales; Société Nationale d'Étude de Construction de Moteurs d'Avion.

[11] *chantiers navals* (noter le pluriel irrégulier)   sites où l'on travaille pour produire des bâtiments destinés aux transports maritimes.

---

[27] *supporter*   to sustain, bear   [28] *entreprises-pilotes*   leading concerns

REMARQUE

Expression de l'approximation

L'approximation peut-être exprimée par:

1. *des adverbes ou expressions adverbiales*

   environ, qui peut précéder ou suivre le mot qu'il modifie. Ce mot se retrouve dans l'expression *dans les environs de*.

   à peu près, approximativement

   un peu plus de, un peu moins de

   presque, quasi (employés aussi avec des noms). Exemples: *la presque totalité, la quasi-totalité*.

2. *des prépositions ou expressions prépositives*

   autour de, vers, dans (les). Exemple: *Il gagne dans les 50.000 F par mois.*

3. *des verbes indiquant exprimant la proximité*

   avoisiner, approcher de, varier ou osciller entre (suivi des 2 chiffres limites)

4. *des noms qui se terminent par le suffixe -aine* (en dehors de *huitaine, douzaine, quinzaine*, qui peuvent aussi exprimer un nombre précis).

   une dizaine, une cinquantaine, une centaine

QUESTIONS

1. Quelle est l'importance du secteur industriel dans l'économie française? *55% de production fr.*
2. Comment l'État essaie-t-il de décentraliser l'industrie? *→*
3. Pourquoi la production de la houille est-elle en déclin? *pétrole, gaz, élec. en essor*
4. Par quel genre de centrales l'électricité est-elle fournie? *thermiques, hydro-élec., nucléaires*
5. Est-ce que la France produit du pétrole et du gaz? *1,5%*
6. La capacité de raffinage couvre-t-elle les besoins du pays? *oui*
7. L'industrie pétrolière est-elle nationalisée? *oui*
8. Quelles sont les principales industries métallurgiques et où se situent-elles? *fer (Lorraine)*
9. D'où viennent les matières premières nécessaires à la sidérurgie? *(pas en texte) bauxite (Provence)*
10. Quelles sont les principales productions de l'industrie mécanique? *les 8*
11. Est-ce que l'industrie automobile est déficitaire ou <u>exportatrice</u>?
12. Quelles sont les branches industrielles en pleine expansion? Quelles sont celles qui sont en crise et pourquoi? *textiles* / *élec., électronique, chimique*
13. Le bâtiment et les travaux publics effectuent quels genres de travaux? *logement, routes, barrages*
14. Quelle est la situation des petites et grandes entreprises en France? *grandes ↑, petites ↓*
15. Quelle est la réputation de l'industrie française? Qu'en résulte-t-il? *bonnes technique, technologie* / *investisseurs ont confiance*

EXERCICES

I. Trouver dans le texte les mots de la même famille que:

1. chimie
2. centre
3. électrique
4. pétrole
5. porter

II. Relever dans le texte 5 exemples d'approximation.

III. Remplacer dans les phrases suivantes les mots ou expressions en italique par un mot ou expression équivalents:

1. La France *se classe au 6ᵉ rang* des puissances industrielles.
2. Le gouvernement *s'est efforcé jusqu'ici de* décentraliser l'industrie.
3. L'industrie *de l'acier* traverse une période de *difficultés*.
4. *Le nombre des employés* des chantiers navals est en *diminution*.
5. *Vu* le nombre de ses raffineries, la France a une capacité de raffinage *supérieure* à 150 m de t. *par an*.

IV. Compléter les phrases suivantes:

1. La production alimentaire _____ *comprend* _____ l'alimentation humaine et l'alimentation animale.
2. Les deux sociétés Péchiney et Ugine-Kuhlman _____ *ont fusionné* _____ pour former la Péchiney-Ugine-Kuhlmann.
3. L'industrie aérospatiale comprend deux secteurs: l'un _____ *privé* _____ et l'autre _____ *nationalisé* _____ .
4. Une forte proportion de _____ *main d'oeuvre* _____ étrangère travaille dans le bâtiment.
5. Les produits français _____ *jouissent* _____ d'une bonne _____ *réputation* _____ .

V. Traduire:

En français:

1. The French pipeline network numbers about twenty refineries.
2. The oil industry depends upon imports from the OPEC countries.
3. Coal production is on the increase.
4. French iron ore is low grade.
5. The work force in the steel industry has been reduced.

En anglais:

1. Les gisements houillers lorrains sont exploités par un organisme d'État.
2. Le Brésil importe des voitures mais exporte du café et du minerai de fer.
3. Le secteur privé est aux mains d'une trentaine de firmes.
4. L'industrie électronique souffre de la concurrence japonaise et américaine.
5. L'industrie alimentaire compte 12.000 entreprises employant dans les 400.000 salariés.

SUJETS DE DISCUSSION ET DE COMPOSITION

1. Quelles peuvent être les causes du déséquilibre régional sur le plan de l'industrie? Comment l'État peut-il y remédier?

NON 2. Comment la France et les États-Unis essaient-ils de réduire leurs importations de pétrole?

3. Quelles sont, selon vous, les activités industrielles appelées à continuer leur expansion et celles qui pourraient tomber en déclin ou disparaître?

INDUSTRIE

La course aux minerais

Le pétrole n'est plus le seul épouvantail du gouvernement et des industriels. Il faut y ajouter les produits non ferreux.

Mine de phosphate de Bou Craa au Sahara. Une région à risques qui constitue une importante source d'approvisionnement pour l'industrie française.

« Stockez ». L'ordre est venu du ministre de l'Industrie. Décidée en décembre dernier, M. André Giraud a annoncé, le 26 juin, la création officielle d'une Caisse française des matières premières. Dotée d'une première enveloppe de 1,6 milliard de francs, elle a reçu pour mission d'acheter sur les marchés étrangers les minerais stratégiques nécessaires aux industries de pointe.

Le titane bien sûr, indispensable à l'aéronautique civile et militaire et qui a fait défaut l'hiver dernier à la suite de l'embargo soviétique (notre numéro du 19 novembre 1979). Mais aussi le plomb (automobile), le cuivre (électronique), le zirconium (nucléaire), le cobalt, le tungstène, le manganèse, le chrome, le nickel, etc.

Parallèlement, M. Giraud va renforcer les moyens du Bureau de recherches géologiques et minières (BRGM) et l'a invité à fouiller un peu plus le sous-sol national afin de réduire notre dépendance, en attendant que l'exploitation des nodules polymétalliques (voir notre encadré) prenne le relais.

Près de 85 % des produits de base dont l'industrie française a besoin proviennent de l'étranger. Pays sûrs pour une partie (Canada, Australie, Etats-Unis) ; mais aussi pays à risques : le Zaïre, la Mauritanie. En 1978, la guerre du Shaba au Zaïre (cuivre et cobalt), les raids sahraouis en Mauritanie (fer) ont montré la vulnérabilité de nos sources d'approvisionnement.

En 1979, la facture pour les importations de métaux et demi-produits non ferreux de la France s'est élevée à 21,6 milliards de francs. Ce n'est pas encore le pétrole, mais c'est suffisamment important pour inquiéter le gouvernement. Les conflits au Tchad (uranium) et en Afghanistan (notre numéro du 7 juillet) n'ont fait que relancer la « course aux minerais ».

Partie prenante dans cette « course », les industriels (250 entreprises, près de 30 milliards de chiffre d'affaires) s'inquiètent eux aussi.

Les premiers, ils ont constitué un groupement d'importation et de répartition des métaux (Girm) qui fonctionnera en liaison avec la caisse de M. Giraud. Tous les grands noms sont représentés : Pechiney-Ugine-Kuhlmann qui s'apprête à construire un nouveau complexe d'aluminium en Australie ; Imetal-Peñarroya (nickel), les filiales de la CGE et de Thomson (cuivre), la Cogema, filiale du Commissariat à l'énergie atomique, pour l'uranium ; Rhône-Poulenc qui, dans son usine de La Rochelle, exploite les « terres rares » (vitrium, europium, galodinium).

De leur côté, les grands groupes pétroliers ont cherché eux aussi à se diversifier dans les minerais. Avec des fortunes diverses. Offre publique d'achat avortée d'Elf Aquitaine par Kerr Mc Gee ; offre publique d'échange réussie de BP sur Selection Trust. BP et Elf Aquitaine ont les moyens : 16 milliards de francs de bénéfices nets pour le premier en 1979, près de 12 milliards de marge brute d'autofinancement pour le second.

De toute manière, la gestion d'un stock coûte cher. Et puis que stocker ? En quelle quantité ?

Le climat politique et économique ne rend pas la tâche des industriels aisée. En effet, si les tensions internationales poussent à la hausse, les menaces de récession économique inciteraient plutôt aujourd'hui à la baisse. Résultat, au London metal exchange et au Commodity exchange de New York, les deux principales bourses de commerce qui cotent les non-ferreux, les cours évoluent en dents de scie.

Envolée du cuivre et du plomb après les achats massifs des Soviétiques, mais effondrement du zinc dont le prix au kilo est égal à celui d'un kilo de pommes de terre nouvelles ! 600 % d'augmentation sur l'argent l'année dernière, mais le précieux métal a perdu en quelques semaines les deux tiers de sa valeur. Il paraît difficile dans ces conditions de lancer de nouveaux programmes d'investissements.

De ce point de vue, la constitution d'une Caisse des matières premières ne peut que satisfaire les industriels. Il suffit de voir, pour s'en convaincre, comment les titres des principaux groupes miniers (Peñarroya, notamment) ont réagi en Bourse après l'annonce de cette nouvelle. Sur un marché sensible, le stock stratégique (deux mois de consommation seront assurés) jouera en effet ce rôle de régulateur économique dont tous les professionnels rêvaient.

— Mais les conditions d'accès aux réserves seront sévères, a précisé M. Giraud.

Autrement dit, seuls les cas de pénurie réelle (rupture d'approvisionnement) ou de quasi pénurie (prix prohibitifs) seront pris en considération. C'est la première limite. La deuxième concerne les industries de première transformation.

— Pour essentielle qu'elle soit, la sécurité de notre approvisionnement en matière première ne doit pas s'accompagner d'un désintérêt à l'égard de nos industries de première transformation, remarquait le 30 juin dernier M. Raoul Collet.

Président de la chambre syndicale

Tapis de nodules

Quarante milliards sous la mer : c'est, en tonnes, l'estimation des ressources de nodules polymétalliques qui tapissent le fond des océans. De quoi révolutionner le marché de certaines matières premières si un jour leur exploitation devenait possible, économiquement et juridiquement.

Découverts il y a plus d'un siècle, les nodules sont composés de métaux non ferreux : cobalt, nickel, cuivre, vanadium, associés à des oxydes de fer et de manganèse.

— Dans dix ans, a prophétisé M. André Giraud devant la fédération des chambres syndicales des minerais et des métaux non ferreux, vous serez peut-être déjà engagés dans des opérations industrielles.

Aux Etats-Unis, plusieurs groupes industriels (Tenneco, Hughes Tool Company, Lockeed Aircraft) ont déjà commencé l'aventure. Immédiatement suivis par les Japonais (Nichimen, Itoh, Mitsubishi), les Britanniques (Kennecott Copper), les Canadiens (International Nickel) et les Allemands (Metall Gesellschaft Preussag).

Autant qu'on puisse le savoir, l'URSS a commencé à s'intéresser à cette question dès le début des années cinquante.

Dans les années soixante-dix, la France a réuni au sein d'Afernod, le Cnexo, le BRGM, le CEA, les Chantiers de France-Dunkerque et la société Le Nickel, pour développer la recherche et l'exploitation des nodules, dans le Pacifique notamment. A la fin de 1979, un gros gisement a été découvert dans la zone des 200 milles nautiques au large de l'île de la Réunion, dans l'océan Indien.

Mais la définition des régimes juridiques des fonds marins est toujours en discussion à la conférence du droit de la mer à l'intérieur de l'Onu.

Deuxième inconnue : à quel prix se feront l'extraction et l'exploitation ? Plusieurs entreprises et organismes internationaux (Onu) ont avancé des chiffres. Pour une production à l'horizon 1990 de 180 000 tonnes de cuivre et de 160 000 tonnes de nickel, les « deux vrais moteurs de l'opération », l'investissement nécessaire serait de 1,5 à 2 milliards de dollars.

Pour le nickel, les bénéfices possibles dès la première année atteindraient 80 à 130 millions de dollars ; et entre 125 et 170 millions de dollars pour chacune des années suivantes.

Mais ces chiffres datent de cinq ans et les auteurs des études précisaient bien qu'il ne s'agissait que d'approximations (cités par MM. Lucchini et Voelkel dans « Notes et études documentaires » de janvier 1978). ■

Lingots de cuivre prêts pour l'exportation. Ci-dessous, mine d'uranium en France. Renforcer la recherche minière dans l'Hexagone, c'est aussi réduire notre dépendance.

du cuivre, M. Collet reprenait l'argument développé il y a quelques mois, en pleine panique sur le titane, par M. Jean-Yves Eichenberger, président de la fédération des minerais et métaux non ferreux et vice-président de Peñarroya. Que disait M. Eichenberger ?

— Les industries de pointe qui sont la chance de l'Europe sont menacées par l'affaiblissement des industries de première transformation.

Outre les hausses du prix du pétrole (la composante énergétique est un élément clé dans la réalisation de produits semi-ouvrés), ce secteur doit en effet faire face à deux mouvements opposés mais complémentaires :

● le « squeeze » des pays producteurs sur les matières premières ;

● le « dumping » des pays de l'Est sur les produits de première transformation.

La technique du « squeeze » est de pratique courante dès qu'il y a menace de pénurie. Elle consiste pour un pays producteur de matières premières, mais désireux d'écouler des produits semi-fabriqués à plus forte valeur ajoutée, à fixer un prix élevé pour ses exportations de matière brute entraînant du même coup des difficultés pour les industries transformatrices concurrentes des pays qui dépendent de cet approvisionnement.

Ainsi le Chili, qui dispose d'une industrie du cuivre de première transformation parfaitement intégrée. Et qui continue de bénéficier dans le cadre de la convention de Lomé (pays d'Afrique-Caraïbes-Pacifique) de tarifs préférentiels pour l'exportation de ses produits industriels à l'intérieur de la Communauté européenne.

Autre concurrence jugée déloyale par la fédération des minerais et des métaux non ferreux, le « dumping » des pays de l'Est.

Tout le monde le sait depuis longtemps, les exportations de ces pays n'ont d'autre objet que de se procurer des devises fortes nécessaires à leurs équipements industriels. Toute dépense en roubles comptant pour zéro, il leur est facile de proposer à des prix très bas des produits semi-ouvrés (barres d'étain, lingots de plomb, éponges de titane), quitte à torpiller les industries concurrentes des pays à système capitaliste.

C'est ce qui s'est passé avec le titane. Voilà trente ans, la France produisait le précieux métal. Au début des années soixante, les Russes ont envahi le marché européen avec des prix inférieurs de moitié à ce qu'ils étaient en France. L'usine nationale a dû fermer ses portes. Et aujourd'hui les fabrications d'Airbus et de Mirage sont dépendantes des exportations soviétiques.

FREDERIC BARRAULT

chapitre 3

les transports et les communications

À la différence des secteurs primaire et secondaire, qui fournissent des produits, le secteur tertiaire comprend notamment[1] les services qui assurent la circulation de ces produits et celle des personnes (transports), l'écoulement[2] et la distribution des marchandises (commerce) et toutes les activités afférentes[3] (télécommunications, entre autres).

I. LES TRANSPORTS

La santé économique d'un pays est conditionnée par l'importance de ses réseaux[4] de transports. Ces réseaux doivent être entretenus [1], rénovés ou modernisés en fonction du trafic [2] et des besoins présents et à venir.

1. Le Réseau routier

Bien qu'il soit très dense, le réseau routier français n'a pas l'ampleur[5] de certains réseaux étrangers; car si les routes nationales et départementales constituent un ensemble totalisant plus de 500.000 km, le réseau autoroutier est en retard sur ceux de certains pays voisins: 3.000 km en 1975. Si le programme élaboré se déroule[6] selon les prévisions,[7] la France aura doublé ce total en 1980.

[1] *notamment* among others, in particular   [2] *écoulement (m.)* flow (of merchandise)
[3] *affférentes* related, attached   [4] *réseaux* networks   [5] *ampleur (f.)* importance   [6] *se déroule* develops   [7] *prévisions* projections

20

La construction s'est nettement accélérée depuis qu'elle a été confiée à des sociétés privées qui perçoivent un péage[8] pour assurer le financement, la gestion et l'entretien des autoroutes (par exemple, l'ASF ou Société des Autoroutes du Sud de la France).

Le parc automobile [3] (plus de 17 millions de véhicules, y compris les véhicules utilitaires) ne fait qu'augmenter malgré la cherté[9] des voitures et du carburant [4] (essence et gas-oil). Le trafic annuel de voyageurs dépasse les 200 milliards de voyageurs/kilomètres (v/km), des marchandises 65 milliards de tonnes/kilomètres (t/km) [5]. Les ⅔ de ce trafic sont assurés par des entreprises de transports publics.

2. Le Réseau ferroviaire[10]

Le réseau ferré, dont le tracé,[11] centré sur Paris, évoque une toile d'araignée,[12] est sous le contrôle d'une société d'État: la S.N.C.F. [6] (Société Nationale des Chemins de Fer français). Il totalise environ 35.000 km dont 10.000 km de voies[13] à traction électrique [7]. Le trafic des voyageurs s'élève à[14] plus de 600 millions par an, malgré la concurrence de plus en plus grande de la route. Le tonnage des marchandises transportées dépasse les 63 milliards de t/km. Ce trafic est en recul en raison, là aussi, de la concurrence des transports routiers.

Pour faire face à cette concurrence et accroître la rentabilité de son réseau, la S.N.C.F. modernise son équipement (élimination de la traction à vapeur au profit des[15] locomotives électriques et Diesel), met en service des turbo-trains et projette l'introduction, sur certaines lignes, d'aéro-trains et de trains à très grande vitesse (T.G.V.). L'usage des ordinateurs[16] contribue à l'amélioration de la gestion administrative et de la circulation proprement dite.

3. Le Réseau navigable

L'ensemble des voies d'eau, fleuves et canaux (40 et 60% respectivement) atteint les 8.000 km. Malgré l'insuffisance du gabarit[17] de beaucoup de ces voies, le tonnage transporté est en progression (dans les 120 millions de tonnes). L'aménagement[18] et la canalisation de certains fleuves (Rhin, Rhône et Moselle), ainsi que la modernisation des ports et de l'équipement portuaire devraient permettre au réseau français de combler le retard qu'il a pris sur ses voisins européens.

---

[8]*perçoivent un péage* collect a toll   [9]*cherté* expensiveness   [10]*ferroviaire* rail (tracks)
[11]*tracé* layout   [12]*toile d'araignée* cobweb   [13]*voies* tracks, routes   [14]*s'élève à* totals
[15]*au profit de* in favor of   [16]*ordinateurs (m.)* computers   [17]*gabarit* dimensions
[18]*aménagement (m.)* development

4. Les Transports aériens

La compagnie nationale Air France, société mixte [8], contrôle la majeure partie du trafic international et intérieur français. À côté d'elle, opèrent Air Inter, U.T.A. (Union des Transports Aériens) et A.T.A.R. (Association des Transporteurs Aériens Régionaux). Le réseau international, l'un des plus grands du monde, se place au 4e rang par l'importance de son trafic (plus de 15 millions de passagers par an). Le transport de marchandises (fret[19]) est moins important. Les principaux aéroports sont ceux de Roissy (ou aéroport Charles de Gaulle), d'Orly et du Bourget. La flotte commerciale compte plus de 120 appareils, dont beaucoup sont construits par l'aéronautique française.

5. Les Transports maritimes

La flotte marchande jauge[20] environ 8 millions de tonneaux. Les principaux armateurs[21] sont la Compagnie Générale Transatlantique, les Messageries[22] Maritimes (sociétés mixtes), les Chargeurs Réunis et la Société Navale Delmas-Vieljeux (sociétés privées). Le trafic des passagers est en net déclin. La construction de navires spécialisés (pétroliers, méthaniers [9] et porte-conteneurs) et l'aménagement d'installations portuaires[23] pour les recevoir constituent des efforts de modernisation ayant pour but de maintenir la flotte commerciale française à un rang mondial acceptable. La moitié du commerce transite[24] par Marseille et Le Havre.

II. LES POSTES ET TÉLÉCOMMUNICATIONS

L'administration des P & T (Postes et Télécommunications) assure le fonctionnement de plusieurs services:
l'acheminement du courrier[25] (lettres, colis, etc.)
les liaisons téléphoniques et télégraphiques
des services financiers (épargne,[26] mandats,[27] comptes courants postaux [10] ou CCP)
Bien que les P & T modernisent leurs réseaux, leur équipement et leur service (usage du Télex, service du CEDEX[28] et automatique interurbain [11]), elles ont encore du retard à rattraper. Fin 1979, le délai d'attente pour l'installation du téléphone était de deux mois à Paris et les demandes en instance[29] totalisaient 40.000.

---

[19]*fret* freight, cargo   [20]*jauge* has the capacity of   [21]*armateurs* ship owners
[22]*messageries* shipping companies, parcel service   [23]*installations portuaires* harbor facilities   [24]*transite* passes through   [25]*acheminement du courrier* conveying of mail
[26]*épargne (f.)* savings   [27]*mandats* money orders   [28]*CEDEX = Courrier d'Entreprise à Distribution Exceptionnelle*   [29]*demandes en instance* pending applications, waiting lists

ÉTUDE DU VOCABULAIRE

[1] *entretenus* maintenus en bon état de marche. Le service chargé de cette tâche s'appelle *le service d'entretien* ("maintenance department").

[2] *trafic* mouvement, circulation de produits ou de personnes. Peut également signifier commerce clandestin ou illégal (le trafic des drogues).

[3] *le parc automobile* l'ensemble des véhicules automobiles, qui comprend:
les voitures de tourisme
les véhicules utilitaires: poids lourds (camions), camionnettes, fourgons, etc.

[4] *carburant* le liquide servant au fonctionnement des moteurs ("fuel"); par exemple:
l'essence (ordinaire ou super) pour les voitures
le gas-oil (appelé aussi "gazole") pour les véhicules à moteur diesel
le kérosène pour les avions.

[5] *voyageurs / kilomètres* ou *tonnes / kilomètres* pour obtenir ce chiffre, on multiplie le total de voyageurs ou de tonnes transportés par la distance moyenne de transport.

[6] *La S.N.C.F.* société mixte dont le capital est détenu par l'État (51%) et par les anciennes compagnies (comme la PLM) (49%).

[7] *traction électrique* action, méthode de tirer, de déplacer grâce à un moteur—ou une locomotive—électriques. La traction à vapeur a quasi disparu; les locomotives électriques et diesel l'ont remplacée.

[8] *société mixte* compagnie dont le capital appartient à l'État et au secteur privé.

[9] *méthanier* un navire transportant du méthane. Les navires servant au transport du pétrole sont appelés des *tankers*.

[10] *compte courant postal* on peut, comme à la banque, *ouvrir un compte* auprès d'un bureau de poste et se faire délivrer des *chèques postaux*.

[11] *interurbain* qui relie les villes entre elles. Une *communication téléphonique automatique interurbaine* correspondrait à l'américain "direct-dialed long distance call."

REMARQUE

Vocabulaire du téléphone

Pour appeler quelqu'un par l'automatique, on *décroche le récepteur*, on *compose* le numéro du correspondant, numéro qu'on a relevé dans *l'annuaire* téléphonique. Le téléphone sonne à l'autre *bout du fil*, jusqu'à ce que *l'abonné* réponde. Il arrive qu'on compose le *mauvais numéro* et qu'on donne ainsi *un coup de téléphone* à une personne que l'on ne connaît pas. On *raccroche*, après s'être excusé. Il peut arriver aussi que *la ligne* soit *en dérangement*.

Quand on ne connaît pas le numéro de son correspondant et qu'il n'y a pas d'annuaire à proximité, on s'adresse à un(e) *standardiste* qui vous *donne la communication* ou le numéro à appeler.

En ville, on peut téléphoner des *cabines téléphoniques* ou de la poste. Il n'est plus nécessaire aujourd'hui de placer des *jetons* dans les appareils; les pièces de monnaie les ont remplacés.

décroche le récepteur lifts the receiver
compose dials
annuaire (ou Bottin) directory
bout du fil the other end
abonné subscriber
mauvais numéro wrong number
coup de téléphone telephone call
raccroche hangs up
ligne. . .en dérangement line out of order
standardiste operator
donne la communication places the call
cabines téléphoniques telephone booths
jetons tokens

QUESTIONS

1. Quelles sont les activités qui dépendent du secteur tertiaire?
2. Quelle est l'ampleur des réseaux routier et autoroutier français?
3. Qui contrôle la gestion et l'entretien des autoroutes en France?
4. À combien s'élève le trafic routier annuel en matière de marchandises?
5. Que peut-on dire du réseau ferroviaire français et de son trafic?
6. Comment la SNCF essaie-t-elle de rentabiliser son système?
7. Quelle est la situation actuelle du réseau navigable français?
8. Quelles sont les principales compagnies aériennes françaises? Sont-elles toutes des sociétés nationalisées?
9. Quels efforts la marine marchande fait-elle pour se maintenir à un rang acceptable?
10. Quels sont les services assurés par les P & T?

EXERCICES

I. Remplacer les expressions en italique par un verbe équivalent:

Exemple: Les P & T *assurent la distribution* du courrier.
Les P & T distribuent le courrier.

1. La SNCF *effectue de travaux d'entretien* sur son réseau.
2. Le réseau autoroutier est en voie *d'être modernisé et rénové*.
3. Les messageries *assurent l'acheminement* des colis.
4. Une société mixte *contrôle la gestion* du trafic aérien.
5. Il faut des capitaux pour *procéder à l'aménagement* des ports.

II. Compléter les phrases suivantes en vous inspirant du texte:

1. Les réseaux sont rénovés _____ des besoins _____.
2. En France, la construction des autoroutes est _____ *en retard* _____ sur celle des pays voisins.
3. La traction à vapeur a disparu _____ *au profit* _____ de la traction électrique.
4. La marine marchande fait des efforts *de modernisation* _____ maintenir sa position sur le plan mondial. *pour*
5. Le gas-oil est le _____ *carburant* _____ utilisé pour le moteur diesel.

III. Relever dans le texte les substantifs dérivés des adjectifs suivants:

1. sain   4. moderne
2. cher   5. marchand
3. rentable

IV. Traduire:

En français:

1. The French road network needs to be modernized and maintained.
2. The French Railways (Company) is state owned and managed.
3. Computerization is helping in the modernization of rail transportation.
4. Despite the high cost of harbor facilities, the shipping industry can still compete with the airline companies.
5. The U.S. Mail does not handle the telephone and telegraph systems nor does it have a savings account department.

En anglais:

1. Les P & T assurent l'acheminement du courrier, le facteur sa distribution.
2. Avec la construction d'autoroutes, et malgré le péage, de plus en plus de voyageurs préfèrent la route au rail.
3. La majorité du trafic aérien transite par l'aéroport de Roissy.
4. La demande des transports maritimes en matière de navires spécialisés contribue à l'expansion de la construction navale.
5. Le transport de marchandises est moins important que le trafic de passagers.

SUJETS DE DISCUSSION ET DE COMPOSITION

1. Quels sont, parmi les systèmes de transport, ceux qui sont appelés à jouer un rôle de plus en plus important? Pour quelles raisons?
2. Comparer brièvement le rôle respectif des réseaux routiers et ferroviaires en France et aux États-Unis. Donner les raisons de ces différences.
3. Quelles différences y a-t-il entre les postes françaises et les postes américaines?
4. Comment la géographie ou l'histoire (ou les deux) peuvent-elles influer sur l'infrastructure des transports d'un pays?

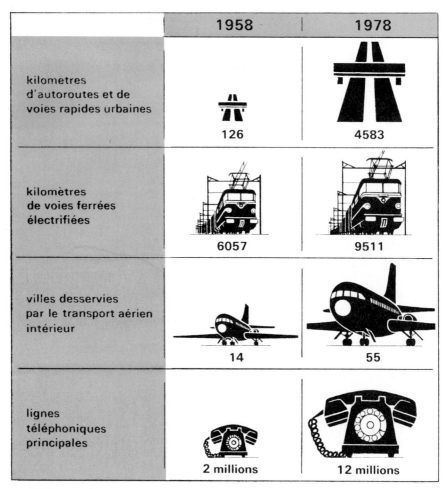

	1958	1978
kilomètres d'autoroutes et de voies rapides urbaines	126	4583
kilomètres de voies ferrées électrifiées	6057	9511
villes desservies par le transport aérien intérieur	14	55
lignes téléphoniques principales	2 millions	12 millions

Le bond des communications

La plus forte progression est celle du réseau autoroutier.
Mais, si la moitié Est de la France est bien desservie,
le désenclavement de la partie Ouest n'est encore qu'amorcé.

La Débâcle de Chrysler

Chrysler, première victime de taille de l'inévitable reconversion de l'industrie automobile. Qui, après?

Il y avait trois géants de l'automobile aux Etats-Unis. Dans l'ordre : General Motors, Ford et Chrysler. Il n'en reste plus que deux et demi. La plaisanterie, malveillante, circule a Detroit, le fief des constructeurs américains, depuis que Chrysler a sollicité de l'administration Carter une aide de un milliard de dollars. Jamais, au royaume de la libre concurrence, une firme privée n'avait réclamé une telle somme.

Les ennuis de Chrysler, dixième firme américaine (chiffre d'affaires 78 : 13,6 milliards de dollars), commencent en 1970. Depuis, sa part du marché américain a régulièrement décliné. De 16 à 9% aujourd'hui. La crise de 1973 provoque un tassement des ventes d'automobiles aux Etats-Unis : Chrysler perd de l'argent deux années de suite (1974, 1975)... et son président, Lynn Townsend. Coïncidence? Les profits reviennent. Pas vraiment, puisque, au dernier trimestre de 1977, le groupe enregistre de nouvelles pertes. Chrysler liquide une grande partie de ses opérations à l'étranger. En Europe, où Peugeot-Citroën prend la relève. Une bouffée d'argent frais. Et, comme si cela ne suffisait pas, Chrysler frappe un grand coup : en s'attachant, en novembre dernier, les services de Lee A. Iacocca, directeur chez Ford depuis dix ans et un moment dauphin désigné de Henry Ford II. Mission : vendre. Une tâche à la hauteur de ce spécialiste du « marketing ».

Huit mois plus tard, c'est l'échec. Au deuxième trimestre de 1979, Chrysler perd 207 millions de dollars, plus que durant toute l'année 1978. Ses dettes à court terme sont estimées à 1,7 milliard de dollars. Les ventes s'effondrent. La clientèle se détourne des « belles américaines ». Et Chrysler ne produit pas suffisamment de petits modèles (les « compacts ») : Volkswagen, auquel il fait appel pour la fourniture de 300 000 moteurs par an destinés à la Plymouth Horizon et à l'Omni, n'est pas en mesure d'augmenter ses cadences. Les constructeurs étrangers, japonais surtout, accroissent, eux, leurs ventes de petits modèles. Ford et General Motors résistent tant bien que mal. Chrysler s'écroule. Le second choc pétrolier lui a été fatal.

John Riccardo, président de Chrysler, demande à Washington une remise d'impôt de un milliard de dollars jusqu'en 1980, le temps de mettre au point des modèles moins « énergivores ». Pour lui, ce n'est que justice. Car il considère que le gouvernement fédéral est responsable du désastre financier. En imposant aux constructeurs américains des normes de pollution, de sécurité, de consommation de carburant (8,5 litres aux 100 d'ici à 1985), le gouvernement fédéral a provoqué l'asphyxie de Chrysler, incapable de financer une gigantesque reconversion. John Riccardo demande un délai de grâce de deux ans pour se conformer à ces normes.

Avec plus de 1 120 000 automobiles produites en 1978, une taille respectable, Chrysler ne fait pas le poids face à General Motors : 5 390 000, et Ford : 2 600 000. Ces deux concurrents, lancés dans la course au petit modèle, ont un avantage décisif : les économies d'échelle. Ainsi, les normes imposées par les nouvelles réglementations fédérales coûteraient à Chrysler 620 dollars par véhicule, pour 340 à General Motors. L'Etat doit donc être mis à contribution.

Peut-être, mais le procédé, si fréquent en Europe, fait scandale aux Etats-Unis. Pour Thomas Murphy, le « grand patron » de General Motors, « on remettrait en question la philosophie de l'Amérique en acceptant l'idée de renflouer quelqu'un qui trébuche dans la course à la concurrence ». Le « Wall Street Journal », quotidien des milieux d'affaires new-yorkais, voit d'un mauvais oeil une opération de sauvetage « qui se ferait sur les dos des contribuables ».

Les dirigeants de Chrysler, ignorant la querelle, s'efforcent déjà de rallier à leur cause les membres influents du Congrès, sans lequel le renflouement ne peut avoir lieu. Ils s'adressent directement aux syndicats, en leur réclamant une trêve salariale de deux ans. « Nous ne pouvons accepter une perte de pouvoir d'achat de 25% en deux ans », réplique Douglas A. Fraser, président de la puissante United Auto Workers, qui, en revanche, est prêt à défendre une solution permettant de sauver Chrysler à l'aide de fonds publics.

Au total, 500 000 emplois sont en jeu. Des emplois qui pèsent lourd, au moment où les Etats-Unis entrent dans la récession. Et qui dépendent, dans l'immédiat, de la décision de la Maison-Blanche. Un refus du président Carter condamnerait irrémédiablement l'opération de sauvetage.

Quelle solution resterait-il à Chrysler? Le cavalier seul, avec des créanciers aux aguets et un avenir sérieusement compromis, ou bien un rapprochement avec un concurrent. Impossible pour Ford et General Motors, qui enfreindraient les lois antitrust. Alors, un constructeur étranger? Le nom de Volkswagen a été cité. Mais la firme allemande a aussitôt démenti. Preuve, toutefois, que les Européens (sans oublier les Japonais) ne peuvent se désintéresser du sort de Chrysler.

C'est la première victime de taille de la formidable course à la productivité engagée par les constructeurs de Detroit. Les « petites américaines » des années 80 pourraient bien provoquer d'autres craquements. Mais, cette fois, pas seulement aux Etats-Unis. P. B. ■

EXERCICES DE RÉVISION (CHAPITRES 1, 2, 3)

I. Questions sur les textes:

1. Quels sont les trois secteurs que l'on distingue dans l'économie d'un pays?
2. Comment peut-on améliorer le rendement d'une exploitation agricole?
3. Quelles sont les céréales cultivées en France? Quelles sont celles dont la culture est en régression?
4. Quelles sortes d'élevages pratique-t-on en France? Pour quels produits?
5. Quelles sont les principales ressources énergétiques françaises?
6. Pourquoi la France importe-t-elle du minerai de fer mauritanien et suédois?
7. Quelles sont les activités industrielles en expansion? en crise?
8. Quels sont les principaux réseaux de transports français?
9. Comment la SNCF modernise-t-elle l'exploitation de son réseau?
10. Quels sont les services assurés par les P & T?

II. Exercices:

A. Donner des mots de la même famille que les mots suivants:

1. élever   4. fer
2. produire   5. air
3. chimie

B. Compléter les phrases suivantes:

1. La production _____ comprend les oeufs et la viande (poulet).
2. _____ produit (–isent) des vins ordinaires et des vins de qualité.
3. Les _____ fournissent de l'électricité à partir des barrages.
4. L'industrie _____, qui fournit de l'acier, se trouve en Lorraine.
5. Le tracé du _____ _____ ressemble à une toile d'araignée.

III. Traduire:

En français:

1. Rice-growing is expanding in Southern France (Camargue).
2. Beside steers, swine, and poultry, the French raise horses for meat.
3. Most of French coal comes from the Lorraine deposits.
4. The food industry employs a high percentage of women.
5. Railroad passenger traffic is on the decline because of competition.

En anglais:

1. La viticulture française consacre la moitié de sa production à l'usage familial.
2. Les exploitants sylvicoles ont accru leur rendement grâce à l'Office National des Forêts.

3. La flotte pétrolière ravitaille les raffineries de la région marseillaise à partir des pays de l'OPEP.
4. La construction navale française souffre de la concurrence japonaise.
5. À l'inverse du réseau routier, le réseau ferré est moderne et bien entretenu.

SUJETS DE COMPOSITION

1. Comment peut-on améliorer le rendement des petites exploitations agricoles?
2. Comment l'Europe et les États-Unis essaient-ils de se libérer de la dépendance étrangère en matière de pétrole?
3. Comparer le rôle des réseaux ferroviaires français et américain.
4. Comment la technologie est-elle en train de révolutionner les télécommunications?

chapitre 4

le commerce

Le commerce est l'activité qui met à la disposition des consommateurs [1] les biens[1] produits par les secteurs primaire et secondaire. Cette activité comprend une série d'opérations dont les principales sont l'achat et la vente. La transformation des produits, leur emmagasinage [2], leur transport, l'étude des marchés [3], l'implantation de réseaux de distribution et la publicité constituent des fonctions connexes[2] essentielles à la vitalité de la vie commerciale. On distingue le commerce intérieur et le commerce extérieur.

I. LE COMMERCE INTÉRIEUR

On distingue trois sortes: le commerce de gros,[3] le commerce de détail[4] et le commerce intégré.

1. Le Commerce de gros

Les commerçants de gros, ou grossistes, constituent l'intermédiaire entre les producteurs et les commerçants de détail, ou détaillants. De nos jours, de plus en plus de fabricants[5] prennent part à[6] la commercialisation de leurs produits. La suppression des maillons[7] intermédiaires entraîne ainsi une baisse du prix de vente.

[1] *biens* goods   [2] *connexes* linked, connected   [3] *commerce de gros* wholesale trade; *en gros* in bulk   [4] *commerce de détail* retail trade   [5] *fabricants* manufacturers   [6] *prennent part à* participate in   [7] *maillons* links

2. Le Commerce de détail

Le détaillant revend, après prélèvement d'un bénéfice,[8] les produits au consommateur. Traditionnellement, c'est un petit commerçant ou propriétaire indépendant d'un commerce individuel genre "épicerie du coin". Ce genre d'entreprise familiale est en diminution sensible. Beaucoup de petits commerçants ont été obligés de se reconvertir ou de s'associer en chaînes volontaires ou en groupements coopératifs permettant d'obtenir auprès des fabricants et des grossistes les mêmes conditions avantageuses consenties aux grands établissements commerciaux.

3. Le Commerce intégré (ou concentré)

Quand le grossiste et le détaillant sont la même personne, on a affaire au[9] commerce intégré. Ce genre de commerce, dont l'importance est de plus en plus croissante, ne réalise encore que le quart du chiffre d'affaires total, le reste allant aux commerces de gros et de détail.

Dans ce secteur, on compte les grands magasins [4], comme les *Nouvelles Galeries* ou la *Samaritaine*, les magasins populaires, comme *Monoprix* et *Prisunic*, et les sociétés à succursales [5] multiples, comme *Casino*, les *Docks Rémois* ou *Familistère*. Des sociétés coopératives, comme *Coop*, détiennent une parte de ce commerce. La multiplication des supermarchés [6], et des hypermarchés [7], généralement appelés "grandes surfaces", témoigne du[10] développement du commerce concentré. Il ne faut pas oublier non plus le développement de la vente par correspondance (V.P.C.) assurée par des sociétés spécialisées, comme *La Redoute*, ou par les grands magasins ayant des services de V.P.C. Des catalogues sont envoyés aux clients qui commandent par courrier ou par téléphone.

Dans l'ensemble, le commerce intérieur connaît, depuis la Deuxième Guerre Mondiale, une évolution très nette vers la concentration des réseaux de distribution et le perfectionnement des techniques de commercialisation déjà pratiquées aux États-Unis: publicité aggressive par les "média", libre-service, vente à crédit et même par distributeurs automatiques.[11]

II. LE COMMERCE EXTÉRIEUR

Les échanges[12] de marchandises (exportations et importations) avec l'étranger constituent le commerce extérieur. La différence de volume entre les exportations et les importations s'appelle la balance commerciale.[13] Quand on tient compte de[14] la valeur de ces échanges et qu'on y ajoute les transferts de capitaux et les

---

[8]*prélèvement d'un bénéfice* extracting a profit   [9]*a affaire à* deals with   [10]*témoigne du* attests to (the)   [11]*distributeurs automatiques* vending machines   [12]*échanges (m.)* trade   [13]*balance commerciale* balance of trade   [14]*tient compte de* considers

mouvements de devises[15] dûs au tourisme, il est question de la balance de paiements. Elle peut être trimestrielle, semestrielle ou annuelle.

1. Balance commerciale

La valeur totale des échanges de biens et de services avoisine les 300 milliards de francs. Les exportations représentent 20% environ du P.N.B. (produit national brut).[16] Avec les États-Unis, l'Allemagne fédérale et le Japon, la France se classe parmi les grandes nations exportatrices.

La moitié de ce commerce s'effectue avec les partenaires du Marché Commun. La balance commerciale française est déficitaire vis-à-vis des États-Unis et des pays du Moyen-Orient.

La France essaie d'équilibrer sa balance des paiements en accroissant ses exportations et en réduisant ses importations de pétrole (baisse de 4% en 1977). Une balance excédentaire est le signe d'une économie saine et la garantie d'une monnaie forte.

2. Répartition géographique des échanges

On assiste, depuis la Deuxième Guerre Mondiale, à une libéralisation des échanges entre la plupart des pays. La C.E.E. (Communauté Économique Européenne) ou Marché Commun regroupe dans une union douanière [8] les pays suivants: France, Allemagne fédérale, Italie, Pays-Bas, Belgique, Luxembourg, Royaume-Uni, Irlande, Danemark et Grèce. Des pays comme l'Espagne et la Turquie essaient de faire partie de ce cadre.[17] D'autres pays, comme la Suisse et la Suède, font partie de l'Association Européenne de Libre-Échange (A.E.L.E.) [9]. Des institutions, comme l'O.C.D.E. (Organisation de Coopération et de Développement Économique) et le G.A.T.T. ("General Agreement on Tariffs and Trade") permettent la concertation économique à une échelle internationale.

Les pays peuvent également s'associer dans le cadre d'une zone monétaire [10]. La zone franc regroupe ainsi autour de la France les D.O.M. (départements d'outre-mer,[18] comme la Martinique ou la Réunion), les T.O.M. (territoires d'outre-mer, comme la Polynésie française) et certaines des anciennes dépendances[19] africaines (Cameroun, Côte-d'Ivoire, Dahomey, Gabon, Haute-Volta, Niger, République Centrafricaine, République du Congo, Sénégal, et Tchad). Le total des échanges de la France avec le reste de la zone franc a énormément baissé depuis la décolonisation.

ÉTUDE DU VOCABULAIRE

[1] *consommateur*   individu qui achète un produit pour le consommer ou pour s'en servir.

[15]*devises* foreign currency   [16]*produit national brut (PNB)* gross national product (GNP)
[17]*cadre* group   [18]*outre-mer* overseas   [19]*dépendances* colonies

On parle de la société moderne comme étant une société de consommation. Il existe en France, comme aux États-Unis et ailleurs, des mouvements ou associations de consommateurs.

[2] *emmagasinage* action de mettre ou de garder un produit dans un magasin, celui-ci étant entrevu non comme un point de vente mais comme un dépôt ("storage").

[3] *marché* endroit où les opérations de vente et d'achat sont effectuées; le contrat entre un vendeur et un acheteur; ensemble du réseau et des opérations commerciales concernant un produit donné (ex.: le marché de la chaussure). La mise en marché, ou commercialisation, est aussi désignée par le terme de "marketing".

[4] *grand magasin* magasin de grandes dimensions, organisé en rayons où sont vendus plusieurs types de marchandise ("department store"). Exemple: Macy's aux États-Unis.

[5] *sociétés (ou magasins) à succursales* entreprises commerciales à plusieurs branches pratiquant la vente d'une gamme ("range") de produits ou de produits diversifiés ("chain store").

[6] *supermarché* magasin d'une superficie pouvant aller jusqu'à 2000 m^2 et vendant une gamme très variée de marchandises.

[7] *hypermarché* un grand supermarché dont la superficie dépasse 2000 m^2. Comme pour le supermarché, la vente est en libre-service, c'est-à-dire que le client se sert aux rayons et paie à la caisse en sortant ("self-service"). Dans un supermarché, le client est généralement servi par un vendeur ou une vendeuse responsable d'un rayon déterminé, tandis que dans un hypermarché le libre-service est généralisé.

[8] *union douanière* association de plusieurs pays établissant sur leurs territoires une réglementation douanière commune vis-à-vis de leurs produits et des marchandises provenant de l'extérieur.

[9] *L'A.E.L.E.* regroupe l'Autriche, l'Islande, la Norvège, le Portugal, la Suède et la Suisse. La Finlande en est membre associé.

[10] *zone monétaire* ensemble de pays groupés autour d'un pays économiquement avancé et dont la monnaie sert de référence à l'égard de leurs monnaies respectives et des monnaies étrangères.

R E M A R Q U E

Sigles et acronymes

Un sigle est une abréviation formée à partir d'initiales. Il est généralement utilisé pour désigner des sociétés, des entreprises, des organismes, des groupements, des établissements, des institutions, ou comme forme abrégée d'expressions techniques courantes.

Exemples: C.F.P.: Compagnie Française des Pétroles
O.N.U.: Organisation des Nations-Unies
C.E.E.: Communauté Économique Européenne
H.E.C.: Hautes Études Commericales
P.N.B.: Produit National Brut
P.M.E.: Petites et Moyennes Entreprises

Quand la présence de voyelles le permet, le sigle est prononcé comme un mot: l'E.N.A.(École Nationale d'Administration) est prononcé *léna*. Devenus usuels, certains de ces sigles ont donné naissance à des dérivés (adjectifs et substantifs). Un diplômé de l'ENA est un *énarque* et le nombre de ces diplômés parmi les membres du gouvernement français a fait dire aux humoristes que la France vivait en *énarchie*. Une décision de l'ONU peut être qualifiée d'*onusienne* et un membre de la CGT (centrale syndicale) de *cégétiste*. Ces sigles peuvent s'écrire avec ou sans points. La tendance actuelle en France est de ne mettre une majuscule qu'à la première initiale: Apec (Agence nationale pour l'emploi des cadres).

Quand les sigles sont prononçables comme des mots ordinaires et entrevus comme tels, ils constituent ce que l'on appelle des acronymes. Le mot *radar*, d'origine anglaise (radio detecting and ranging), est un exemple des plus courants. Son emploi dans la plupart des langues montre que l'emprunt d'acronymes étrangers est chose courante dans les langues de spécialités.

Les créateurs d'acronymes s'arrangent souvent pour retenir des désignations dont les initiales formeront un mot significatif ou évocateur: ADAPTS: *Air Deliverable Antipollution Transfer System* (Système de transfert antipollution largable). On peut ne retenir que les lettres qui formeront un mot facile à prononcer. Ainsi COFACE désigne la Compagnie française d'assurance pour le commerce extérieur et SOFACO la Société africaine de fabrication, de formulation et de conditionnement. Les progrès des diverses techniques, la multiplication des organisations, associations, etc. (voir Appendices, p. 175), et la généralisation des emprunts étrangers (notamment américains) ont abouti à la prolifération des sigles et des acronymes. Leur sens échappe souvent au lecteur non initié. Cela explique la publication d'ouvrages visant à en faciliter le décodage. Citons à titre d'exemple celui de Michel Dubois: *Dictionnaire de sigles nationaux et internationaux* (Paris: La Maison du Dictionnaire, 1977).

QUESTIONS

1. En quoi consiste le commerce? Quelles en sont les principales opérations?
2. Que signifie "commerce extérieur"?
3. Quelles sont les trois sortes de commerces que l'on distingue dans le domaine du commerce extérieur?
4. Qu'est-ce qu'un grossiste? un détaillant?
5. Pourquoi le petit commerçant éprouve-t-il des difficultés? Comment réagit-il?
6. Quelles sortes de magasins distingue-t-on dans le secteur du commerce intégré?
7. Quels sont les genres de magasins américains qui correspondent aux magasins français mentionnés dans le texte?

8. Dans quel sens le commerce extérieur [*intérieur?*] évolue-t-il depuis 1945? Comment s'est-il perfectionné? [*libéralisation des échanges*]

9. Qu'appelle-t-on balance commerciale? balance des paiements? Sur quelle base peut-on les calculer?

10. Quelles sont les nations qui occupent le premier rang au niveau du commerce international? *USA, Japon, Allem., Fr,*

11. Quels sont les principaux partenaires commerciaux de la France? *CEE, USA, Moyen Orient*

12. Comment la France essaie-t-elle d'équilibrer sa balance commerciale? *exporter plus*

13. Qu'est-ce que le Marché Commun? Quels sont les pays qui en font partie? →

14. Quels sont les territoires et les pays membres de la zone franc? →

EXERCICES

I. Remplacer les mots ou expressions en italique par des mots ou expressions équivalents:

1. Le commerçant fournit *au consommateur* des *biens* produits par *l'industrie.*
2. Le *commerçant de gros* constitue *l'intermédiaire* entre le producteur et le consommateur.
3. Les fabricants *participent* à la *commercialisation* de leurs marchandises.
4. La multiplication des *grandes surfaces est une preuve* du développement commercial.
5. La libéralisation des *échanges avec l'étranger* s'est accrue depuis l'après-guerre.

II. Compléter les phrases suivantes:

1. _____ *L'achat* _____ et _____ *la vente* _____ constituent les deux opérations principales du commerce.
2. Le tourisme fait rentrer des _____ *devises* _____.
3. La France effectue la moitié de son commerce avec _____ *les membres* _____ du _____ *Marché Commun.*
4. Dans la vente par correspondance, les clients _____ *achètent* _____ une marchandise par _____ *courrier* _____.
5. La balance commerciale des États-Unis est _____ *déficitaire* _____ à cause des importations de pétrole.

III. Donner des mots de la famille de:

1. commerce   4. marché
2. magasin   5. groupe
3. vendre

IV. Traduire:

En français:

1. The U.S. foreign trade shows a surplus for the first quarter of 1979.
2. The number of wholesale dealers is stable while the number of retailers is decreasing.
3. Customers can order merchandise by mail or phone through a catalogue.

4. Department and chain stores use aggressive marketing techniques.
5. France and the United Kingdom are partners within the Common Market.

En anglais:

1. La vente de l'essence s'effectue en libre-service dans beaucoup de stations situées à proximité des grandes surfaces.
2. Le commerce individuel, en tant qu'entreprise familiale, est en voie de disparition.
3. La santé économique d'un pays se mesure à l'équilibre de sa balance commerciale.
4. La balance des paiements de plusieurs pays industriels est déficitaire en raison de l'augmentation du prix du pétrole.
5. La Régie Renault s'est associée à la société American Motors pour profiter de son réseau de distribution.

SUJETS DE DISCUSSION ET DE COMPOSITION

1. Que pensez-vous, en tant que consommateur, de la disparition des petits commerces?
2. Comment pouvez-vous expliquer la multiplication des supermarchés?
3. Quelles sont, selon vous, les raisons pour lesquelles le Japon a une balance commerciale excédentaire?
4. Quels changements dans la vie quotidienne le commerce concentré a-t-il entraînés?
5. Quel rôle les associations de consommateurs peuvent-elles jouer dans la vie commerciale d'un pays?

ÉTABLISSEMENTS FRANÇAIS D'ENSEIGNEMENT ÉCONOMIQUE OU COMMERCIAL

École des Hautes Études Commerciales (H.E.C.)
1, rue de la Libération, 78350 Jouy-en-Josas
École Supérieure des Sciences Économiques et Commerciales (ESSEC) (privée)
B.P. 105, 95001 Cergy
École Nationale des Eaux et Forêts (relève du Ministère de l'Agriculture)
14, rue Girardot, 54000 Nancy
École Nationale du Génie Rural (relève du Ministère de l'Agriculture)
19, avenue du Maine, 75015 Paris
Institut National Agronomique (relève du Ministère de l'Agriculture)
16, quai Claude Bernard, 75005 Paris
Écoles Nationales Supérieures des Mines (ENSM) (Ministère de l'Industrie et du Commerce)
60, boulevard St-Michel, 75006 Paris
158 bis, cours Fauriel, 42000 Saint-Étienne
École Nationale des Ponts et Chaussées (Ministère des Travaux Publics, des Transports et du Tourisme)
28, rue des Saints-Pères, 75007 Paris
Centre d'Études et de Recherches Appliquées au Management (CERAM): Nice
Centre d'Études Supérieures aux Affaires (CESA): Jouy-en Josas (cf. H.E.C.)

Centre de Perfectionnement aux Affaires (CPA): Jouy-en-Josas (cf. H.E.C.)
Institut d'Administration des Entreprises: Aix-en-Provence
École Supérieure de Commerce de Lyon (ESC-L.): Écully
(Il existe des Écoles Supérieures de Commerce comme celle-ci dans les principales villes de province.)

oui

cover ratio

COMMERCE EXTÉRIEUR

Les trois handicaps

Le déficit commercial dépasse 50 milliards de francs pour les dix premiers mois de l'année. La remontée des exportations se heurte à trois handicaps.

Le commerce extérieur français est engagé dans une série noire. En octobre, le déficit commercial a atteint 4,5 milliards de francs. Le communiqué du ministère de l'Economie relève la légère remontée du taux de couverture (90,4 %) par rapport au mois précédent (88,4 %). Et conclut à une amélioration de notre balance commerciale. Tout est relatif : cumulé sur les dix premiers mois de 1980, le déficit a dépassé 50 milliards contre 11 milliards l'année précédente.

La hausse de la facture pétrolière est présentée rituellement comme le responsable numéro un de notre déficit. En réalité, elle explique la forte augmentation de nos importations, mais non le ralentissement de nos exportations, à l'exception des produits agricoles, en progression de 17 % d'octobre 1979 à octobre 1980.

Le déficit résulte de ces deux mouvements : forte augmentation de nos importations de pétrole, progression ralenti de nos exportations sur lesquelles planent trois menaces.

Le franc surévalué fait peser une contrainte sur notre industrie, car il renchérit artificiellement ses exportations, tout en aggravant la compétitivité en France des produits étrangers. Mais c'est là le résultat d'une politique, et il est facile d'en changer.

Nos exportations d'armement, principales pourvoyeuses des devises (environ 35 milliards annuels), sont en danger. Les ventes d'équipements militaires ont encore de beaux jours devant elles, mais la guerre au Moyen-Orient a révélé une grave faiblesse de notre industrie. Techniquement apte à fabriquer de bons produits, elle est financièrement incapable d'assurer toutes les gammes, et, surtout, de constituer des stocks suffisants de pièces détachées, ce qui la mettrait en mesure de répondre à toute demande rapide. Détail qui peut coûter cher au moment des commandes.

Nos exportations d'automobiles (30 milliards d'excédents) sont menacées. L'échec de la mission des constructeurs européens à Tokyo prouve qu'il ne suffira pas de s'en remettre à la seule bonne volonté des Japonais, bien décidés à tirer parti de leurs avantages comparatifs. La reprise du yen (plus 20 % en dix mois) a réduit leur avantage monétaire. Le torrent ne faiblit pas pour autant. La situation est préoccupante pour tous. Plus encore pour la France si l'on examine les statistiques par pays (arrêtées à fin août).

Celles ci révèlent une dégradation de nos échanges à l'égard de presque tous les pays industriels, plongés dans les mêmes difficultés que nous.

● Etats-Unis : notre déficit passe de 9 à 16,8 milliards pour les huit premiers mois de l'année. La reprise du dollar ces derniers mois (plus 10 %) nous apporte cependant une petite bouffée d'oxygène.

● Allemagne fédérale : le déséquilibre avec notre premier partenaire commercial, qui était de 6,2 milliards, atteint maintenant 10,5 milliards. Preuve s'il en était besoin que la force du franc par rapport au deutschemark ne reflète aucune force économique sous-jacente.

● Grande-Bretagne : fait plus surprenant, notre excédent à l'égard de ce pays se réduit de 54 % à 2,4 milliards, bien que la livre sterling ait progressé entre-temps de 20 %. En raison même du raffermissement de sa monnaie, sous l'effet du pétrole en mer du Nord et de taux d'intérêt exorbitants, le Royaume-Uni est plongé dans une crise sans précédent. Le déclin de son activité industrielle ralentit ses importations et limite le profit que nous pouvions tirer (mais pas seuls) d'un avantage monétaire.

Nos déficits s'accroissent à l'égard de tous les autres membres du Gotha industriel (Suisse, Benelux, Japon, etc.). Avec, pour seule exception, l'Italie. D'un léger déficit (500 millions), nous passons à un excédent de 2,4 milliards. Performance qui, sans être négligeable, n'est pas à la mesure des contre-performances accumulées à l'égard de nos autres partenaires.

PHILIPPE DURUPT

Déficit du commerce extérieur
(en milliards de francs)

déficit commercial
pour les 10 premiers mois de 1979 et 1980
(chiffres corrigés des variations saisonnières)

+ 2
+ 1
équilibre
— 1
— 2
— 3
— 4
— 5
— 6
— 7

+ 1,14

déficits cumulés sur 10 mois :
1979
— 11.321
1980
— 50.441

— 7,23

chapitre 5
douanes, tarifs

Le trafic des marchandises et des capitaux entre pays est soumis à certains contrôles et obligations: réglementation douanière [1], perception de droits [2] ou de taxes, présentation de documents, etc. L'Administration des Douanes est chargée de ces contrôles et de l'application des règlements fiscaux [3].

L'élargissement des relations économiques à l'échelle mondiale et la libéralisation qui l'a accompagné se sont traduits par la conclusion de nombreux accords commerciaux [4] et la formation de plusieurs unions douanières.

I. CONTRÔLE ET DOCUMENTATION

Un importateur (ou exportateur) doit avoir l'autorisation d'importer (ou d'exporter) une marchandise; c'est ce qu'on appelle une licence d'importation [5] (ou d'exportation). La marchandise transportée est accompagnée de documents parmi lesquels on distingue:

Le certificat d'origine ou document indiquant le pays dans lequel la marchandise a été produite.

La facture consulaire [6] ou facture spéciale visée,[1] dans le pays exportateur, par les autorités diplomatiques du pays destinataire [7]. Ce document est rarement exigé de nos jours des importateurs français.

La facture pro forma (ou facture "pour la forme"): c'est un état[2] établi par

---

[1]*visée* signed   [2]*état* statement

le vendeur de la marchandise pour informer d'avance l'acheteur du montant[3] de la commande envisagée. Appelée aussi "facture fictive," elle sert surtout à l'obtention du permis[4] d'importer.

Quand une marchandise est destinée à être réexportée dans un délai déterminé [8], elle est admise en franchise [9]. Cette admission temporaire dispense du paiement des droits de douane.

À l'arrivée, la marchandise est présentée au bureau de douane et déclarée aux douaniers, qui procèdent à sa vérification. Ces formalités et l'acquittement[5] des droits de douane permettent de la dédouaner [10]. Quand le dédouanement n'est pas effectué immédiatement, la marchandise est gardée en dépôt [11] dans un entrepôt[6] ou magasin général [12].

II. RÈGLEMENT

Pour régler le montant de la marchandise achetée à l'étranger,[7] l'importateur se fait ouvrir un crédit documentaire [13] auprès d'une banque. Le vendeur envoie une traite [14] accompagnée des documents énumérés plus haut. Ces documents peuvent être remis à l'importateur contre[8]paiement du montant de la traite ou contre acceptation, c'est-à-dire une fois la traite signée, celle-ci venant à échéance[9] à une date ultérieure convenue[10] d'avance.

Le paiement peut être également effectué par chèque bancaire ou par lettre de crédit [15] ou accréditif. Ce paiement s'effectue en devises étrangères quand le contrat passé entre le fournisseur et l'acheteur le stipule ou que le pays importateur appartient à une zone monétaire différente de celle du pays exportateur. Il faut alors tenir compte du taux de change [16] entre les monnaies en question.

Le volume et l'origine des importations et des exportations jouent donc un rôle capital dans la rentrée et la sortie des devises d'un pays. Les contrôles douaniers et fiscaux permettent de chiffrer[11] le montant des échanges et d'énoncer une politique commerciale qui tienne compte des intérêts économiques du pays.

III. UNIONS DOUANIÈRES ET TARIFS SPÉCIAUX

Quand un pays veut protéger un secteur vital ou menacé[12] de son économie, il décourage l'importation d'un produit concurrent en l'imposant[13] en conséquence. Il peut, par une législation appropriée, interdire le dumping [17] à savoir l'importation d'un produit à un prix inférieur à sa valeur normale (prix de revient) ou au prix pratiqué sur le marché intérieur. Ce genre de pratique est plutôt l'exception que la règle.

---

[3]*montant* sum, total   [4]*permis* permit, license   [5]*acquittement (m.)* payment
[6]*entrepôt* warehouse   [7]*à l'étranger* abroad   [8]*contre* in exchange for, against
[9]*échéance* due date, term   [10]*convenue* decided, agreed upon   [11]*chiffrer* to compute,
calculate   [12]*menacé* threatened   [13]*imposant* taxing, charging import duty

De nos jours, les pays concluent entre eux des ententes douanières visant à[14] harmoniser leurs échanges commerciaux. Ces accords se traduisent par l'établissement de tarifs [18] douaniers particuliers. Selon la quotité[15] des droits perçus, on distingue:

Le tarif préférentiel: c'est, par exemple, le genre de tarif que le Canada applique[16] aux marchandises provenant de certains pays du Commonwealth.

Le tarif de la nation la plus favorisée: celui que les U.S.A. appliquent aux importations en provenance d'U.R.S.S. La Chine vient de demander récemment aux U.S.A. qu'un tel tarif soit appliqué à ses produits.

Le tarif général: c'est le tarif applicable entre deux pays n'ayant pas conclu d'accord tarifaire spécial.

Certains états voisins ou ayant des intérêts économiques communs se groupent en une union douanière permettant ainsi à l'intérieur de leur territoire la libre circulation des personnes, des marchandises et des capitaux. Les produits provenant d'un pays non membre sont importés selon une réglementation douanière commune, et un même tarif leur est appliqué. Le Marché Commun constitue l'exemple d'une telle union; l'Union Douanière et Économique de l'Afrique de l'Ouest (U.D.E.A.O.) en constitue un autre.

Dans une zone de libre-échange, les marchandises des pays membres circulent sans restriction tarifaire ou quantitative; mais chaque état membre est libre de réglementer ses échanges avec les pays étrangers à cette zone.

Certaines villes, comme Tanger de 1923 à 1956, bénéficient d'un régime économique et financier particulier permettant l'entrée en franchise des marchandises quelle que soit leur origine. Sans être la ville internationale qu'elle était avant sa marocanisation [19], Tanger a conservé un statut commercial plus libéral que celui du reste du pays.

La circulation illégale de marchandises à travers les frontières constitue la contrebande. Cette pratique s'explique dans un cadre protectionniste. La libéralisation du commerce international a contribué à la réduction du nombre des contrebandiers. La vigilance des douaniers, des garde-côtes et de la police des frontières ne s'est pas pour autant relâchée.

ÉTUDE DU VOCABULAIRE

[1] *réglementation douanière* ensemble de règles prévues pour le contrôle des marchandises et des capitaux passant à travers les frontières d'un pays. L'administration qui applique cette réglementation est celle des *douanes* ("customs"); un employé des douanes est un *douanier*. En France, la Direction Générale des Douanes et Droits Indirects est un service qui dépend du Ministère des Finances.

[2] *perception de droits* ("duties") action de recueillir des sommes prélevées légalement. Celui qui reçoit les sommes perçues est le *percepteur*.

---

[14]*visant à* aiming at   [15]*quotité* quota, share, amount   [16]*applique* applies

[3] *règlement fiscal:* ensemble de mesures prescrites pour le maintien des règles relatives aux impôts et aux taxes et à leur perception. Un *règlement* peut aussi signifier l'action de régler (payer) une somme due, donc *paiement.*

[4] *accord commercial* convention, entente entre deux ou plusieurs pays régissant leurs échanges.

[5] *licence d'importation* permission, autorisation spéciale d'importer. Un importateur agréé est *titulaire* d'une telle licence.

[6] *facture consulaire* état détaillé des marchandises exportées et de leur prix, portant la signature ou *visa* d'un consul ou d'une autorité consulaire. L'action d'établir une facture ("invoice") ou de facturer s'appelle *facturation.*

[7] *destinataire* celui à qui est adressé un envoi. Ainsi, l'exportateur d'une marchandise est l'*expéditeur* et l'importateur son *destinataire.*

[8] *délai déterminé* temps accordé, période fixée, pour l'accomplissement de quelque chose.

[9] *admis en franchise* accepté dans un pays sans le paiement de droits de douane. La franchise est donc une *exemption*, une exonération de droits.

[10] *dédouaner* sortir une marchandise du bureau de douane après accomplissement des formalités et paiements des droits.

[11] *en dépôt* sous la garde et la responsabilité de quelqu'un en attendant que son propriétaire la retire.

[12] *magasin général* entrepôt de grandes dimensions où un négociant peut déposer ses marchandises contre un *récépissé* ("receipt") et un bulletin de gages ou *warrant* transmissible à un tiers. Les marchandises en dépôt sont alors warrantées.

[13] *crédit documentaire* la banque garantit à l'exportateur qu'il sera réglé à l'embarquement des marchandises et à l'importateur que les marchandises expédiées seront, à la livraison, conformes à la commande passée avec l'exportateur. Elle transmet également la documentation garantissant la conformité aux exigences des deux parties.

[14] *traite* lettre de change, titre de créance ("draft, bill"). On *tire* une traite; elle *arrive à échéance* quand elle doit être honorée à une date terminée. Elle est alors *échue.*

[15] *lettre de crédit* document par lequel une banque permet à un client de se procurer de l'argent auprès d'un autre établissement bancaire.

[16] *taux de change* rapport entre unités monétaires de deux pays ("rate of exchange"). Le taux de change du dollar et du franc oscille autour de $1 = 4,25F (fin 1980). Les touristes convertissent leur argent dans un *bureau de changes* tenu par un *cambiste.*

[17] *dumping* vente au rabais, pratique consistant à inonder un marché avec des marchandises vendues à bas prix dans le but de concurrencer des produits analogues. La plupart des pays protègent leur marché intérieur par une législation *antidumping.*

[18] *tarif* liste des prix fixés et des droits à percevoir sur certaines marchandises.

[19] *marocanisation* action de marocaniser, c'est-à-dire de soumettre à la juridiction et aux lois du Maroc.

R E M A R Q U E

Adjectif de relation

Dans l'expression *réglementation douanière*, l'adjectif "douanière" caractérise le nom qui le précède en exprimant non une qualité mais une relation: il s'agit de la réglementation *relative* aux douanes. Voici quelques exemples tirés du texte:

des règlements fiscaux: des règlements relatifs au fisc
des relations économiques: des relations ayant trait à l'économie
l'échelle mondiale: l'échelle du monde
des accords commerciaux: des accords concernant le commerce
la facture consulaire: la facture signée par le consul

On notera que ces adjectifs se placent *toujours après* le nom qu'ils modifient et que leur emploi n'est pas aussi étendu que celui des adjectifs qualificatifs exprimant une qualité inhérente.

Voir les exemples suivants:

(a) *les relations économiques*
(b) *une voiture économique* (une voiture qui consomme peu d'essence)

Le même adjectif peut exprimer la relation (a) ou la qualité (b). Alors qu'une voiture peut être plus (ou moins) économique qu'une autre, les relations entre deux pays sur le plan de l'économie ne peuvent être qu'économiques, ni plus ni moins. La différence entre les deux adjectifs est, dans ce cas, plus évidente en anglais:

(a) *economic relations*
(b) *an economical car*

En français, comme en anglais, la relation peut être exprimée par une locution adjectivale:

une zone de libre-échange: a free-trade zone
une licence d'importation: an import license
des droits de douane: customs duties

Q U E S T I O N S

1. Quels genres de contrôles les marchandises subissent-elles aux frontières? Qui effectue ces contrôles? →
2. Quelle autorisation doit-on avoir pour pouvoir importer ou exporter? *licence*
3. Quels sont les principaux documents qui accompagnent une marchandise importée? →
4. Qu'est-ce que la facture pro forma? →
5. Dans quel cas une marchandise importée peut-elle être admise en franchise? *destinée à être ré-exportée sous peu*
6. Quand peut-on dire qu'une marchandise est dédouanée?
7. Qu'arrive-t-il quand une marchandise n'est pas immédiatement retirée par le destinataire? *marchandise gardée en dépôt, dans entrepôt ou magasin général*

8. Comment un importateur peut-il régler le montant de la marchandise achetée à l'étranger? *chèque bancaire ou lettre de crédit*
9. Ce paiement est-il toujours effectué en devises étrangères? *non*
10. Comment un pays peut-il décourager les importations? *tarifs*
11. Qu'est-ce que le dumping?
12. À quoi aboutit la signature d'un accord commercial?
13. Quel genre de tarif douanier peut-il exister entre deux pays?
14. Quelles sortes de tarifs applique-t-on à l'intérieur et à l'extérieur des territoires groupés en union douanière? *préférentiel*

EXERCICES

I. Relever dans le texte les substantifs dérivés des verbes suivants:

accepter   établir
acquitter   obtenir
admettre   payer
conclure   régler
dédouaner   vérifier

II. Former à partir des mots suivants des adjectifs se terminant par les suffixes *-aire, -ier, -al,* ou *-ique:*

douane   banque
document   monnaie
fisc   tarif
diplomate   vie
temps *temporair*   commerce

III. Indiquer entre parenthèses si les adjectifs des expressions suivantes sont des adjectifs de qualité (Q) ou de relation (R):

1. la réglementation douanière *R*
2. les autorités diplomatiques *R ou Q*
3. le pays destinataire *R*
4. la facture consulaire *R*
5. les intérêts économiques *R*
6. les relations économiques *R*
7. des importateurs français *Q*
8. la facture fictive *Q*
9. une admission temporaire *R*
10. un secteur vital *R*

IV. Compléter les phrases suivantes:

1. Le service des Douanes est chargé de _____ *l'application* _____ des règlements _____ *fiscaux* _____.
2. Une facture consulaire est _____ *signée* _____ par _____ *autorités diplo.* _____ du pays _____ *destinataire* _____.
3. Une marchandise admise _____ *en franchise* _____ est dispensée du paiement de *droits de douane* _____.
4. Le contrôle _____ *tarifaire? douanier?* _____ et l'acquittement des droits permettent _____ *de dédouaner* _____ la marchandise importée.
5. Des pays concluent _____ *ententes douanières* _____ pour former _____ *unions douanières* _____.

6. Un cambiste convertit ___les devises___ selon le ___taux de change___ en vigueur.
7. Quand une traite ___arrive à échéance___ *est échue,*, elle doit être payée.
8. Le contrat _____ entre le vendeur et l'importateur _____ que le règlement doit s'effectuer en _____.
9. La pratique du ___dumping___ consiste à vendre au rabais.
10. Le Canada applique ___le tarif préférentiel___ aux produits de ___certains pays du___. *Royaume Uni*

V. Traduire:

En français:

1. The customs officer checks the goods and the documents attached to them.
2. The payment of duties allows the importer to clear the merchandise through customs.
3. The consular invoice bears the seal of the consular authorities.
4. An importer must have an import license and documentary credit with a banking institution.
5. The U.S. applies the most-favored-nation rates to imports from the U.S.S.R.

En anglais:

1. Les lois antidumping interdisent la vente au rabais ("at a discount") d'un produit étranger sur le marché intérieur.
2. Les ententes douanières permettent d'harmoniser les échanges commerciaux tout en protégeant certains secteurs économiques.
3. Depuis que la convertibilité des monnaies est libre, les taux de change varient d'un jour à l'autre.
4. L'entrée en franchise est accordée à des marchandises qui seront réexportées ultérieurement.
5. La création du Marché Commun s'est traduite par la disparition des formalités douanières entre les pays membres.

SUJETS DE DISCUSSION ET DE COMPOSITION

1. La France et l'Espagne exercent un contrôle douanier à leur frontière avec la principauté d'Andorre alors que celle-ci ne le fait pas. Pourquoi, selon vous?
2. À quelles sortes de formalités douanières devez-vous vous soumettre quand vous entrez aux U.S.A. en provenance du Canada, de Tahiti ou du Mexique?
3. Comment l'établissement de barrières douanières par les U.S.A. ou par les pays du Marché Commun pourrait-il nuire au commerce japonais?
4. Imaginez la journée d'un douanier (dans un aéroport ou un port).
5. À quels genres de trafics les contrebandiers d'aujourd'hui se livrent-ils?

DÉCLARATION DE DOUANE

DESTINATAIRE { M _____

_____

ENVOIS		DÉSIGNATION DU CONTENU	VALEUR (I)	POIDS		OBSERVATIONS
	Espèce			Brut (2)	Net (2)	

Pays d'origine ou de fabrication de la marchandise :

EXPÉDITEUR _____
(Nom et adresse)

_____

Nº de la licence ou de l'engagement de change	Numéro de l'expédition

A _____ le _____ 19 __

Signature:

1) Indication précise de l'unité monétaire employée.
2) Pour les colis postaux, indiquer le poids en grammes

FACTURE CONSULAIRE

Déclaration de chargement

Nom du chargeur _____ { déclare avoir expédié de _____

Demeurant à _____ { les marchandises suivantes destinées à _____

Indiquer ci-après le mode de transport et la date de l'expédition { par avion _____ par voie postale _____ par chemin de fer _____ par bateau _____

Marques	Numéros	VOLUMES		Poids brut en kilogrammes	DÉTAIL DES MARCHANDISES	Poids net en kilogrammes	Francs	Origine	Nom et domicile du destinataire
		Quantité	Espèce de colis						

(Le chargeur)   **VISA : CONSUL GÉNÉRAL À PARIS**   Le Consul général

GERFA N: 30-0395

| Partie réservée à la |
| DIRECTION GÉNÉRALE DES |
| DOUANES ET DROITS INDIRECTS |
| Autorisations Commerciales |
| Numéro de dépôt de la demande |
| qui devra être rappelé dans toute |
| correspondance ultérieure |

Le dossier complet doit être adressé à la

DIRECTION GÉNÉRALE DES DOUANES ET DROITS INDIRECTS

AUTORISATIONS COMMERCIALES
8, Rue de la Tour-des-Dames
PARIS (9°)

Toute demande qui ne comportera pas la totalité des indications prévues sera renvoyée au demandeur pour être complétée.

La date de prise en considération de la demande sera celle de réception du dossier complété.

Joindre une enveloppe timbrée pour le renvoi de la décision.

ACCUSÉ DE RÉCEPTION

de demande de licence d'expédition

(à remplir par l'exportateur au recto et au verso)

Nom et adresse du demandeur : ....

....

Marchandises : ....

Poids : ....

Valeur : ....
(FOB ou franco-frontière)

Pays de destination : ....

NOTA. - Cette carte qui vous sera renvoyée complétée par le numéro de dépôt de la demande de licence n'a que la valeur d'un accusé de réception.

DEMANDE
DE
LICENCE D'EXPORTATION
OU D'ACCORD PRÉALABLE

CARTE STATISTIQUE
(à remplir par l'exportateur au recto et au verso)

| Partie réservée à la |
| DIRECTION GÉNÉRALE DES |
| DOUANES ET DROITS INDIRECTS |
| |

Nom ou raison sociale du demandeur : ....

....

Domicile : ....

....

Profession : ....

Téléphone : .... N° d'immatriculation à l'I.N.S.E.E. ....

Marchandises : ....

....

Poids : ....

Valeur : ....
(FOB ou franco-frontière)

Pays de destination ....

(voir au verso)

chapitre 6

les banques et les activités bancaires

Une banque est un établissement qui fait le commerce des capitaux. Elle reçoit du public des fonds[1] sous forme de dépôts[2] qu'elle remet en circulation par des opérations de crédit [1], d'escompte [2] ou par des opérations financières.

I. TYPES DE BANQUES

Selon les types d'opérations qu'elles effectuent, on distingue diverses sortes de banques:

1. La Banque centrale ou banque d'émission

C'est la banque des banques d'un pays. Elle seule fait émettre des billets de banque. Elle est sous l'autorité de l'État qui exerce, par son intermédiaire, son contrôle sur le volume et le coût[3] du crédit. Elle peut faire des avances [3] aux autres établissements bancaires quand ils ont besoin de disponibilités [4].

La Banque de France est la banque centrale du pays et la banque du Trésor[4] de l'État. Créée en 1800, elle a été nationalisée en 1945. Son directeur, le Gouverneur de la Banque de France, travaille étroitement avec le Ministre des Finances et préside la Commission de Contrôle des Banques. C'est elle qui traite avec les banques centrales étrangères, comme la Banque d'Angleterre. Aux États-Unis, le

---

[1] *fonds* funds   [2] *dépôts* deposits (sums)   [3] *coût* cost   [4] *Trésor* Treasury

48

"Federal Reserve Board" a un rôle plus ou moins analogue à celui d'une banque centrale.

2. Les Banques de dépôts

Le client dépose son argent à la banque qui s'en sert à son tour dans des opérations de financement. En se faisant ouvrir un compte auprès d'une banque, le déposant peut en retirer[5] de l'argent en tirant un chèque [5] à son ordre, y effectuer des versements [6] ou faire virer [7] des sommes à d'autres comptes bancaires. Il peut, le cas échéant,[6] se faire accorder un prêt à court ou moyen terme [8]. Un relevé de compte [9] mensuel[7] le tient au courant des transactions effectuées et du montant du solde.

Pour empêcher que les banques n'investissent la totalité des fonds déposés, la législation bancaire impose, par l'intermédiaire de la banque centrale, le maintien de réserves obligatoires [10] dont le taux[8] est fixé par le gouvernement.

On compte, parmi les banques de dépôts, celles qui sont nationalisées, comme le Crédit Lyonnais et la Société Générale, et celles qui sont privées comme le Crédit Industriel et Commercial ou le Crédit Commercial de France. Dans la catégorie des banques de dépôts, on doit inclure les caisses d'épargne[9] qui versent un intérêt aux déposants. Le taux de cet intérêt est établi en fonction du délai de préavis[10] pour le retrait.[11] Plus ce délai est long, plus l'intérêt est élevé. En France, la Caisse Nationale d'Épargne fonctionne dans le cadre des P & T.

3. Les Caisses de prévoyance

En France, les caisses d'épargne et de prévoyance bénéficient de la garantie de l'État qui les contrôle par l'intermédiaire du Ministère des Finances. Aux États-Unis, ces caisses, ou "Credit Unions", sont des associations coopératives formées par des épargnants-actionnaires qui peuvent y effectuer des dépôts et des retraits comme pour un compte d'épargne auprès d'une banque commerciale.

4. Les Banques de crédit

Ce sont des banques qui accordent des crédits contre certaines garanties [11]. Ces avances, généralement à moyen terme, permettent d'encourager certains secteurs de l'économie. La Caisse Nationale de Crédit Agricole, par exemple, accorde des prêts aux coopératives et aux exploitants agricoles pour l'achat de matériel. Le Crédit National finance l'équipment industriel des petites et moyennes entreprises. Le Crédit Foncier avance des fonds pour l'achat ou la construction de logements. Ces banques de crédit ne détiennent pas de monopole puisque les

---

[5]*retirer* to withdraw   [6]*le cas échéant* when necessary   [7]*mensuel* monthly
[8]*taux* rate   [9]*caisses d'épargne* savings and loan associations   [10]*préavis* notice
[11]*retrait* withdrawal

banques de dépôts peuvent, elles aussi, prendre des participations financières dans le commerce et l'industrie.

5. Les Banques d'affaires[12]

Ces banques sont spécialisées dans le financement des grandes entreprises françaises et étrangères. Elles accordent des crédits, effectuent des placements de titres ou de valeurs,[13] et des opérations de spéculation sur le marché financier. Citons parmi elles la Banque Rothschild, la Banque de Suez, la Banque de Paris et des Pays-Bas, etc.

6. Les Banques régionales ou internationales

Certaines organisations économiques interrégionales ou internationales disposent d'institutions bancaires supranationales destinées à encourager le développement des pays membres. La B.E.I. (Banque Européenne d'Investissement) constitue un tel exemple pour la C.E.E. La Banque Internationale de Coopération Économique (B.I.C.E.) joue un rôle analogue pour les pays communistes (U.R.S.S., Pologne, R.D.A.,[14] Hongrie, Roumanie, Tchécoslovaquie et Mongolie). À l'échelle mondiale, signalons la Banque Internationale pour la Reconstruction et le Développement (B.I.R.D.) ou Banque Mondiale[15] à laquelle s'adressent les pays en voie de développement pour faire financer des travaux et aménagements[16] de grande envergure.

7. Les Chambres de compensation

Ces organismes permettent aux banque de régulariser leurs comptes entre elles par virements. Les comptes, effectués en fin de journée, évitent le transfert de numéraire.[17]

II. MOYENS DE PAIEMENT

Les transactions bancaires peuvent s'effectuer par plusieurs moyens. Les retraits et versements se font de plus en plus rarement en espèces.[18] L'usage de chèques et autres méthodes de paiement tend à se généraliser.

Les chèques: Outre les chèques personnels numérotés délivrés en carnet [12] par la banque au titulaire d'un compte courant,[19] les chèques au porteur[20] permettent le règlement garanti d'une somme importante. En effet un chèque ordinaire peut être sans provision [13].

---

[12]*banques d'affaires* merchant banks   [13]*placements de titres ou de valeurs* investments in deeds or securities, stock   [14]*R.D.A. (République Démocratique Allemande)* East Germany   [15]*Banque Mondiale* World Bank   [16]*travaux et aménagements* works and projects   [17]*numéraire* cash   [18]*espèces* cash   [19]*compte courant* checking account   [20]*chèques au porteur* checks to bearer

Pour l'étranger, les touristes se font délivrer[21] des chèques de voyage qui facilitent le transfert de devises et constituent une assurance en cas de perte ou de vol.[22] Le taux de change de ces chèques est généralement supérieur à celui des billets de banque correspondants.

Les cartes de crédit: Les clients disposant de ressources financières stables et suffisantes se font délivrer des cartes de crédit par leur banque (genre American Express, Carte Blanche, Carte Bleue, Visa, etc.) leur permettant de faire des achats à crédit et d'effectuer des retraits d'argent dans leur pays et à l'étranger.

Les lettres de crédit: La banque émettant une telle lettre demande à une de ses succursales ou à un correspondent à l'étranger de verser de l'argent au bénéficiaire (pour un montant déterminé ou illimité).

Les traites ou effets de commerce: Elles permettent le paiement par le tireur d'une certaine somme d'argent à une personne donnée (ou au porteur). Le débiteur [14] (ou tiré) est la personne sur qui la traite est tirée. Le tireur peut être un créancier ou le bénéficiaire de la traite.

Les traites bancaires[23]: Ce sont des traites tirées entre banques, et utilisables soit pour les voyages soit pour des règlements de créances sur l'étranger.

Les billets à ordre[24]: Ce sont des documents par lesquels un débiteur s'engage à régler une créance à une certaine date.

La reconnaissance de dette[25]: moyen personnel de reconnaître une dette par écrit. Cette reconnaissance n'engage que son signataire.

III. LES SERVICES BANCAIRES

Outre l'émission de chèques, traites et autres moyens de paiement, un établissement bancaire offre à ses clients une gamme de services parmi lesquels on distingue:

L'escompte des traites: la banque achète une traite avant son échéance et retient l'intérêt (escompte) de l'argent pendant la période qui sépare les dates d'échéance et de négociation.

La fourniture d'argent liquide aux commerçants, aux particuliers et à tous ceux qui effectuent des paiements en espèces.

Service de garde et coffrets de sûreté: on peut y mettre à l'abri des bijoux ou objets de valeur, des documents (testaments, contrats) ou des titres de propriété. Ces coffrets sont situés dans une chambre forte.

L'achat et la vente de devises étrangères.

Des comptes courants avec prêts sur découvert pour les clients bénéficiant d'une telle protection.

Des versements mensuels effectués pour le compte du titulaire au profit de compagnies d'assurances ou autres associations.

Exécution testamentaire.

---

[21]*délivrer* to issue   [22]*perte, vol* loss, theft   [23]*traites bancaires* banker's drafts   [24]*billets à ordre* promissory notes   [25]*reconnaissance de dette* I.O.U.

Conseils et enquêtes de solvabilité: une banque peut conseiller un client pour d'éventuels investissements ou dans le cas où il désire s'engager dans une entreprise commerciale. Elle peut également renseigner un autre établissement bancaire ou une entreprise sur les finances d'un individu ou d'une autre entreprise. Aux États-Unis, le gouvernement fédéral essaie de contrôler ce genre d'activité qui peut porter atteinte à la vie privée des clients.

Comme la plupart des institutions financières, les banques mettent à profit les derniers progrès de l'électronique. L'usage des ordinateurs et des télétypes se généralise, permettant une simplification de la comptabilité[25] et des transferts de fonds dans un même pays ou d'un pays à l'autre.

ÉTUDE DU VOCABULAIRE

[1] *crédit*   prêt d'argent, délai de paiement d'une somme due. Au pluriel: *fonds.*

[2] *escompte*   Une banque *escompte* ("discounts") un effet de commerce avant son échéance en l'achetant à son porteur moyennant une retenue ou *escompte.*

[3] *avance*   paiement avant la date prévue; prêt remboursable dans un délai déterminé.

[4] *disponibilités*   fonds disponibles; *avoirs* dont on dispose à un moment donné ("available funds," "liquid assets").

[5] *tirer un chèque*   écrire un chèque à l'ordre de quelqu'un. Celui qui effectue l'opération est le *tireur.* L'action de tirer est la *traite.* La personne qui doit payer la traite est le *tiré.*

[6] *versement*   action de verser, de mettre de l'argent dans un compte; résultat de cette action; syn.: *virement.*

[7] *virer*   transférer les fonds par chèque. L'opération est un *virement.*

[8] *prêt à court terme*   crédit accordé pour une période de moins de trois mois. Quand le délai de restitution est supérieur à trois mois et inférieur à cinq ans, il est question d'un prêt *à moyen terme.* Au-delà de cinq ans, le prêt est *à long terme* ("short-, medium-, long-term loan").

[9] *relevé de compte*   état détaillé ("statement") des sommes déposées, versées ou créditées et des retraits ou sommes débitées (ou virements effectués au profit d'autres comptes). La différence entre le crédit et le débit constitue le *solde* ("balance").

[10] *réserve obligatoire*   minimum de fonds et de valeurs qu'une banque doit garder en réserve. Ce montant est calculé en fonction (pourcentage) du *passif* ("liabilities") de l'établissement bancaire.

[11] *garantie*   assurance, gage. Une garantie peut être une *hypothèque* ("mortgage"), un *cautionnement* ("security"), un *gage* ("pledge") *immobilier* ("real estate") ou *mobilier* ("transferable"), ou un *nantissement* ("collateral").

[12] *carnet*   ensemble de feuillets détachables. Un carnet de chèques est un *chéquier* ("check book"). Il comprend des chèques et leurs *souches* ou *talons* ("stubs"). Pour un compte d'épargne, on dispose d'un *livret.*

[13] *chèque sans provision*   quand on tire un chèque sans avoir l'argent en banque pour le couvrir, il s'agit d'un chèque *sans provision* ("bad check"). Ce chèque est *retourné* ("bounces"). Quand les sommes débitées sont supérieures aux sommes créditées, c'est-à-dire quand le solde est négatif, on est en présence d'un *découvert* ("overdraft"). Les banques offrent aux clients agréés une protection contre cette éventualité. Le montant du découvert, qui ne doit pas excéder une certaine limite, est soumis à un intérêt mensuel.

[14] *débiteur*   celui qui débite l'argent, qui a une certaine somme d'argent (dette ou créance) à payer. Le bénéficiaire de la *créance* ("debt") est le *créancier* ("creditor").

R E M A R Q U E

Le Verbe *faire*

En plus de son sens usuel ("to do," "to make") et de son emploi dans les constructions idiomatiques (*il fait beau, il faisait froid*, etc.) le verbe *faire* peut être utilisé:

1. comme représentant:

Pour éviter la répétition d'un verbe ou d'un membre de phrase:
Le commerçant <u>a demandé</u> à la banque de lui <u>accorder un prêt</u>.

Il l'a fait hier. (Il l'*a demandé* hier.)
Elle l'a fait. (Elle—la banque—lui *a accordé un prêt*.)

2. comme auxiliaire causatif (ou factitif):

Suivi d'un infinitif, le verbe *faire* permet d'indiquer que ce n'est pas le sujet qui fait l'action exprimée par l'infinitif:

  (a) *La banque centrale <u>fait</u> imprimer des billets.* (La banque décide l'impression des billets. Le travail est fait par un imprimeur.)
  (b) *Le client <u>se fait</u> délivrer des carnets de chèques par sa banque.* (Le client demande des chéquiers; sa banque les lui délivre.)

Dans le premier cas (a), le verbe *faire* est à la forme active; dans le second (b), à la forme pronominale. Dans les deux cas, la traduction anglaise est rendue par le schéma:

  (a) *"to have* something done"
  (b) *"to have* somebody do something"

Équivalents en anglais:

  (a) "The central bank *has* bills *printed*."
  (b) "The customer *has* checkbooks *issued* to him by his bank."

Le tour causatif peut également se rendre en anglais par les constructions: *"to get* something done," *"to make* someone do something," ou par des expressions idiomatiques implicitement causatives.

(c) *Le commerçant **a fait** placer son argent.*
"The merchant *had* his money invested."

(d) *Les banques vous **font** payer un intérêt sur les découverts.*
"Banks *make* you *pay* interest on overdrafts."

(e) *La caissière **fait** venir le directeur de la banque.*
"The cashier *sends for* the bank manager."

(f) *Des banques vous **font** payer un intérêt.* (Voir d)
"Banks *charge* interest."

(g) *Le banquier m'**a fait** attendre; puis sa secrétaire m'**a fait** entrer dans son bureau.*
"The banker *kept* me waiting; then his secretary *showed* me *into* his office."

QUESTIONS

1. Qu'est-ce qu'une banque?   *fait le commerce des capitaux*
2. Quelles sont les fonctions d'une banque centrale?   *émettre argent; contrôler banques*
3. Connaissez-vous des banques centrales?
4. Quelles sont les transactions que l'on peut effectuer dans une banque de dépôts?   → *p 49*
5. À quoi sert un relevé de compte?
6. Une banque peut-elle investir tout l'argent dont elle dispose?   *Non*
7. Contre quelles garanties une banque peut-elle accorder un prêt?   → *p 52*
8. Qu'est-ce qu'une caisse d'épargne? une caisse de prévoyance?   *la même*
9. Qui emprunte de l'argent aux banques de crédit?   *agric., petites + moyennes entreprises, logement*
10. En quoi les banques d'affaires sont-elles spécialisées?   *gdes. entreprises frse. + étrangères*
11. Quelles sont les banques internationales que vous connaissez? Quel rôle jouent-elles?
12. Comment les banques effectuent-elles leurs transactions entre elles?   *chambres de compensation*
13. Quels sont les divers moyens à votre disposition pour le règlement d'un achat, d'une facture, ou d'une dette?
14. Quels sont les divers services qu'offre une banque commerciale?   → *p 51*
15. Comment les banques se modernisent-elles?   *l'électronique*

EXERCICES

I. Remplacer les mots ou expressions en italique par des équivalents:

1. La compagnie paie ses employés par des *versements* mensuels à leurs comptes personnels.
2. Pour *sortir de l'argent*, l'épargnant n'utilise pas un *carnet de chèques* mais un livret.
3. Chaque client reçoit *tous les mois* un *état détaillé* des *transactions effectuées*.
4. Les banques commerciales *investissent* l'argent de leurs clients.
5. L'usage des chèques et des cartes de crédit remplace les paiements en *espèces*.

II. Compléter les phrases suivantes:

1. Un chèque ___*sans provisions*___ est tiré sur un compte n'ayant pas l'argent suffisant pour le ___*couvrir*___.

2. La _banque centrale_ est la seule pouvant émettre _la monnaie_ du pays.

3. La _banque de crédit_ a accordé _un prêt_ à l'agriculteur pour l'achat d'un tracteur.

4. Le financement des _grandes entreprises_ est assuré par les banques _d'affaires_.

5. La _chambre de compensation_ est un(e) _organisation_ interbancaire qui simplifie les règlements entre banques.

III. Relever dans le texte les expressions où le verbe *faire* est employé comme auxiliaire factitif. Donner l'expression anglaise équivalente.

IV. Traduire:

En français:

1. You may obtain a loan from various banking concerns if you have good credit.
2. Check your monthly bank account statements; you will avoid writing bad checks or being overdrawn.
3. Most banking transactions now are computerized. That does not prevent occasional errors.
4. Credit cards and traveler's checks are more convenient than cash. They offer protection in case of loss or theft.
5. When you go abroad have your valuables insured against theft or kept in a safety deposit box.

En anglais:

1. L'intérêt versé aux épargnants varie selon les types d'établissements.
2. Quand on contracte un emprunt à court terme sans aucune garantie, on paie un taux d'intérêt généralement élevé.
3. La Banque Mondiale accorde une aide financière à certains pays après s'être assurée qu'ils sont solvables.
4. L'usage des ordinateurs et des télétypes facilite les transferts de fonds et la comptabilité interbancaires.
5. Une caisse d'épargne ordinaire n'exige pas de délai de préavis pour les retraits.

SUJETS DE DISCUSSION ET DE COMPOSITION

1. Quelles sont les principales différences entre les institutions bancaires françaises et américaines?
2. Vous allez en France pour un séjour assez prolongé. Que comptez-vous faire pour vos transferts de fonds?
3. L'usage des ordinateurs offre une protection supplémentaire contre les vols et les erreurs. Êtes-vous d'accord?
4. Quels sont les avantages et les inconvénients du contrôle gouvernemental dans le domaine bancaire?
5. Vous désirez contracter un emprunt pour l'achat d'une nouvelle voiture. Où vous adressez-vous? Quelles sont les étapes suivies jusqu'à l'obtention du prêt?

BANQUES, INSTITUTIONS ET SOCIÉTÉS FINANCIÈRES FRANÇAISES

Désignation	Sigle
Banque Centrale Coopérative et Mutualiste	BCCM
Banque Commerciale pour l'Europe du Nord (Eurobank) (ss. contrôle sov.)	BCEN
Banque Coopérative du Bâtiment et des Travaux Publics	BCBTP
*Banque de France	BF
Banque Hervet	
Banque Hispano-Française	
Banque Indosuez	
Banque Industrielle et Mobilière Privée	BIMP
*Banque Nationale de Paris	BNP
Banque Occidentale pour l'Industrie et le Commerce	BOIC
Banque de Paris et des Pays-Bas	PARIBAS
Banque Pommier	
Banques Populaires	
Banque Rothschild	
Banque Scalbert-Dupont	
Banque de Suez et de l'Union des Mines	BSUM
Banque Transatlantique	BT
Banque Vernes	
Banque de l'Union Parisienne	BUP
Banque Worms	
Caisse d'Amortissement de l'Acier	
Caisse Centrale de Coopération Économique	
*Caisse des Dépôts et Consignations	CDC
*Caisse Nationale de Crédit Agricole	CNCA
*Caisse Nationale d'Épargne	CNE
*Caisse Nationale des Marchés de l'État	CNME
(La) Compagnie Bancaire	
Compagnie Financière de Suez	CFS
*Crédit Agricole	CA
Crédit Commercial de France	CCF
Crédit Foncier	CF
Crédit Général Industriel	CGI
Crédit Industriel d'Alsace et de Lorraine	CIAL
Crédit Industriel et Commercial	CIC
Crédit Industriel de l'Ouest	CIO
*Crédit Lyonnais	CL
Crédit Mutuel d'Alsace	CMA
Crédit National	CN
Financia (crédit à l'immobilier)	
Interbail	
Locabail-Immobilier	
Locafrance	
Pierrefitte-Auby	
*Société Générale	SG
Société de Banque et d'Investissements	SOBI
UIC-Sofal	UIC-Sofal

* établissement nationalisé

EASTERN BANK — BANQUE DE L'EST
SAVINGS DEPOSIT — DÉPÔT D'ÉPARGNE

Form 1734 (6-77)

DATE	Cash Espèces	
ACCOUNT NUMBER/NO DE COMPTE	Cheques and/or coupons	
	Chèques et/ou coupons	
CREDIT ACCOUNT OF / CRÉDITER LE COMPTE DE	Sub-Total Sous-Total	
INIT. — Depositor Déposant — Teller Caissière	Less cash Moins espèces	
CASH RECEIVED · SIGNATURE / ESPÈCES REÇUES · SIGNATURE	Net Deposit Dépôt Net	

VIREMENT - DEMANDE DE CHÈQUE

BANQUE DES ILES
BOULEVARD BLANC • B B . 530
PAPEETE (Tahiti)

Montant *(en chiffres)* : ....

Monnaie : ....

Messieurs,

☐ Par le débit de mon/notre compte n° .... veuillez

☐ En contrepartie de mon/notre versement en espèces, veuillez

☐ virer par courrier Avion   ☐ virer par câble   ☐ émettre un chèque de

La somme de *(en toutes lettres)* : ....

BÉNÉFICIAIRE : Nom : ....

Adresse : ....

N° du Cpte : ....   Chez : ....

Motif : *(facultatif)* ....

Justificatif pour les transferts vers l'Étranger seulement : ....

DONNEUR D'ORDRE : ....

Adresse : ....

N° du Cpte : ....

La banque ne sera pas responsable des erreurs ou délais de transmission, de la non transmission, ou de toutes conséquences résultant de causes qui échappent à son contrôle. Le montant en monnaie étrangère est payable au cours d'achat du tiré pour les transferts télégraphiques (ou les chèques à vue) sur N.Y. (dans le cas du dollars U.S.) ou sur Londres (dans le cas de Sterling). etc., au moment où le paiement est effectué au bénéficiaire.

Le .... 19............

Signature : ....

Virt 8 · 1

RESERVE A LA BANQUE

Cours	Montant	Contre-valeur CFP	COMMISSIONS			Total commissions	Total débité ou payé	VALEUR
			Change	VIRT	Port et câble			

Prép.	Vérif.	Signature autorisée	
			Avis de Crédit Réf. .... N° ....
			Chèque émis n° ....
			Compte crédité :
			N° ....

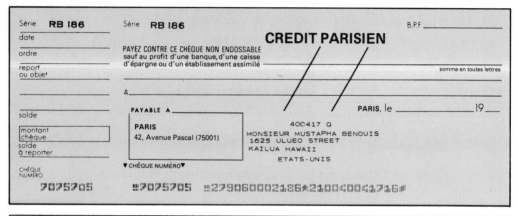

Série **RB 186**

date _____

ordre _____

report
ou objet _____

_____

solde _____

montant
chèque
solde
à reporter

CHÈQUE
NUMÉRO

⑆7075705

Série **RB 186**

PAYEZ CONTRE CE CHÈQUE NON ENDOSSABLE
sauf au profit d'une banque, d'une caisse
d'épargne ou d'un établissement assimilé

A

PAYABLE A _____

PARIS
42, Avenue Pascal (75001)

▼ CHÈQUE NUMÉRO ▼

⑆7075705

B.P.F _____

CREDIT PARISIEN

somme en toutes lettres

PARIS, le _____ 19 ___

400417 Q
MONSIEUR MUSTAPHA BENOUIS
1625 ULUEO STREET
KAILUA HAWAII
ETATS-UNIS

⑆279060002186⑆2100⑆0001716⑆

CREDIT PARISIEN

▲ PARTIE RÉSERVÉE AU DESTINATAIRE DU RELEVÉ

RELEVÉ D'IDENTITÉ BANCAIRE	EXTRAIT DE COMPTE N° **1**

Ce relevé est destiné à être remis, sur leur demande, à vos créanciers ou débiteurs appelés à faire inscrire des opérations à votre compte (virements, paiment de quittances, etc.).
Son utilisation vous garantit le bon enregistrement des opérations en cause et vous évite ainsi des réclamations pour erreurs ou retards d'imputation.

La Direction de votre Agence est à votre disposition pour vous fournir tous renseignements sur ce document.

▼ TITULAIRE DU COMPTE

MR MUSTAPHA BENOUIS

CL CHAMBERY
▲ DOMICILIATION

CODE BANQUE	CODE GUICHET	COMPTE NUMERO	CLE RIB
37141	02100	000479417M	0

POUR UTILISER VOTRE RELEVÉ D'IDENTITÉ BANCAIRE
DÉCOUPEZ SUIVANT LE POINTILLÉ

774 MONSIEUR MUSTAPHA BENOUIS

LE BON VENT AVE GD ARIETTAZ
BISSY
73000 CHAMBERY

DATE	DEBIT	CREDIT	VALEUR	LIBELLE	NOTES PERSONNELLES
0502		000		ANCIEN SOLDE DEPOTS	
		1717566	160279	COMEXT	
0802	100000		070279	CHQ. 0000	
0902	57600		060279	CHQ. 9503401 C	
0902	128000		060279	CHQ. 9503403 C	
1602	26614		130279	CHQ. 9503441 C	
2002	150000		190279	CHQ. 3447	
2102	210000		180279	CHQ. 9503404 C	
2202	31943		190279	CHQ. 9503444 C	
2302	10470		200279	CHQ. 9503445 C	
2302	37900		200279	CHQ. 9503448 C	
2602	4995		210279	CHQ. 9503446 C	
2802	41900		250279	CHQ. 9503405 C	

| TOTAUX | 799422 | 1717566 | Montant des effets dont nous assurons le recouvrement, inclus dans le solde ci-contre | | |
| SOLDE | | 918144 | DATE 280279 AGENCE 2100 COMPTE N° 479417M PAGE 1F | | |

SAUF ERREUR OU OMISSION

CREDIT PARISIEN • FONDE EN 1896 • SOCIETE ANONYME AU CAPITAL DE 607,500,000 FRANCS • BANQUE INSCRITE • REGISTRE DU COMMERCE PARIS B 863 485 759

EXERCICES DE RÉVISION (CHAPITRES 4, 5, 6)

I. Remplacer les mots ou expressions en italique par des équivalents:

1. Le *grossiste* constitue le *maillon* entre le producteur et l'acheteur.
2. Certains producteurs *prennent part à l'écoulement* de leurs marchandises.
3. Le *commerce extérieur* fait rentrer de *l'argent de l'étranger*.
4. Les *douaniers* contrôlent *l'ensemble des documents* accompagnant les importations.
5. Le *paiement* des droits de douane permet de *retirer* les marchandises.
6. Le *passage illégal* de produits à la frontière est interdit par la *législation* douanière.
7. Un *chéquier* vous permet d'*effectuer des retraits* sur votre compte.
8. Quand on *contracte un emprunt* auprès d'une banque on signe un *engagement de paiement*.
9. Les banques *placent l'argent déposé* par les épargnants.
10. Les *relevés* bancaires permettent de tenir à jour *l'ensemble des comptes*.

II. Traduire:

En français:

1. A country's trade balance is healthy when exports exceed imports.
2. The Common Market partners apply a preferential treatment to products from some countries.
3. Small family businesses are on their way out.
4. The consular invoice is rarely required in France.
5. The rate of exchange of foreign currencies is no longer fixed.
6. China has asked the U.S. to grant it the most-favored-nation status.
7. Computers make banking transactions easier.
8. Interest paid to long-term deposits is higher than in the case of regular savings accounts.
9. Most banking institutions offer protection against overdrafts.
10. Traveler's checks are very convenient at home and abroad.

En anglais:

1. La balance commerciale des U.S.A. est en déficit à cause des importations de pétrole.
2. Beaucoup de grands magasins ont un service de vente par catalogue.
3. Les stations libre-service vendent de l'essence meilleur marché.
4. La libéralisation des échanges extérieurs se traduit par la disparition des barrières douanières.
5. Avant de retirer sa marchandise de l'entrepôt, un importateur doit la dédouaner.
6. Les contrôles douaniers ont disparu à l'intérieur du Marché Commun.
7. La réforme du système bancaire français n'est pas favorable aux petits épargnants.
8. Le Crédit Mutuel, organisme sans but lucratif, compte 2,5 millions de livrets d'épargne.
9. À l'inverse d'un compte d'épargne, un compte bancaire ordinaire n'obtient pas d'intérêt.
10. Un banque ne peut investir la totalité de ses avoirs; la législation bancaire le lui interdit.

SUJETS DE COMPOSITION

1. Un ami français vient faire un séjour d'un an dans votre ville. Vous lui conseillez d'ouvrir un compte auprès de votre banque. Quelles sont vos raisons?
2. Vous montez une maison d'import-export. Quel genre de commerce va vous intéresser? avec quels pays? Donnez les raisons de votre choix.
3. Quelles mesures un gouvernement peut-il prendre pour empêcher la contrebande de certains produits?

chapitre 7
la bourse

I. LES DIFFÉRENTES SORTES DE BOURSES

La Bourse est un lieu où se réunissent des personnes pour négocier [1] l'achat ou la vente de marchandises, de biens, de services ou de valeurs mobilières [2]. On distingue:

La Bourse de Commerce,[1] où se tient le marché des marchandises d'utilité pratique (céréales, produits alimentaires, métaux, pétrole, etc.). Le rapport de l'offre et de la demande[2] détermine le cours [3] d'un produit donné. La France compte une trentaine de Bourses de marchandises, situées à Paris et dans les principales villes de province.

La Bourse du Travail,[3] où se réunissent les travailleurs pour la défense de leurs intérêts professionnels et pour les offres et demandes d'emploi.

La Bourse des Valeurs,[4] où des intermédiaires professionnels vendent et achètent des valeurs mobilières. Il y en a sept en France (Paris, Lyon, Marseille, Bordeaux, Nantes, Lille et Nancy). Ce genre de Bourse est, de loin, le plus important dans un pays de type capitaliste puisqu'il favorise le financement de son économie et facilite la libre circulation des capitaux.

---

[1]*Bourse de Commerce* Commodity Exchange   [2]*l'offre et la demande* supply and demand
[3]*Bourse du Travail* Labor Exchange   [4]*Bourse des Valeurs* Stock Exchange

II.   PRINCIPES DE FONCTIONNEMENT

Un individu entreprenant[5] ou un groupe d'individus désireux de lancer[6] une grosse affaire (entreprise industrielle ou agro-commerciale[7]) a besoin d'un capital important pour la construction de bâtiments, l'achat de matériel et autres nécessités. Il fait appel à[8] plusieurs personnes ayant des fonds à placer, les associant ainsi à son entreprise. Il forme une société anonyme [4] qui émet par le canal[9] de la Bourse des actions[10] représentant des fractions égales du capital souscrit [5]. Leurs détenteurs[11] ou actionnaires recevront des dividendes proportionnels au nombre de titres détenus. Le montant du dividende est fixé[12] par l'assemblée générale des actionnaires[13] compte tenu des[14] bénéfices réalisés au cours de l'exercice [6]. Ce montant est donc variable puisqu'il dépend du succès et de la prospérité de l'entreprise ou de son échec.[15]

Un actionnaire doit pouvoir rentrer en possession de son argent quand il en éprouve le besoin sans, pour cela, gêner la société qui l'a investi et qui ne peut donc le lui rendre n'importe quand. La Bourse résout ce problème car elle permet à l'actionnaire de se défaire de[16] ses titres en les vendant au prix déterminé par la libre concurrence sur le marché des valeurs. Une entreprise qui prospère et dont l'avenir inspire confiance verra monter la valeur—ou cote—[17] de ses actions. Mises sur le marché, elles trouveront preneurs.[18] Au contraire, si l'entreprise connaît des difficultés, la cote de ses actions baissera. Certains actionnaires seront tentés de se débarrasser de leurs actions s'ils craignent le pire: ils les vendront à n'importe quel prix. Ceux qui les achètent ainsi à bas prix espèrent une remontée[19] de la cote en question. Si elle survient,[20] ils revendent ces actions plus cher et réalisent un bénéfice. C'est un exemple élémentaire de la spéculation boursière. Il faut donc connaître l'évolution des divers secteurs de l'économie, avoir des notions solides dans le domaine financier et y ajouter du flair pour se lancer dans ce genre de spéculation.

Les actions des sociétés inscrites[21] en Bourse sont cotées selon l'offre et la demande qu'elles suscitent. Dans beaucoup de pays les ventes et achats d'actions sont assurés non par les intéressés eux-mêmes mais par des agents de change ou des courtiers[22] officiels qui agissent en leur nom.

III.   DIFFÉRENTES SORTES DE VALEURS MOBILIÈRES

Une valeur mobilière est un titre attestant que son détenteur jouit d'un droit d'association[23] ou de créance. Ce titre est transmissible et négociable. Quand il

---

[5] *entreprenant* enterprising   [6] *lancer* to launch   [7] *agro-commercial* pertaining to agribusiness   [8] *fait appel à* calls on   [9] *canal* channel   [10] *actions (f.)* shares   [11] *détenteurs* holders   [12] *fixé* determined, established   [13] *assemblée générale des actionnaires* general meeting of shareholders   [14] *compte tenu de* given   [15] *échec (m.)* failure   [16] *se défaire de* to get rid of   [17] *cote* quotation   [18] *trouveront preneurs* will find buyers   [19] *remontée* upswing   [20] *survient* happens, takes place   [21] *inscrites* registered   [22] *courtiers* brokers   [23] *association (f.)* partnership

porte le nom de son titulaire,[24] il est dit nominatif.[25] Un titre au porteur porte un numéro et s'accompagne d'un coupon détachable grâce auquel on touche le dividende.[26] Quand un titre est transféré par endossement,[27] il est appelé titre à ordre. Un titre nominatif peut être transmis de cette façon.

Les valeurs mobilières comprennent les catégories suivantes:

Les actions: elles sont dites privilégiées [7] quand leur dividende est fixe ou ordinaires [8] quand il est variable.

Les obligations[28] **ou bons:** alors que les actions représentent une participation, les obligations sont des prêts remboursables au bout d'une période donnée et recevant un intérêt fixe. En général, ce sont les collectivités publiques ou l'État qui lancent des emprunts de cette façon (exemple: les obligations municipales américaines et les Bons du Trésor, "U.S. Savings Bonds"). L'obligataire[29] est un créancier et non un propriétaire.

Les fonds d'État: l'État peut également emprunter de l'argent aux particuliers[30] en leur versant un intérêt fixe. Ces titres d'État ou rentes [9] sont soit perpétuels (leur capital n'est pas remboursé), soit amortissables[31] (leur capital est remboursé par étapes).

En France, le nombre des titulaires de valeurs mobilières s'élève à 4 millions environ. Mais la majorité de ces porteurs (80%) ne détient que 20% environ du portefeuille [10] global. L'épargne française traditionnelle n'aime pas courir les risques des fluctuations boursières: elle détient moins de 10% de ce portefeuille.

ÉTUDE DU VOCABULAIRE

[1] *négocier* faire le commerce en grand (le *négoce*); traiter une affaire avec quelqu'un. Dans le premier cas, on a affaire à un *négociant*; dans le deuxième, à un *négociateur* (personne chargée de la *négociation*).

[2] *valeur mobilière* titre, document représentant une valeur financière. La valeur est dite mobilière parce qu'elle peut être déplacée à l'inverse d'une valeur *immobilière* (terre, propriété, bâtiment) qui ne peut l'être.

[3] *cours*   valeur, prix d'une marchandise; taux du change, des valeurs. Une monnaie *a cours* quand elle circule légalement dans un pays, quand elle est en usage.

[4] *société anonyme* (abréviation: S.A.) association de personnes dans un but lucratif. Les apports des associés constitue le *patrimoine*. Instituée par contrat, la société ou personne collective est définie comme étant une *personne morale* ("corporate body"). Une société anonyme par actions correspond aux U.S.A. à une "incorporated company".

---

[24] *titulaire* title holder   [25] *nominatif* registered   [26] *dividende* yield   [27] *endossement* (*m.*) endorsement   [28] *obligations* (*f.*) bonds   [29] *obligataire* bondholder   [30] *particuliers* private citizens   [31] *amortissables* redeemable

[5] *souscrire* s'engager par écrit; acquérir des titres lors de leur émission. Cette action constitue la *souscription*. Celui qui souscrit des actions ("applies for shares") est un *souscripteur* ("subscriber, applicant").

[6] *exercice* période de temps, en général de douze mois mais ne correspondant pas nécessairement à l'année civile, couvrant les activités et les résultats financiers d'une société, d'une entreprise ou d'un organisme public ou privé ("fiscal year," "business year").

[7] *action privilégiée* action de préférence. Action qui jouit d'une priorité en ce qui concerne le paiement du dividende et le partage de l'avoir en cas de dissolution de la société ("preferred stock").

[8] *action ordinaire* (ou *action différée*) le taux de son dividende dépend des bénéfices réalisés au cours de l'exercice ("equities," "common stock"). Ce dividende est payé après celui des actions privilégiées.

[9] *rente* revenu annuel touché par le prêteur. Une rente *viagère* ou perpétuelle est due au *rentier* sa vie durant, mais le capital prêté reste acquis au débiteur.

[10] *portefeuille* ensemble des valeurs mobilières constituant un capital ("portfolio," "holding").

R E M A R Q U E

N'importe . . . / On

A. Le groupe déterminatif indéfini *n'importe* suivi de *qui, quoi, quand, où, comment, quel(le)(s)* + un nom sert à exprimer l'idée de refus (ou d'exclusion) du choix. Il se traduit en anglais par "any" suivi de "-one" (ou "-body"), "-thing, -time, -where, -way." Le groupe ainsi formé peut être aussi bien sujet que complément. Exemples:

1. *N'importe qui peut acheter des actions. On peut les vendre à n'importe qui.*
   Anybody can buy shares. You can sell them to anyone.
2. *Un actionnaire averti n'achète pas n'importe quoi (n'importe quelle valeur).*
   An experienced shareholder does not buy just anything.
3. *Un détenteur d'actions ordinaires peut les négocier n'importe quand (n'importe quel jour).*
   A holder of equities may trade them anytime.
4. *Un agent de change ne travaille pas n'importe où (à n'importe quel endroit).*
   A broker does not work just anywhere.
5. *Quand la cote d'une action baisse, son porteur essaie de s'en débarrasser n'importe comment (de n'importe quelle manière).*
   When the value of a share goes down, its bearer tries to unload it any way he can.
6. *Quand on est obligé de se défaire de titres, on les vend à n'importe quel prix.*
   When you are forced to get rid of securities, you sell them at any price.

N'importe peut aussi être suivi des représentants *lequel, laquelle, lesquels, lesquelles:*

7. *Quel bon préférez-vous? N'importe lequel.*
   Which bond do you prefer? Any bond.
8. *J'aimerais acheter des actions, mais pas n'importe lesquelles.*
   I would like to buy some shares, but not just any shares.

B. Le pronom indéfini *on* peut, selon le contexte, se rendre de plusieurs façons en anglais par:

1. "One," surtout dans un contexte général comme celui d'un proverbe:
   On récolte ce que l'on sème.*
   One reaps what one sows.
2. "We," quand on s'inclut dans le groupe représenté par *on:*
   On ne connaît rien à la Bourse, chez moi.
   At home, we do not know anything about the Stock Exchange.
3. "You":
   On peut acheter des devises à la banque.
   You can buy foreign currency at the bank.
4. "They," quand on s'exclut plus ou moins du groupe en question:
   On aime ce genre de produit en France.
   They like that kind of product in France.
5. "Someone, somebody":
   On l'a vu se précipiter vers la Bourse.
   Someone saw him rush to the Stock Exchange.
6. Passive form:
   Ici, on parle français.
   French is spoken here.

QUESTIONS

1. Quelles sortes de Bourses connaissez-vous?   *1 de commerce; 2 du travail; 3 des valeurs*
2. Un groupe veut lancer une affaire. Comment réunit-il les capitaux?   *S. A.*
3. Qu'est-ce qu'une action? une société anonyme?
4. Comment appelle-t-on quelqu'un qui détient une action?   *détenteur, actionnaire*
5. De quels droits un actionnaire jouit-il?   *décisions – assemblée générale des " ; retirer son argent*
6. Quelles sont les transactions effectuées en Bourse? par qui?   *achat, vente d'actions.   inverti*
7. Les courtiers et les agents de change agissent-ils pour leur compte? Où travaillent-ils?   *non   à la Bourse*
8. Quelles sortes de valeurs mobilières connaissez-vous?   *actions, obligations (bons), fonds d'État*
9. Quelle est la différence entre les actions privilégiées et les actions ordinaires?   *dividendes payés*
10. Comment est fixé le montant des dividendes payés par une entreprise?   *assemblée générale des action-naires*
11. Comment le gouvernement et les collectivités publiques lancent-ils des emprunts?   *obligations (bons)*
12. Qu'est-ce qu'un fonds d'État? une rente perpétuelle?   *capital ≠ remboursé   =obligation*

* On fait précéder *on* de *l'* pour éviter les combinaisons peu euphoniques (comme *qu'on*).

EXERCICES

I. Remplacer les mots ou expressions en italique par des équivalents:

1. Les spéculateurs *vendent et achètent* des *actions et des obligations*.
2. Les investisseurs achètent des actions par *l'intermédiaire* de leurs *représentants*.
3. Le *porteur* d'une valeur en hausse n'est pas prêt de s'en *défaire* aisément.
4. Une entreprise qui *réussit* verra monter la *valeur* de ses actions.
5. Les fonds d'État rapportent un *intérêt fixe*, les actions ordinaires un *intérêt variable*.

II. Compléter les phrases suivantes:

1. La Bourse de ___Commerce___ est le lieu où se tient le marché des marchandises d'utilité pratique
2. Les intermédiaires qui négocient les valeurs ___mobilières___ sont des agents de change (courtiers)
3. Le montant des dividendes dépend des ___bénéfices réalisés___ au cours de ___l'exercice___ écoulé.
4. Un titre nominatif peut être transféré par ___endossement___.
5. Le capital d'une rente ___perpétuelle___ n'est pas remboursé; celui d'une rente ___amortissable___ l'est.

III. Traduire:

En français:

1. The shares of a new incorporated company are listed in the Stock Exchange.
2. The amount of dividends paid to shareholders at the end of the fiscal year is based on the company's profits.
3. The value and volume of securities traded are determined by the supply and demand market.
4. Although the yield of government bonds is lower than that of equities, some investors prefer them because they are a safer investment.
5. Bondholders, unlike shareholders, do not own the company.
6. You can trade any share you want, but not anywhere; you must go to the Stock Exchange.
7. Anybody can invest in stocks anytime but profits are not a certainty.
8. In New York, they think they know the ups and downs of the stock business.
9. We do not accept credit cards here.
10. Usually when the price of gold goes up, the dollar goes down on the international money markets.

En anglais:

1. Les cours des valeurs inscrites en Bourse varient selon la situation économique et financière.
2. Les valeurs vedettes trouvent toujours preneurs; mais leurs titulaires les mettent rarement sur le marché.
3. Les courtiers prélèvent une commission sur les transactions effectuées.
4. Le cours de clôture des valeurs pétrolières montre une tendance à la hausse.

5. Un agent de change qui a du flair achète des actions en baisse quand il s'attend à une reprise de leur cote.
6. Un courtier peut agir à votre compte n'importe quand.
7. On achète des actions quand leur cote est basse pour les revendre quand elle monte.
8. Chez nous, en France, on préfère garder son argent chez soi.
9. N'importe qui peut spéculer en Bourse, mais on court des risques.
10. Quand on a de l'argent à placer, il ne faut pas le faire n'importe comment et n'importe où.

SUJETS DE DISCUSSION ET DE COMPOSITION

1. La Bourse peut servir de baromètre de l'économie nationale et internationale. Comment?
2. Comment peut-on faire de l'argent en spéculant sur les variations des taux de change des monnaies internationales?
3. Si vous alliez acheter des actions, des bons ou des obligations, quelle serait votre préférence? Expliquez pourquoi.
4. Quelles sont les qualités que doit avoir un bon courtier ou agent de change?
5. Que s'est-il passé en 1929 sur le plan financier? Pensez-vous qu'un tel désastre puisse se répéter?

ÉQUIVALENTS FRANÇAIS D'EXPRESSIONS AMÉRICAINES COURANTES

Securities and Exchange Commission (S.E.C.) Commission des Valeurs Mobilières
Dow Jones Industrial Average indice Dow Jones moyen des valeurs industrielles
blue chips titres de père en fils, valeurs de premier ordre, valeurs vedettes
holding company société de portefeuille; holding
bullish market marché en (à la) hausse; haussier: spéculateur à la hausse
bearish market marché en (à la) baisse; baissier: spéculateur à la baisse
spot market marché au comptant
current market price cours du jour
brisk market marché animé, actif
dull market marché terne, sans animation
prime rate taux de base, taux d'escompte des grandes banques
two-tier system double marché
brokerage fees commission, frais de courtage
certified broker courtier attitré
closing price cours de clôture
declining prices cours en fléchissement
listed stock actions cotées en Bourse
over the counter hors cote
take-over bid offre d'achat
tip tuyau, renseignement confidentiel
ticker téléscripteur
turnover volume des transactions
soaring prices cours montant en flèche

La hausse mécanique

**La récession menace, mais les Bourses sont fermes.
Wall Street donne le ton, sous l'impulsion
des institutionnels qui disposent d'énormes liquidités.**

Un vent froid souffle sur les Etats-Unis. La récession est bien là, et elle est sévère. M. Charles Schultze, président des conseillers économiques de la Maison-Blanche, doit admettre qu'entre le 1er avril et le 30 juin le recul du PNB a été supérieur à 9 % (en taux annuel).

Entre le 13 février et le début du mois d'avril, l'indice Dow Jones a fléchi de 200 points (moins 22 %). Mais

cipent avec plusieurs mois d'avance. La hausse de Wall Street préfigurerait, dans cette optique, une reprise dont l'évidence serait assez forte pour que les acheteurs (les « bulls ») fassent la loi sans rencontrer de résistances sérieuses.

Or rien n'est moins sûr. Personne ne peut encore dire si le fond de la crise a été atteint, ni quelle sera sa durée.

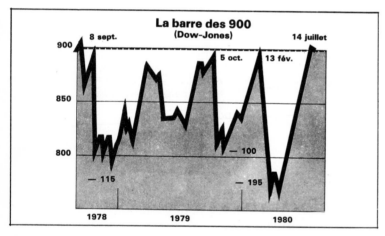

La barre des 900
(Dow-Jones)

placements. L'immobilier est en crise. Ils s'intéressent donc aux obligations et aux actions, dont la hausse résulte plus des principes de la mécanique des fluides que d'une analyse objective des résultats futurs.

L'activité des institutionnels n'a jamais été aussi intense à Wall Street : à la seule séance du 16 juillet, 946 paquets de plus de 10 000 actions chacun ont changé de main.

Parmi ces « bulls », M. Frank Hœnemeyer, responsable des investissements de la compagnie d'assurances Prudential. Il dispose, chaque matin, de 24 millions de dollars à investir : autant que les capitaux investis sur le marché français du terme.

En deux ans, l'indice Dow Jones a flirté à quatre reprises avec la barre des 900 (notre graphique). Les trois premières fois, il l'a payé de chutes de 100 à 200 points. N'en sera-t-il pas de même, cette fois ?

Qu'importe pour la plupart des grands investisseurs ! Tôt ou tard, ils comptent bien recueillir les fruits de leur politique. Et ce sera plus tôt que prévu si les hommes politiques lâchent les vannes des libéralités fiscales.

La dernière poussée du Dow Jones au-dessus de 900 a suivi très exactement la montée, dans les sondages, de la cote de M. Reagan, plus décidé que son adversaire démocrate à réduire les impôts.

La psychologie des particuliers est différente. Leurs moyens financiers, limités, dépendent davantage de la conjoncture. Ils se montrent d'autant plus sensibles à ses sautes d'humeur que, propriétaires de leur patrimoine, ils n'ont pas le détachement des simples gestionnaires.

Toutes proportions gardées, à Paris aussi, les considérations techniques et politiques sont déterminantes : incitations fiscales à l'achat (loi Monory) ou au maintien des titres en portefeuille (loi sur les plus-values) ; espoir de nouvelles mesures à l'approche des présidentielles.

Les esprits sont encore heureusement impressionnés par les brillantes performances de 1979 et les fortes majorations de dividendes qui ont suivi, en 1980. Mais, à la rentrée, les facteurs de détérioration économique deviendront plus évidents. **Ph. D.**

depuis, l'indice américain a regagné tout le terrain perdu. La hausse boursière a été aussi spectaculaire que la désescalade du prime rate, ramené de 20 à 11,25 %.

La récession menace à son tour les autres pays industriels. Mais les Bourses se maintiennent vaillamment, sous l'ombre protectrice de la grande place américaine.

Entre les réalités économiques et les évaluations boursières, il y a un divorce. Apparent ou réel ?

Toute récession est suivie d'une reprise économique que les Bourses anti-

Les facteurs techniques jouent un rôle majeur dans le retournement de la tendance sur le marché américain. La baisse des taux d'intérêt et la réduction des demandes de crédit ont libéré d'énormes liquidités, à la recherche de nouveaux emplois.

Ces capitaux sont entre les mains non des particuliers, qui ont dû désépargner pour maintenir partiellement leur consommation, mais entre celles des grandes institutions (fonds de placement, caisses de retraite).

Riches en ressources, ces institutionnels sont limités dans le choix de leurs

chapitre 8
entreprises et sociétés

I. DÉFINITIONS

Une entreprise [1] est une unité économique ayant pour fonction la production de biens ou de services et leur commercialisation. Quand cette entreprise est exploitée[1] par l'État ou sous son autorité, elle est appelée entreprise publique ou nationalisée. C'est le cas des organismes de l'E.D.F. et des P & T en France ou de l'U.S. Post Office aux États-Unis. Elle peut dépendre du secteur privé [2] et, selon son activité principale, être:

une entreprise industrielle (une usine, par exemple)
une entreprise commerciale proprement dite (commerce de gros ou de détail)
une entreprise de service (transports, spectacles [3], assurances, etc.)
une entreprise financière (banques, Bourses, etc.)

Selon l'importance des capitaux engagés, la structure administrative et les effectifs impliqués, on distingue les petites, les moyennes et les grandes entreprises.

Une petite entreprise est individuelle quand le gestionnaire[2] et le propriétaire sont la seule et même personne. Non seulement il exerce les fonctions de patron [4], de chef d'entreprise, mais il assume aussi les responsabilités légales et financières de son affaire.

Les moyennes et grandes entreprises associent deux ou plusieurs personnes dans le cadre d'une organisation plus complexe. Les personnes ainsi associées dans un but lucratif constituent une société.

[1] *exploitée* run   [2] *gestionnaire* manager

II.   DIFFÉRENTS TYPES DE SOCIÉTÉS

1. Les Sociétés de personnes [5]

Le nombre des personnes associées dans une telle affaire ne doit pas dépasser vingt. Son capital est divisé en parts d'intérêt [6] qui ne sont ni cotées en Bourse ni transmissibles. Ce genre de société comprend deux catégories:

La société en nom collectif,[3] dans laquelle tous les associés sont responsables[4] des dettes contractées par l'entreprise et des erreurs ou fraudes commises par l'un ou plusieurs d'entre eux.

La société en commandite,[5] dans laquelle certains associés, ou commanditaires,[6] prêtent des capitaux sans prendre part à la gestion de l'entreprise et ne sont responsables que jusqu'à concurrence de[7] leur apport financier. D'autres associés, ou commandités,[8] sont responsables jusqu'à la limite de leurs biens et, le cas échéant, participent à la gestion.

2. Les Sociétés de capitaux [7]

Les capitaux proviennent d'investisseurs qui achètent des valeurs. Ils sont ainsi copropriétaires de l'entreprise et leur responsabilité se limite au montant de leur apport. Dans une société anonyme (S.A.) l'apport collectif de capitaux se fait sous forme d'actions, dans une société à responsabilité limitée (S.A.R.L.)[9] sous forme de parts d'intérêt. La première est publique; la seconde est privée et ne peut compter plus de cinquante membres. Une société anonyme qui contrôle plusieurs entreprises grâce à ses participations financières est un holding [8].

Quand deux sociétés décident de plein gré (décision prise par leur conseil d'administration respectif) de s'unir pour n'en former qu'une seule, il s'agit d'une fusion;[10] mais quand une société tente d'en contrôler une autre en rachetant aux actionnaires de celle-ci les actions qu'ils détiennent, on a affaire à une offre publique d'achat (ou O.P.A.).[11]

III.   ORGANISATION

Les fondateurs d'une société doivent se plier à une procédure prescrite par la législation du pays. La législation requiert un acte constitutif [9] indiquant:

la raison sociale[12] **de l'entreprise** (ou nom sous lequel elle fonctionne)
le but dans lequel elle est créée
l'adresse du siège social[13]

---

[3]*société en nom collectif* general partnership   [4]*responsables* liable, responsible   [5]*société en commandite* limited partnership   [6]*commanditaires* silent partners   [7]*jusqu'à concurrence de* to the extent of, up to   [8]*commandités* active partners   [9]*société à responsabilité limitée* limited liability company   [10]*fusion* merger   [11]*offre publique d'achat* take-over bid   [12]*raison sociale* trade name   [13]*siège social* head office, registered office

le montant de son capital social[14]

Les statuts[15] de la société fixent son organisation interne. Cette organisation comprend des services[16] administratifs et commerciaux.

À la tête de la pyramide hiérarchique se trouve le conseil d'administration.[17] Il est composé d'administrateurs et à sa tête un président. En France ce poste[18] est souvent occupé par un Président-Directeur Général (P.-D.G.) à savoir un président qui exerce aussi la fonction d'administrateur dirigeant. Après le président, celui qui occupe le poste le plus important est le directeur général. Il est responsable de la gestion de la société, de la coordination des divers services et de l'exécution des décisions prises par le conseil d'administration.

Le reste de l'organisation comprend des services ayant chacun une fonction déterminée. Le nombre et l'envergure de ces services dépendent de la complexité de l'entreprise. À la tête de chacune de ces divisions se trouve un chef de service[19] pouvant avoir, si l'entreprise est importante, des chefs de sections[20] sous sa responsabilité. On distingue les principaux services suivants:

Le secrétariat [10]: le secrétaire général fait partie du personnel administratif. Il tient les registres [11] officiels de la société et ceux des procès-verbaux [12] des réunions du conseil d'administration. D'autres documents officiels relatifs à la société (registre des actionnaires, dossiers,[21] etc.) sont sous sa garde. Son bureau est également responsable de la correspondance et du courrier.

La comptabilité [13]: le chef comptable et son bureau sont responsables de la caisse, des factures, de la paie des employés, de l'inventaire [14] et autres travaux d'écritures.[22] Dans une petite entreprise, on peut avoir affaire à un secrétaire-comptable.

Le service du personnel: le chef du personnel s'occupe du recrutement des employés, de l'embauche[23] des ouvriers, de leur formation [15], de leurs conditions de travail (bien-être, sécurité, cantines[24] et parfois hébergement[25]), des questions salariales et des rapports entre le patronat et les syndicats.

Le service du marketing: le directeur du marketing coiffe[26] l'ensemble des activités se rapportant à la commercialisation d'un produit, c'est-à-dire, l'étude[27] et la prospection[28] des marchés, la conception[29] et le lancement du produit. Il est en quelque sorte responsable de la politique commerciale de la société et peut avoir sous son autorité un directeur commercial,[30] lui-même responsable de plusieurs services dont:

Le service des ventes, comprenant la force de vente (vendeurs, représentants de commerce, inspecteurs, etc.);

Le service après-ventes [16], responsable de l'entretien ou de la réparation du produit vendu;

---

[14]*capital social*   registered capital, capital stock   [15]*statuts*   bylaws
[16]*services*   departments   [17]*conseil d'administration*   board of directors   [18]*poste*   position, job   [19]*chef de service*   head of department   [20]*chefs de sections*   heads of divisions
[21]*dossiers*   files   [22]*écritures (f.)*   bookkeeping   [23]*embauche (f.)*   hiring
[24]*cantines*   cafeterias   [25]*hébergement*   housing   [26]*coiffe*   heads   [27]*étude (f.)*   survey
[28]*prospection*   prospecting   [29]*conception*   design   [30]*directeur commercial*   sales manager

Le service de la publicité, chargé des opérations de lancement et de promotion. Le développement des moyens de communication audiovisuels a contribué à l'essor de la publicité. Les spécialistes en ont fait une arme commerciale puissante et redoutable.

ÉTUDE DU VOCABULAIRE

[1] *entreprise* ce terme peut désigner diverses activités économiques qu'entreprennent des individus ou des groupes d'individus ("firm"). Il peut donc être synonyme de compagnie, société, affaire, etc. Bien que le mot "compagnie" soit souvent inclus dans le nom d'une entreprise (ex.: Durand & Cie), il désigne en général une organisation plus grande qu'une société.

[2] *secteur privé* le secteur public est la partie de l'économie qui est nationalisée et dépend donc de l'État représentant le public en général. Le secteur privé, ne dépendant pas de l'État, est ouvert au public en tant que particuliers et non en tant que collectivité.

[3] *spectacles* les activités relatives aux loisirs, comme le théâtre, le cinéma, le ballet, l'opéra, le cirque, etc.

[4] *patron* le maître, le propriétaire d'un ensemble ("boss"). On appelle *patronat* l'ensemble des chefs d'entreprises ("executives") qui salarient les ouvriers. Il existe en France un Conseil National du Patronat Français (C.N.P.F.). Les ouvriers se groupent en syndicats ("unions") de tendances diverses. (Voir la liste des principales organisations syndicales françaises, p. 163)

[5] *société de personnes* c'est un ensemble de personnes, chacune responsable, se livrant à une activité économique sous un nom collectif ("partnership"). Théoriquement la disparition de l'un des membres entraîne la dissolution de la société à moins que les statuts ne stipule autrement.

[6] *part d'intérêt* ou *part sociale* genre d'action privée, de participation financière. Titre à circulation limitée.

[7] *société de capitaux* société créée grâce aux apports (capitaux apportés) des investisseurs qui reçoivent des actions en échange ("company"). Une telle société, à l'inverse d'une société de personnes, est considérée comme une entité légale (personne morale) distincte des actionnaires qui la composent.

[8] *holding* ce terme anglais désigne en français un syndicat financier contrôlant diverses sociétés dont il détient la majorité des titres. On utilise aussi l'équivalent "société à portefeuille".

[9] *acte constitutif* document légal par lequel est constituée la société ("memorandum of association").

[10] *secrétariat* fonction du secrétaire; lieu où il (ou elle) travaille. L'importance de cette fonction se devine aisément quand on note qu'à l'origine c'était la personne qui gardait les secrets (et le meuble dans lequel on les garde).

[11] *registre* livre où l'on inscrit des actes, des affaires, etc. Il existe, par exemple, un *registre officiel* ("statutory book"), un *registre des actionnaires* ("register of stockhold-

ers"), un *registre des délibérations* ("minute book"), un *registre de présence* ("time card"), etc.

[12] *procès-verbal* compte-rendu écrit des délibérations d'un groupe, d'une assemblée. Un agent de police *dresse* un procès-verbal ou acte par lequel il constate officiellement ce qu'il a vu au sujet d'une infraction.

[13] *comptabilité* action d'établir et de rendre des comptes ("accounting"); l'ensemble de ces comptes; le personnel ou service qui est chargé de cette fonction, sous l'autorité du *chef-comptable*.

[14] *inventaire* dénombrement détaillé des marchandises, valeurs, etc., qu'une entreprise effectue annuellement. En dressant cet inventaire l'entreprise peut établir ses comptes et déterminer ses profits ou ses pertes.

[15] *formation* action de former, d'instruire sur les plans théorique et pratique des employés ou des élèves en vue de leur faire exercer une fonction déterminée. La période de cette formation est souvent désignée par le terme de *stage;* ceux qui y participent sont des *stagiaires.*

[16] *service après-ventes* s'il s'agit de la vente d'appareils, on aura un service qui comprendra l'*entretien* ("maintenance") des appareils vendus ou leur remplacement s'ils se révèlent défectueux, la vente de *pièces détachées* ("parts") et la réparation. Pour un produit, ce service peut effectuer des opérations de *suivi* ("follow-up") ou procéder à des *sondages* ("surveys," "polls") pour connaître les réactions du public.

REMARQUE

Les Locutions usuelles

Certains mots, bien que ne formant pas une locution figée, se combinent entre eux dans le cadre d'une expression consacrée par l'usage. Exemple: *exercer une fonction, en flagrant délit.* Il faut traduire cette expression comme un ensemble et non mot à mot. On peut traduire un telle expression par un mot de l'autre langue ou vice versa. (*faire de la publicité:* "to advertise"; *difficilement:* "with difficulty") ou par une expression correspondante (*prendre une décision:* "to make a decision"). Pour bien traduire il faut connaître ces correspondances.

Voici les groupes utilisés dans le texte:

exercer une fonction: to exercise a function
assumer une responsabilité: to assume a responsibility for, to be in charge of
commettre une erreur, une fraude (ou *un crime*): to make a mistake, to commit a
   fraud (or a crime)
contracter une dette: to contract a debt
prendre part: take part, participate
occuper un poste: to hold a position
pendre une décision: to make a decision
faire partie: to be part of, a member of
tenir un registre: to keep a book
avoir affaire à: to deal with

QUESTIONS

1. Qu'est-ce qu'une entreprise? Quand dit-on qu'elle est nationalisée? *"publique*
2. Donner des exemples de diverses entreprises. → p69
3. Comment est gérée une petite entreprise? *gestionnaire + propriétaire = même personne*
4. Qu'est-ce qu'une société? *petite   grande*
5. Quelle est la différence entre une société de personnes et une société de capitaux? entre une société en nom collectif et une société en commandite? *membres responsables jusqu'à la limite de leur apport*
6. En quoi une société à responsabilité limitée diffère-t-elle d'une société anonyme par actions? *Parts d'intérêt; privée; pas plus de 50 membres*
7. Qu'est-ce qu'un holding? une fusion? une O.P.A?
8. Quels sont les renseignements indiqués dans un acte constitutif? → p70
9. Qui se trouve à la tête d'une société? *P-DG*
10. Quelles sont les fonctions exercées par un P.-D.G.?
11. Quels sont les principaux services d'une société et le titre de celui qui dirige chacun d'eux? *(p 71)*
12. Quelles sont les responsabilités d'un directeur de marketing? → p71
13. Quelles sont les activités d'un service après-ventes? *entretien ou réparation du prod. vendu*
14. De quels facteurs dépend le nombre des services d'une société? *la complexité de l'entreprise*
15. Pourquoi le service de la publicité est-il important?

EXERCICES

I. Compléter les phrases suivantes:

1. Le chef d'une petite entreprise _____ *exerce* _____ les fonctions de gestionnaire et _____ *assume* _____ les responsabilités financières de son affaire.
2. Une société est un ensemble de personnes associées dans _____ *un but lucratif*.
3. Dans une société en nom collectif, les associés sont responsables des erreurs _____ *commises* _____ par l'un d'eux ou des dettes _____ *contractées* _____ par l'entreprise.
4. Après le président, le directeur général occupe *le poste le plus impor.* de l'administration. Il est chargé de _____ *l'exécution* _____ des décisions _____ *prises* _____ par le conseil d'administration.
5. Les registres officiels se trouvent au _____ *secrétariat* _____ mais les factures à _____ *la comptabilité*.

II. Remplacer les mots ou expressions en italique par des équivalents:

1. Les *effectifs* d'une entreprise du *secteur public* dépendent de son envergure.
2. *La personne chargée de la gestion* n'est pas nécessairement le *propriétaire*.
3. Le *compte-rendu* des délibérations est inscrit dans un *livre* destiné à cet usage.
4. Le *dénombrement des marchandises et valeurs* est *effectué* tous les ans.
5. Une bonne *instruction* donne de bons employés. *Ceux qui suivent un stage* en reçoivent une.

III. Traduire:

En français:

1. The Chairman and Managing Director is the highest job in the hierarchy of a firm.
2. In a limited partnership, a silent partner is only liable to the extent of his financial participation.
3. In its Memorandum of Association, an incorporated company must state its name, registered office, and capital.
4. The company's secretary took the minutes of the Board of Directors' meeting last Monday.
5. Hiring and training of new workers is the responsibility of the head of the personnel department.

En anglais:

1. La plupart des compagnies françaises dressent leur inventaire durant le mois d'août.
2. Un bon gestionnaire doit avoir une formation solide mais aussi de l'expérience.
3. Les administrateurs d'une entreprise ne sont pas obligatoirement des actionnaires.
4. Les patrons comme les ouvriers ont leur propre syndicat. Les organisations syndicales françaises représentent des tendances politiques.
5. Quand on détient un pourcentage important des actions d'une société, on en contrôle l'orientation commerciale. C'est le cas des sociétés à portefeuille qui contrôlent sans gérer.

SUJETS DE DISCUSSION ET DE COMPOSITION

1. Quels sont les avantages et les inconvénients d'une petite entreprise?
2. Quelles sont les entreprises qu'un état nationalise en premier et pourquoi?
3. Si vous aviez de l'argent à placer, quelle sorte de société choisiriez-vous? Pour quelles raisons?
4. Vous montez une entreprise commerciale et désirez écouler un produit nouveau. Quels sont les services que vous mettrez sur pied?
5. Quels sont, selon vous, les facteurs qui contribuent au succès ou à l'échec d'une société?

PRINCIPALES ENTREPRISES FRANÇAISES

Désignation par secteur	Sigle
ALIMENTATION / AGRO-ALIMENTAIRE	
Béghin-Say (sucre)	
Boucheries Bernard (viande)	
Boussois-Souchon-Neuvesel (agro-alimentaire)	BSN
Brasseries Kronenbourg (bière)	
BSN-Gervais-Danone (prod. laitiers)	BSN-G-D
Coopérative Agricole La Noëlle Ancenis (viande)	CANA

PRINCIPALES ENTREPRISES FRANÇAISES (*Suite*)

Désignation par secteur	Sigle
Clin-Midy Industries (chocolat)	CMI
Établissements Nicolas (vins)	
Générale Sucrière (sucre)	
Olida et Caby (charcuterie)	
Lesieur (huile)	
Perrier (eau minérale)	
Sté des Vins de France	SVF
Sodima-Yoplait (prod. laitiers)	
Sopad-Nestlé	
ASSURANCES	
Abeille-Paix	
*Assurances Générales de France	AGF
Assurances du Groupe de Paris	AGP
Concorde	
Europe-Assistance	
France	
*Groupe des Assurances Nationales	GAN
Groupe Drouot	
Mondial-Assistance	
Mutuelle Générale de France	MGF
Préservatrice (la)	
*Union des Assurances de Paris	UAP
AUTOMOBILE	
Berliet (camions)	
Citroën	
Chrysler-France	
Kléber-Colombes (pneumatiques)	
MATRA (voitures de compétition)	MATRA
Michelin (pneumatiques)	
Peugeot (fusion avec Citroën en 1975)	PSA
*Régie Nationale des Usines Renault	RNUR
Sté Industrielle de Mécanique et de Carrosserie	SIMCA
Automobile (rebaptisée Talbot en 1978)	
BAGGAGES	
Cassegrain	
Sté Delsey	
Supérior	
BÂTIMENT (ET TRAVAUX PUBLICS)	
Bouygues	

* nationalisé

PRINCIPALES ENTREPRISES FRANÇAISES (*Suite*)

Désignation par secteur	Sigle
Dumez	
André Borie	
Ciments Français	
Ciments Lafarge	
Ciments Vicat	
Sabla	
Société Générale d'Entreprise	SGE
CINÉMA	
Gaumont	
CONSTRUCTION NAVALE	
Alsthom Atlantique (St. Nazaire)	
Constructions Navales et Industrielles de la Méditerranée (La Seyne)	CNIM
Dubigeon (Nantes)	CDN
France-Dunkerque (Dunkerque)	
COSMETIQUES / PARFUMS	
Chanel	
Dior	
Gatineau (Jeanne)	
Guerlain	
Lanvin	
L'Oréal	
Ricci (Nina)	
Rochas	
DÉMÉNAGEMENTS	
Déméco	
ÉLECTROMÉNAGER	
Moulinex	
Thomson-Brandt	
ÉLECTRIQUE / ÉLECTRONIQUE (CONSTR.)	
Compagnie Générale d'Électricité	CGE
CII-Honeywell-Bull	CII-HB
CIT-Alcatel	
Liaisons Électriques	
MATRA	
Télémécanique Électrique	
Thomson-Brandt	
Thomson-C.S.F.	
Sté Électronique Marcel Dassault	EMD

PRINCIPALES ENTREPRISES FRANÇAISES (*Suite*)

Désignation par secteur	Sigle
ÉNERGIE (ATOME / CHARBON / PÉTROLE . . .)	
*Charbonnages de France	
Compagnie Commerciale de l'Ouest (fuel domestique)	CCO
Compagnie Française des Pétroles	CFP
*Compagnie Nationale du Rhône	CNR
*Électricité de France	EDF
*Elf-Aquitaine	SNEA
*Gaz de France	GDF
Rhodanim	
Technip	
HABILLEMENT / TEXTILES	
André (chaussures)	
Boussac-Saint Frères	BSF
Damart Servipost	
Fusalp (vêtements de sports)	
Lainière de Roubaix	
Nivertex (vêt. de sports)	
Rhône-Poulenc	
Tricotages Mécaniques Troyens	TMT
HORLOGERIE / COMPTEURS	
Framelec	
Jaeger	
Jaz	
Lip	
YEMA	YEMA
HÔTELLERIE	
Borel International	
Chaîne L'Horset	
Locatel	
Novotel	
Sofitel S.A.	
HYPERMARCHÉS / GRANDS MAGASINS	
Alsatienne Supermarché	
Auchan	
Carrefour	
Casino	
Docks de France	
Docks Rémois	
Économats du Centre	

* nationalisé

PRINCIPALES ENTREPRISES FRANÇAISES (*Suite*)

Désignation par secteur	Sigle
Économiques Troyens et Docks Réunis	
Galeries Lafayette	
La Redoute	
Nouvelles Galeries	
Printemps (le)	
Prisunic	
Promodès	
INDUSTRIE CHIMIQUE / PHARMACEUTIQUE	
Air Liquide	
Chimique Routière	
*Entreprise Chimique et Minière	ECM
Laboratoires Belton	
MSD-Chibret	MSD-C
Nouvelles Savonneries Françaises	NSF
Péchiney-Ugine-Kuhlmann	PUK
Pierrefitte-Aubry	
Rhône-Poulenc	
Roussel-UCLAF	
Saint-Gobain	
*Sté des Engrais Azotés et des Engrais Complexes	SDAC
Sté Nat. des Poudres et Explosifs	SNPE
Sté Speichim	
Synthélabo	
Unipol (savon)	
INDUSTRIE AÉROSPATIALE	
Avions Bréguet-Dassault	
Engins MATRA	
*Sté Nationale d'Étude et de Construction de Moteurs d'Avion	SNECMA
*Société Nationale des Industries Aérospatiales	SNIAS
Turboméca (moteurs)	
INFORMATION	
*Agence France-Presse	AFP
Europe No. 1	
Télédiffusion de France	TDF
TVCS: Télévision-Communication-Service	TVCS
INFORMATIQUE	
Sté de Service Informatique	CISI
Générale de Service Informatique	GSI

* nationalisé

PRINCIPALES ENTREPRISES FRANÇAISES (*Suite*)

Désignation par secteur	Sigle
INGÉNIERIE	
Ateliers et Chantiers de Bretagne	ACB
Compagnie Générale des Eaux	CGE
Constructions Métalliques de Provence	CMP
Eau et Assainissement	
Grands Travaux de Marseille	GTM
Lyonnaise des Eaux	
Routière Colas	
Sté Nouvelle de Constructions Industrialisées	SNCI
LOCATION DE VOITURES	
Europcar (filiale de Renault)	
MATÉRIEL MÉCANIQUE / OUTILLAGE	
Accumulateurs Europ	
Accumulateurs Fixes et Traction	AFT
Ascinter Otis (ascenceurs)	
Cycles Peugeot	
Équipements Mécaniques Spécialisés	EMS
Fab. d'Instruments de Mesure	FIB
Générale de Forgeage & de Décolletage	GFD
Manurhin	
Moteurs Leroy-Somer	
Outillages Peugeot	
Pompes Hibon	
Sécopa	
Trailor	
Wabco-Westinghouse	
MÉTALLIQUES (CONSTR. / ÉQUIP.)	
Constructions Métal. de Provence	CMP
Ferodo	
Imétal	
Schneider	
Sté Vallourec	
MEUBLES	
Compagnie Française du Meuble	CFM
Cozelem	
Cumeste-Parisot	
Gautier S.A.	
Mobilier de France	

PRINCIPALES ENTREPRISES FRANÇAISES (*Suite*)

Désignation par secteur	Sigle
PAPIER (PÂTE)	
Béghin-Say	
La Chapelle Darblay	
La Cellulose de Strasbourg	
Rochelle-Cenpa	
PRESSE / ÉDITION	
Cie Européenne de Publication	CEP
Hachette	
Nouvelles Messageries de la Presse Parisienne	NMPP
Presses de la Cité	
Sté d'Éditions Parisiennes Associées	SEPA
*Sté Nationale des Entreprises de Presse	SNEP
PUBLICITÉ	
Agence Havas	
Publicis	
*Régie Française de Publicité	RGP
SIDÉRURGIE	
Aciéries Paris Outreau	APO
Creusot-Loire	
Essilor	
Pompey	
Pont-à-Mousson	
Sacilor	
Ugine-Aciers	
Usinor	
TÉLÉCOMMUNICATION / TÉLÉMATIQUE	
Sté Audax (hauts-parleurs)	
Compagnie de Téléphones Depaepe	CTD
Compagnie Générale de Construction Téléphonique	CGTP
*Entreprise Générale de Télécommunication (filiale des P & T)	EGT
Matériel Téléphonique	
*Postes et Télécommunications	P & T
Radar	
Radiotechnique	
Société Anonyme de Télécommunications	SAT
TOURISME	
Club Méditerranée	

* nationalisé

PRINCIPALES ENTREPRISES FRANÇAISES (*Suite*)

Désignation par secteur	Sigle
Pierre et Vacances	
Touring Club de France	TCF
TRANSPORTS	
Aériens	
*(Compagnie Nationale) Air France	CNAF
Air Alpes	
Air Anjou	
*Air Inter	
Air Littoral	
Union des Transporteurs Aériens	UTA
Ferroviaires	
*Sté Nationale des Chemins de Fer Français	SNCF
Maritimes	
Chargeurs Réunis	
*Cie Générale Transatlantique	CGT
*Cie des Messageries Maritimes	CMM
Sté Navale Delmas-Vieljeux	
Terrestres	
Fédération Nationale des Transporteurs Réunis	FNTR
*Régie Autonome des Transports Parisiens	RATP
TRANSPORTS D'ÉNERGIE	
Gazocéan (méthaniers)	
*Sté de Transports Pétroliers par Pipe-line	TRAPIL
TRAVAUX PUBLICS (T.P.)	
Entreprise de Dragages et de T.P.	EDTP
SCREG-Routes et T.P.	SCREG
SERVICES	
Documentation et Analyse Financière S.A.	DAFSA
Promo 2000 (Relations Publiques)	
Sté Alsacienne de Gestion à l'Export	SAG-EXPORT
Sté d'Aide Technique & de Coopération	SATEC
Sté de Gestion et de Recouvrement	SOGEREC
SPIRITUEUX / VINS FINS	
Diva-France	
Martell	
Moët-Hennessy	
Mumm	

* nationalisé

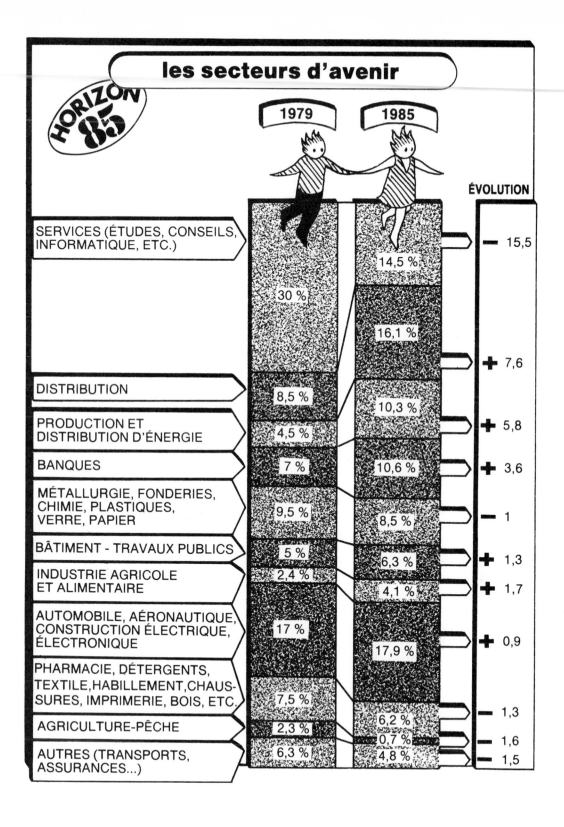

les secteurs d'avenir

chapitre 9
la publicité

I. BUT

La publicité a pour but de vanter [1] les mérites d'un produit ou d'une entreprise commerciale et de contribuer ainsi à une augmentation du volume des ventes. Si le produit ou le service commercialisé est nouveau sur le marché, la campagne [2] publicitaire destinée à le faire connaître du public constitue une opération de lancement. Dans le cas d'un produit déjà connu des consommateurs, la publicité aura pour but de maintenir sa réputation et de lui faire soutenir la concurrence d'autres produits analogues.

Étant donné la multiplicité des entreprises offrant des produits ou des services similaires, l'acheteur désireux d'acquérir le meilleur produit ou le meilleur service au meilleur prix doit être objectivement renseigné sur les avantages et les inconvénients des marques[1] mises à sa disposition. C'est à ce niveau de l'information commerciale qu'intervient la bonne publicité. La mauvaise publicité tendra à susciter[2] la demande par de la réclame [3] sans fournir au client des renseignements qui lui permettraient d'opérer une sélection objective.

La publicité moderne est devenue une nécessité que les experts de Madison Avenue et d'ailleurs ont transformé en art. Les techniques publicitaires mettent à profit les plus récents développements en matière de psychologie, de statistique et de communication audiovisuelle. Il n'est pas d'entreprise industrielle, com-

---

[1] *marques* brands   [2] *tendra à susciter* will tend to create

merciale, financière, ou autre, qui ne consacre une part importante de son budget à la publicité.

La publicité a pris de nos jours les dimensions d'un secteur vital au pouvoir omniprésent auquel font appel non seulement l'économie mais aussi les institutions non commerciales, gouvernementales et publiques. Il n'est donc pas surprenant que la plupart des pays aient institué des organismes visant à réglementer ce domaine et que les consommateurs se soient groupés en associations pour se protéger des abus de ce quasi-monopole.

II. LES MOYENS PUBLICITAIRES

Les services de publicité des entreprises, ou les agences spécialisées qui contrôlent cette activité, disposent de plusieurs moyens publicitaires.

1. L'Affichage

La publicité par affiches[3] est l'un des moyens les plus simples d'attirer l'attention des consommateurs. Les affiches peuvent être placées sur les murs, sur les véhicules de transports et le long des routes dans des emplacements réservés à cet effet. Ce genre d'affichage est réglementé. On ne peut pas, par exemple, installer de panneaux[4] publicitaires les long des autoroutes ou devant des édifices[5] publics. Certaines sociétés sont spécialisées dans la location[6] de ces panneaux.

2. La Distribution d'imprimés[7]

Des catalogues, des prospectus, des brochures ou des dépliants[8] sont distribués aux éventuels clients à l'entrée d'un magasin ou placés dans les boîtes à lettres. Parfois, ces imprimés accompagnés d'échantillons[9] sont distribués par des individus faisant du porte-à-porte.

3. La Vente promotionnelle

Les commerçants procèdent directement dans leurs magasins ou au cours de foires[10] et d'expositions à des ventes au rabais[11] (exemple: deux articles pour le prix d'un seul) ou organisent des concours.[12] Les gagnants se voient offrir des produits, des appareils ou même des voyages.

---

[3] *affiches* posters   [4] *panneaux* signs   [5] *édifices* buildings   [6] *location* renting, leasing
[7] *imprimés* printed matter   [8] *dépliants* folders, brochures   [9] *échantillons* samples
[10] *foires* fairs   [11] *au rabais* at a discount, reduction   [12] *concours* contests

4. La Presse écrite

Des annonces[13] sont placées dans les organes de la presse locale, régionale et nationale. L'insertion de ces annonces constitue un revenu important pour beaucoup de journaux et de magazines à grande circulation. Il arrive également que des organisations commerciales se groupent pour publier un hebdomadaire[14] publicitaire contenant des annonces et des adresses de commerçants. Ces bulletins d'information commerciale sont gratuits et souvent envoyés par la poste soit au public en général, soit à des clients dont le nom se trouve sur une liste établie à cet effet. L'établissement et la vente de ces listes à des fins[15] publicitaires constituent en eux-mêmes un marché important.

5. La Presse parlé et télévisée

La radio et la télévision, qui touchent[16] un public bien plus grand que la presse écrite, sont devenues les moyens publicitaires les plus importants de notre époque. Les auditeurs[17] et les téléspectateurs[18] sont, bon gré mal gré,[19] bombardés par des annonces publicitaires de format et de qualité variés. Les "spots"[20] publicitaires se vendent à la minute et même à la seconde aux agences qui les paient très cher. Bien que la radio et la télévision françaises soient un monopole d'État, elles diffusent[21] de nos jours des annonces non seulement pour soutenir la concurrence des postes[22] périphériques (Radio Andorre, Radio Monte-Carlo, Radio-Télé Luxembourg) mais aussi pour avoir une source supplémentaire de revenu, les redevances [4] perçues par l'État ne suffisant pas au financement des programmes.

6. Autres méthodes

Les salles de cinéma projettent des sketches[23] ou des courts métrages[24] publicitaires au début de la projection ou à l'entracte.[25] Aux U.S.A. ce genre de publicité se rencontre encore dans les cinémas de plein air.[26]

Les enseignes lumineuses,[27] les vitrines[28] aux étalages soigneusement disposés et les banderoles[29] (déployés par avion ou dirigeable) constituent d'autres moyens d'attirer l'attention du public. Certaines grandes sociétés maintiennent leur prestige et entretiennent l'image de marque [5] de leurs produits (ou "label") en patronnant [6] des manifestations[30] sportives ou culturelles.

---

[13]*annonces* advertisements   [14]*hebdomadaire* weekly   [15]*fins* purposes, ends
[16]*touchent* reach   [17]*auditeurs* listeners   [18]*téléspectateurs* T.V. viewers   [19]*bon gré mal gré* willy-nilly   [20]*"spots"* slots   [21]*diffusent* broadcast   [22]*postes (m.)* stations
[23]*sketches* skits   [24]*courts métrages* short films   [25]*entracte (m.)* intermission   [26]*cinémas de plein air* drive-in theaters   [27]*enseignes lumineuses* neon signs   [28]*vitrines (f.)* shop windows   [29]*banderoles (f.)* streamers, banners   [30]*manifestations* events

III. LA TECHNIQUE PUBLICITAIRE

Étant donné sa complexité et sa force, la publicité est devenue une technique qui joue un rôle très influent dans la vie économique et qui fait appel à des spécialistes de diverses disciplines. Ce service est assuré par des agences (comme l'agence Havas, en France) qui disposent de moyens humains et matériels suffisants pour effectuer les nombreuses opérations telles que:

La conception de la marque d'un produit;

Sa présentation: forme donnée à l'emballage[31] (paquet, bouteille, etc.). On désigne cette activité par le terme de conditionnement.[32]

L'étude du marché pour déterminer les besoins du public, ses goûts, et les couches[33] sociales susceptibles de constituer une clientèle;

La rédaction [7] des annonces et des messages publicitaires, la recherche des moyens de diffusion appropriés, et la mise en marche de campagnes publicitaires;

La conception d'affiches, d'affichettes et d'étiquettes[34];

Des enquêtes[35] pour juger de la réaction du public vis-à-vis d'une marchandise, et pour évaluer les résultats de la campagne publicitaire, ou pour déterminer les atouts[36] et les faiblesses des produits concurrents; etc.

Comme on le devine, ces opérations font appel à diverses sciences et techniques: psychologie, linguistique, sociologie, statistique, beaux-arts [8], communication et informatique [9], pour ne citer que les plus importantes.

ÉTUDE DU VOCABULAIRE

[1] *vanter*   présenter quelque chose ou quelqu'un en termes élogieux, en dire des louanges. Quand on s'attribue des mérites avec exagération, on *se vante.*

[2] *campagne*   ensemble d'opérations, entreprise économique d'une certaine durée et mettant en oeuvre d'importants moyens de propagande ("campaign").

[3] *réclame*   publicité faite au moyen d'annonces, de prospectus, de brochures, etc. Quand on met un article *en réclame,* on le vend à prix réduit.

[4] *redevance*   somme d'argent due en paiement d'un service. En France, comme en Grande-Bretagne, l'État perçoit une redevance (ou taxe) annuelle des auditeurs et téléspectateurs.

[5] *image de marque*   la bonne idée que le public se fait d'un produit, d'une marque; réputation de qualité ou de prestige que les clients associent à certaines marques.

---

[31] *emballage (m.)* wrapping   [32] *conditionnement (m.)* packaging   [33] *couches* layers, segments   [34] *étiquettes* labels   [35] *enquêtes* surveys, studies, inquiries   [36] *atouts (m.)* trumps, advantages

[6] *patronner* apporter un soutien financier, moral ou autre à une entreprise ou à un groupe ("to sponsor"). Une course cycliste aura, par exemple, lieu sous le *patronage* d'une maison de fabrication de bicyclettes.

[7] *rédaction* action de rédiger, d'écrire quelque chose ("writing"). La *rédaction* d'un journal est l'ensemble des personnes—ou *rédacteurs*—chargées du contenu des articles publiés ("editorial board").

[8] *beaux-arts* peinture, sculpture, architecture, etc.

[9] *informatique* science de l'information utilisant les moyens électroniques tels que les ordinateurs.

REMARQUE

Les Faux-amis

Les faux-amis sont des mots qui existent à la fois en français et en anglais et qui ont la même origine. Ils semblent avoir le même sens, mais en réalité ont des sens différents. Il faut donc prendre l'habitude de se méfier de cette similitude qui n'est qu'une apparence trompeuse. Quand on n'est pas sûr de leur acception, mieux vaut contrôler dans le dictionnaire. Parmi les termes abordés dans les chapitres précédents on peut relever les faux-amis suivants:

Du français à l'anglais	*Sens inverse*
monnaie: currency, change	money: *argent*
bureau: office	bureau: *service*
projets: plans	projects: *travaux, aménagements*
société: company	society: *association*
Etc.	

À ces difficultés, il faut ajouter les termes anglais empruntés tels quels en français et qui souvent ne désignent pas les mêmes choses. Dans une voiture, par exemple, *le starter* désigne ce qu'on appelle en anglais "the choke" tandis que le *démarreur* traduit "the starter". Le *pressing* n'a rien à voir avec le repassage ("pressing" ou "ironing"); il se traduit par "the cleaner's". Ces termes font partie de ce que l'on appelle le "franglais". Dans le présent chapitre, le *spot publicitaire* correspond à ce qu'on appelle aux U.S.A. "a commercial time slot". Mais le terme "slot" a un équivalent français: un *créneau*. Parmi les faux-amis du texte on peut relever:

publicité: advertising	publicity: *propagande* (un sens moins commercial)
entreprise: firm	enterprise: *affaire*
service: department	service: *service*
renseigner: to inform	to inform: *informer; faire connaître*
marque: brand, trademark	mark: *trace, note*
client: customer	client: *client* (dans les professions libérales)
part: portion	part: *partie*

institution: organization	institution: *établissement*
location: rent, lease	location: *emplacement*
éventuel: possible	eventual: *final*
magasin: store	magazine: *magazine* (dans la presse)
exposition: exhibit, exposure	exposition: *exposé*
article: item	article: *article* (dans un journal)
toucher: to reach, to receive	to touch: *toucher, émouvoir*
annonce: advertisement	announcement: *déclaration, avis*
diffuser: to broadcast	to diffuse: *disperser, diffuser*
"sketch": skit	sketch: *esquisse*
"label": prestige, trademark	label: *étiquette*
patronner: to sponsor	to patronize: *favoriser, accorder sa clientèle à*
manifestation: event; demonstration	manifestation: *preuve, manifestation*

QUESTIONS

1. Quels sont les objectifs de la publicité?
2. Quand parle-t-on d'une opération de lancement? Quelles méthodes utilise-t-on dans ce genre de campagne publicitaire?
3. Comment la bonne publicité se distingue-t-elle de la mauvaise?
4. Quels sont les divers modes d'affichage publicitaires?
5. Quels sont les différents moyens de diffusion des imprimés, affichettes, etc.?
6. Quels genres d'annonces ou de publicité trouve-t-on dans la presse écrite?
7. Quel est le format habituel des "spots" radio et T.V.?
8. Comment certaines sociétés entretiennent-elles leur image de marque?
9. Comment les manifestations sportives ou culturelles sont-elles exploitées par la publicité?
10. Quelles sont les diverses opérations que peut comporter la publicité?
11. Qu'est-ce qu'une agence de publicité?
12. Quelles sont les sciences et techniques auxquelles la publicité fait appel?
13. Quel est le rôle que peut jouer une association de consommateurs vis-à-vis d'une publicité trompeuse ou abusive?
14. Comment le gouvernement ou les associations d'intérêt public mettent-ils à profit la publicité et ses méthodes?
15. Pensez-vous que la publicité joue un rôle important dans l'économie d'un pays?

EXERCICES

I. Compléter les phrases suivantes:

1. Une opération de lancement a pour but de _____ un produit.
2. La publicité sert à _____ les mérites d'un produit et à _____ sa réputation.

3. L'installation de *s affiches* le long des routes est réglementée.
4. Pour faire connaître un nouveau produit, le commerçant distribue des *dépliants, prospectus, brochures par.*
5. Les annonces constituent une source *de revenu* pour la presse écrite et *presse parlée ?* .

II. Remplacer les mots ou expressions en italique par des équivalents:

1. Les *prospectus, brochures et dépliants* sont placés dans les boîtes à lettres. *imprimés*
2. *La pose d'affiches sur les murs* des édifices publics est interdite. *L'affichage*
3. De *petits films* publicitaires sont projetés dans les salles de cinéma. *courts métrages*
4. Certaines sociétés *financent* des *activités* culturelles ou sportives. *patronnent; manifestations*
5. La *présentation* d'un produit doit attirer l'attention du *public*. *conditionnement* *client*

III. Traduire:

En français:

1. Advertising on T.V. reaches many consumers because there are more viewers than readers.
2. Giving away samples helps in the launching of a new product.
3. Modern advertising techniques rely on the most recent scientific developments.
4. Consumer groups protect buyers from the abuses of bad advertising.
5. At a drive-in they advertise drinks, candy, and popcorn during intermission.

En anglais:

1. Les annonces publicitaires ne vous renseignent pas toujours sur les mérites d'un produit.
2. Les concours, ventes au rabais et autres méthodes promotionnelles tendent à attirer les clients.
3. Les agences publicitaires ont beaucoup contribué à la course à la consommation.
4. Les téléspectateurs sont continuellement bombardés de publicité au cours des émissions.
5. La meilleure publicité pour un produit ou un article est celle que lui font des utilisateurs satisfaits.

SUJETS DE DISCUSSION ET DE COMPOSITION

1. Comparer les divers moyens publicitaires et montrer quels sont les plus efficaces.
2. Quels sont les abus auxquels peut donner lieu la publicité? Comment peut-on y remédier?
3. Pourquoi peut-on dire que la publicité est un art?
4. La publicité est une arme à deux tranchants. Commenter.
5. Rédiger une annonce pour un produit donné pour insertion dans la presse et un slogan pour les "spots" radio et T.V.

La publicité revient vers l' « écrit »

Si l'on en croit les annonceurs et les agences, 1981 ne sera pas un grand cru pour la publicité. Une enquête menée auprès d'eux par l'Irep (Institut de recherches et d'études publicitaires) annonce, en effet, une croissance des investissements publicitaires de 11 % seulement en francs courants (c'est-à-dire la hausse escomptée des prix), après + 17 % en 1980.

A cette relative réserve − car on ne peut parler de pessimisme tant qu'il n'y a pas régression −, trois raisons : d'abord, les bénéfices engrangés par les entreprises en 1980 n'ont pas été aussi brillants qu'en 1979 ; ensuite, les perspectives économiques sont plutôt maussades, et incitent à la prudence, tout au moins en début d'année, quitte à rectifier le tir au second semestre ; enfin, une année électorale provoque toujours un certain attentisme.

Une autre enquête vient appuyer les prévisions de l'Irep : celle que l'Institut de sondages Ipsos a effectuée auprès de 300 annonceurs et 200 agences et qui révèle que ceux-ci tablent respectivement sur une croissance de 11 % et 12 %. Mais l'enquête réalisée par l'AACP (Association des agences-conseils en publicité) auprès de ses membres laisse paraître davantage d'optimisme, puisque les 42 agences interrogées envisagent une hausse de 15,5 % de leur chiffre d'affaires.

A l'intérieur de ces prévisions globales, on note des reclassements très significatifs entre secteurs et entre médias. Parmi les secteurs qui affichent un certain dynamisme publicitaire : ceux où il est essentiel de maintenir sa marque, comme l'industrie alimentaire, mais aussi ceux qui connaissent des difficultés, comme l'automobile ou l'habillement. Chez Lee Cooper (jeans et sportswear), le budget publicitaire est en augmentation de 22 % sur 1980.

« Nous n'avons pas l'intention de baisser nos budgets. »

En revanche, l'équipement ménager, l'édition et la distribution − une grande dévoreuse de publicité ces dernières années − modèrent leurs dépenses publicitaires. « Nous ne ferons pas de folies », nuance cependant un grand distributeur, « mais nous n'avons pas l'intention de baisser nos budgets. Car s'il est facile de comprimer le poste publicité, c'est aussi dangereux. Nous tenterons de mieux sélectionner nos supports ».

En fait, c'est davantage à un déplacement des dépenses que l'on risque d'assister en 1981, déplacement dont la radio devrait faire les frais, alors que les bénéficiaires seraient la presse régionale et les magazines (voir le graphique).

La télévision reste, et de loin, le support favori des annonceurs : elle pénètre dans tous les foyers. Comme l'indique le directeur des « plans médias » d'une grosse entreprise de l'industrie alimentaire : « Lorsque nous faisons une campagne, nous en percevons les résultats immédiatement. Certes, on ne se construit pas ainsi une image de marque, mais on crée le désir d'achat. » Le problème, c'est que les minutes d'antenne ne sont pas élastiques, et que les deux chaînes de télévision sont obligées de refuser 40 % des demandes.

Naturellement, ces budgets refoulés se reportent sur d'autres médias. Jusqu'à présent, en raison d'une souplesse et d'une rapidité d'intervention certaines, la radio avait la cote : mais on peut s'attendre, pour 1981, à une désaffection pour les ondes, déjà amorcée en 1980 (+ 17 % de progression contre + 28 % en 1979). La raison ? Une saturation aux heures de forte écoute, qui finit par rendre inaudibles la plupart des messages. « Nous nous posons des questions quant à l'aspect qualitatif des messages radio. Les stations ne font pas la police des ondes », explique un grand distributeur. Même réaction dans cette entreprise alimentaire : « La radio est un investissement lourd pour un résultat fugace. Nous avons décidé cette année d'accroître nos engagements publicitaires dans les magazines. »

Presse quotidienne régionale (pour sa rapidité d'intervention et une bonne délimitation de la cible visée) et magazines (messages mieux perçus) risquent donc de recueillir une bonne part de cette manne retirée de la radio. D'autant que les agences y trouvent aussi leur intérêt : « Nous nous sommes aperçus que les campagnes illustrées étaient mieux retenues par le public que les campagnes télé ou radio », explique Émile Touati, directeur du marketing d'Eurocom ; « de ce fait, l'image des agences se construit davantage par leur création imprimée ». Celle-ci s'exprime aussi dans l'affichage, un support qui n'a cessé de progresser ces dernières années et présente un taux de croissance de 20 %. Mais les années électorales ne jouent pas en sa faveur : les visages souriants des candidats vont se substituer à la bière X ou aux chaussettes Y...

CHANTAL BIALOBOS

DÉSAFFECTION POUR LA RADIO

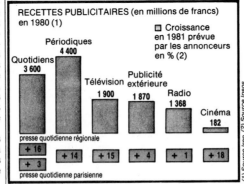

RECETTES PUBLICITAIRES (en millions de francs) en 1980 (1)

☐ Croissance en 1981 prévue par les annonceurs en % (2)

Périodiques 4 400

Quotidiens 3 600

Télévision 1 900

Publicité extérieure 1 870

Radio 1 368

Cinéma 182

presse quotidienne régionale + 16

+ 3 presse quotidienne parisienne

+ 14 + 15 + 4 + 1 + 18

(1) Source Irep (2) Source Ipsos

Le succès actuel des périodiques s'explique par l'apparition de nouveaux magazines, l'impact des campagnes illustrées et la désaffection pour une radio peu sélective.

C'est en petit dans nos colonnes. C'est en grand dans nos préoccupations.

Cette publication est membre actif du **BVP** et s'engage à suivre ses avis.

Le BVP, c'est le Bureau de Vérification de la Publicité. Cette Association regroupe les annonceurs qui vous proposent leurs produits ou services, les agences de publicité qui réalisent les messages et les media (notamment la presse) qui diffusent les annonces.

En effet, la publicité, si elle a le droit de séduire, a le devoir d'informer. Le BVP contrôle la loyauté de la publicité afin que les consommateurs ne puissent pas, même involontairement, être induits en erreur.

Soucieux de l'intérêt de nos lecteurs, nous suivons fidèlement les avis du BVP, dont nous sommes adhérents. Demandez la brochure gratuite "L'Action du B.V.P."

Bureau de Vérification de la Publicité.

B.P.116 - 75722 PARIS CEDEX 15

EXERCICES DE RÉVISION (CHAPITRES 7, 8, 9)

I. Répondre avec précision et concision aux questions suivantes:

1. Quels genres de Bourses existe-t-il? Quelles transactions y effectue-t-on?
2. Qui sert d'intermédiaire entre un investisseur et la Bourse?
3. Quelle est la différence entre un fonds d'État et une action ordinaire?
4. Donnez un exemple pour chacune des catégories suivantes:
   entreprise industrielle   entreprise financière
   entreprise de service   entreprise commerciale
5. Dans quel genre de société le capital est-il divisé en parts d'intérêt?

6. Quelles sont les indications requises par la législation dans l'acte constitutif d'une société?
7. Qu'est-ce qu'un "spot" radio ou T.V.?
8. Quelles sortes d'affichage utilise-t-on dans le domaine publicitaire?
9. Comment les consommateurs se défendent-ils contre la mauvaise publicité?
10. Comment peut-on efficacement atteindre le public avec des annonces écrites, affichettes, imprimés, etc.?

II. Compléter les phrases suivantes:

1. Une action rapporte un taux d'intérêt appelé _____.
2. Le cours des valeurs mobilières monte; la tendance est à la _____.
3. Un titre _____ porte le nom de son propriétaire.
4. Un _____ est un individu qui achète des valeurs quand leur cours est en baisse dans l'espoir de les revendre quand leur cote remonte.
5. L'embauche et la formation des ouvriers sont assurées par le service _____.
6. Dans une société _____ l'apport collectif de capitaux se fait sous forme d'actions.
7. La secrétaire dresse le _____ des délibérations du conseil d'administration.
8. Pour faire connaître une nouvelle marque de détergent, une société distribue des petits paquets de ce produit ou _____.
9. Les affiches publicitaires murales sont posées sur _____.
10. Quand un article est vendu, pour des raisons publicitaires, au-dessous du prix normal, il s'agit d'une vente _____.

III. Traduire:

En français:

1. Blue-chip holders do not easily put their shares for sale on the Stock Exchange market.
2. If you have money to invest, do not do it just anytime or with just anybody; see a stockbroker.
3. In a well-run company, the managing director controls and coordinates the activities of the various departments.
4. T.V. commercials are sometimes deceptive; viewers should complain.
5. Bad advertising encourages consumption without informing consumers.

En anglais:

1. Certains sketches publicitaires sont plus drôles que les émissions qu'ils interrompent.
2. La publicité moderne fait appel à plusieurs techniques et absorbe une part importante des frais de commercialisation.
3. Le chef du service après-ventes joue un rôle important en ce qui concerne le maintien d'une image de marque.
4. Les fluctuations boursières reflètent parfois les incertitudes politiques.
5. Les dividendes payés par les compagnies pétrolières à leurs actionnaires ont atteint cette année leur taux le plus élevé.

chapitre 10

les assurances[1]

I. DÉFINITIONS

Une assurance est un contrat [1] permettant à l'assuré[2] d'être indemnisé[3] en cas de dommages [2] survenant à sa personne ou à ses biens. L'assureur[4] prend en charge, moyennant rémunération,[5] les risques contre lesquels son client veut se protéger financièrement. Les risques couverts et les clauses de cette protection sont contenus dans la police d'assurance [3].

II. LES RISQUES

Les risques peuvent être de plusieurs sortes. On distingue:

1. Les Sinistres

Les sinistres ou catastrophes naturelles[6] occasionnant des dégâts, des pertes, des blessures[7] ou des décès[8]: incendies,[9] inondations,[10] éboulements,[11] avalanches et autres catastrophes d'origine météorologique. Ce terme désigne aussi les dommages subis par les objets assurés et, en général, n'importe quel accident.

---

[1] *assurances (f.)* insurance business   [2] *assuré* insured   [3] *indemnisé* compensated
[4] *assureur* insurer, underwriter   [5] *moyennant rémunération* in exchange for payment, fee
[6] *sinistres ou catastrophes naturelles* natural disasters   [7] *blessures* injuries   [8] *décès* deaths
[9] *incendies (m.)* fires   [10] *inondations (f.)* floods   [11] *éboulements (m.)* landslides

2. Les Accidents

On compte, entre autres:
Les accidents de la circulation[12] ou accidents de la route (couverts par l'assurance automobile);
Les accidents du travail (couverts, en France, par la Sécurité Sociale [4]);
Les accidents de la vie publique (rue, école, etc.) comme les chutes[13] d'objets, explosions. Ces accidents sont dits corporels [14] quand ils entraînent des blessures ou le décès, et incorporels quand les dommages sont subis par des biens.

3. Les Vols

Un vol est simple[15] quand l'objet volé n'est pas protégé; il est qualifié[16] quand il s'accompagne d'effraction,[17] de violence ou de menace de violence.

4. Les Pertes

La perte d'un objet de valeur, d'un bijou, de documents ou de sommes d'argent importantes, etc., doit être officiellement constatée [5] ou déclarée, si l'assuré veut être dédommagé.

III. TYPES D'ASSURANCES

On peut s'assurer contre un ou plusieurs risques à la fois. Une assurance multirisque comporte ainsi plusieurs garanties.[18] Dans le cas d'une assurance automobile, une assurance tous risques couvre non seulement les risques habituels (collision, incendie et vol) mais aussi les dégâts et dommages que l'assuré pourrait occasionner[19] au tiers [20] en cas d'accident.

Une assurance accidents corporels garantit la réparation[21] des conséquences d'un accident et le versement de prestations[22] en cas d'hospitalisation, d'arrêt de travail, de décès (frais d'obsèques[23]) ou de secours [24] exceptionnels (séjour[25] dans un établissement de rééducation[26]). En cas d'incapacité permanente ou de décès de l'assuré, son conjoint[27] reçoit des allocations [6].

On peut également s'assurer contre les risques de:
Responsabilité civile: en particulier un propriétaire d'entreprise, un commerçant ou un homme d'affaires se protègent contre les dommages causés aux tiers par suite d'une quelconque négligence;

[12]*circulation* traffic   [13]*chutes* falls   [14]*corporels* involving the body   [15]*vol simple* petty larceny   [16]*vol qualifié* aggravated theft   [17]*effraction (f.)* forcible entry, burglary   [18]*garanties* coverage, benefits   [19]*occasionner* to cause   [20]*tiers* third party   [21]*réparation* repair   [22]*prestations* payments, allowances   [23]*frais d'obsèques* funeral costs   [24]*secours* help   [25]*séjour* stay   [26]*rééducation* rehabilitation   [27]*conjoint* spouse

Responsabilité professionnelle: un médecin, un dentiste, etc. peut se protéger contre les réclamations[28] de ses patients;

Insolvabilité[29] (assurance crédit): un homme d'affaires se protège contre le non-paiement de créances importantes.

Il existe les assurances sur la vie qui constituent un certain placement. L'assureur peut payer une certaine somme en cas de décès de l'assuré, ou si celui-ci est encore vivant à une certaine date. L'assurance vie se base sur des études effectuées par des actuaires[30] dans les domaines des probabilités et des statistiques.

IV. SOCIÉTÉS D'ASSURANCE

En France, il existe des compagnies d'assurances privées, d'autres nationalisées et diverses sociétés mutualistes (ou mutuelles [7]). À l'inverse des sociétés d'assurances privées qui recoivent de leurs clients des primes fixes [8], les mutuelles reçoivent de leurs adhérents ou sociétaires des cotisations [9] mensuelles ou annuelles. Dans le cas de la Sécurité Sociale, en France comme aux États-Unis, l'employeur retient[31] régulièrement un certain pourcentage du salaire de l'employé et les verse à l'État en y ajoutant sa part.

Les assureurs courent eux aussi des risques sur le plan financier. Ils se protègent en s'assurant auprès d'une compagnie de réassurance.[32]

ÉTUDE DU VOCABULAIRE

[1] *contrat*   engagement, pacte entre deux parties. Une obligation stipulée par contrat est dite *contractuelle*. Les signataires du contrat sont des *contractants*. On *contracte* une assurance.

[2] *dommage*   préjudice matériel ou moral subi par quelqu'un. En réparant un dommage on *dédommage* ("indemnify"). Un dommage subi par une marchandise est une *avarie;* un *dégât* est un dommage résultant d'une cause violente.

[3] *police d'assurance*   écrit indiquant les dispositions et conditions d'un contrat d'assurance ("insurance policy"). Après sa date d'expiration, la police est *périmée*. Elle peut être renouvelée. Une police est *résiliée* quand l'une des parties la dissout. Une police qui n'a plus cours est dite *sans effet* ("void").

[4] *Sécurité Sociale*   En France, c'est une assurance obligatoire qui protège les salariés contre les risques de maladies, d'accidents du travail, etc. C'est un service de protection sociale beaucoup plus étendu que son homologue américain.

[5] *constater*   enregistrer, noter la réalité d'un fait. Un agent de police dresse un *constat* ou procès-verbal. Un *agent d'assurances* ("insurance agent") peut constater lui-même l'étendue des dommages subis par son client ("to ascertain") et *estimer* le montant des frais à payer.

---

[28] *réclamations* complaints, claims   [29] *insolvabilité (f.)* insolvency   [30] *actuaires* actuaries
[31] *retient* withholds   [32] *réassurance* reinsurance

[6] *allocation*   somme d'argent allouée à une personne pour faire face à un besoin. Il existe en France des Caisses d'Allocations Familiales.

[7] *mutuelle*   forme de prévoyance volontaire par laquelle les membres d'un groupe professionnel s'assurent réciproquement contre certains risques. La caisse d'une mutuelle est alimentée par les cotisations versées par les adhérents.

[8] *prime fixe*   somme fixée d'avance que l'assuré paie à l'assureur ("fixed premium"). Cette somme fixée d'une manière invariable s'appelle un *forfait* ("lump sum").

[9] *cotisation*   quote-part versée par le membre d'une mutuelle ou saisie sur le salaire de chaque assuré dépendant de la Sécurité Sociale ("contribution"). Cette somme est variable.

REMARQUE

Les Noms composés nouveau modèle

Les mots composés ne sont pas rares en français (ex.: *essuie-glace*, "windshield wiper"; *lave-vaisselle*, "dishwasher"). Les mots composés de deux noms, l'un (déterminant) qualifiant l'autre (déterminé) existent aussi. L'ordre traditionnel français veut que le déterminant suive le déterminé (ex.: *industrie clé*). Ce procédé, fréquent en anglais (le déterminant précédant le déterminé) tend à se généraliser dans la langue pratique des affaires, de la publicité, des sciences et de la presse. De nouveaux vocables sont ainsi formés qui passent ensuite dans l'usage courant. Relevons, dans le cadre des matières abordées dans les chapitres précédents, les termes suivants:

FRANÇAIS	ANGLAIS
station pilote	pilot station
industrie clé	key industry
prix plafond	ceiling price
directeur marketing	marketing manager
cadre export	export executive
station service	gas station
"spot" radio, T.V.	radio, T.V. commercial

Il est à noter que le trait d'union (−) n'est pas utilisé dans ces vocables obtenus par la suppression des prépositions et articles qui unissaient le déterminant au déterminé. *L'assurance sur la vie* devient par télescopage *l'assurance vie*. (Pluriel: *les assurances vie*).

Dans le contexte des assurances on peut signaler les termes suivants:

FRANÇAIS	ANGLAIS
assurance vie	life insurance
assurance voiture	car insurance
assurance accidents corporels	bodily injury insurance
assurance tous risques	comprehensive insurance
assurance vol	theft insurance

FRANÇAIS	ANGLAIS
assurance dotation	endowment insurance
assurance incendie	fire insurance
assurance fret	freight, cargo insurance
assurance défense et recours	legal protection insurance
assurance vieillesse	old age insurance
assurance maladie	health insurance
assurance chômage	unemployment insurance
assureur conseil	insurance consultant
clause vol	theft clause

QUESTIONS

1. Qu'appelle-t-on assurance? →
2. Comment s'appelle le contrat d'assurance et les parties qui sont liées par ce contrat? *la police*
3. Qu'est-ce qu'un sinistre? Donnez quelques exemples. *désastres naturels*
4. Quels genres de risques une assurance automobile peut-elle couvrir? *circulation, route*
5. Quelles sortes d'accidents peut-on avoir en dehors des accidents de la circulation? *travail (vie publique*
6. Quelle est la différence entre un accident corporel *personne* et un accident incorporel? *biens*
7. Contre quelles sortes de vols un particulier peut-il s'assurer? *simple; qualifié*
8. Qui dresse un constat d'accident? de perte ou de vol? *agent de police [5]*
9. Qu'est-ce qu'une assurance multirisque? *plusieurs risques* tous risques? *voiture = dommages au tiers aussi*
10. Quels sont les risques qu'un assuré peut courir en cas d'accident corporel? →
11. Donnez des exemples où la responsabilité civile d'un assuré est engagée. →
12. Quelles sortes d'assurance vie existe-t-il? *payée au décès de l'assuré ou de son vivant*
13. Quelle est la différence entre une société d'assurances et une mutuelle? entre une prime *fixe* et une cotisation? *variable* *privée, pour indiv.* *groupe de professionnels*
14. Qu'est-ce que la Sécurité Sociale en France et comment fonctionne-t-elle?

EXERCICES

I. Compléter les phrases suivantes:

1. L'assurance permet à ____*l'assuré*____ d'être ____*indemnisé*____ en cas de ____*dommages*____.
2. La ____*police*____ contient les conditions d'indemnisation et les ____*risques*____ couverts.
3. Un accident de la circulation est couvert par l'assurance ____*automobile*____.
4. Quand il y a ____*violence*____ ou ____*effraction*____ on a affaire à un vol qualifié.
5. Une assurance multirisque comporte plusieurs ____*garanties*____.
6. En cas de ____*décès*____, l'assurance paie les frais d'obsèques.
7. En cas d'incapacité permanente l'assuré reçoit ____*des allocations*____ lui permettant de faire face à ses besoins financiers.

8. Un chirurgien peut être poursuivi en justice pour ___*négligence*___ quand sa ___*professionnelle*___ est en cause.

9. Les ___*actuaires*___ sont des experts qui effectuent des études dans le cadre des assurances ___*vie*___.

10. Une compagnie de ___*réassurance*___ assure les assureurs.

II. Remplacer les mots en italique par des équivalents:

1. La police d'assurance est un *engagement* [*contrat*] entre deux *individus* [*parties*].
2. L'assuré est *dédommagé* [*indemnisé*] pour les *dégâts* [*dommages*] subis par sa voiture.
3. Les assureurs couvrent vos risques *contre* [*moyennant*] le paiement d'une *somme d'argent* [*prime*] fixée d'avance.
4. Après sa date normale d'expiration, une police *n'est plus valable* [*est périmée*]; elle peut être aussi *annulée* [*dissoute*] par l'une des parties.
5. Un *assureur* [*société d'assurances*] exige, dans le cas d'un accident sérieux, qu'un *procès-verbal* [*constat*] soit dressé.
6. Un accident peut *causer* [*occasionner*] des dommages à *des personnes autres que l'assuré* [*un tiers*].
7. En cas de *mort* [*décès*] de l'assuré, son *épouse* [*conjoint*] reçoit des prestations pour les *dépenses occasionnées par les funérailles* [*frais d'obsèques*].
8. Les *membres* [*adhérents*] d'une *société mutualiste* [*mutuelle*] versent une *quote-part* [*cotisation*] annuelle.
9. Un accident corporel peut entraîner l'*invalidité définitive de la victime* [*incapacité permanente de l'assuré*].
10. Les *catastrophes* [*sinistres*] dues au mauvais temps provoquent des *dommages matériels* [*dégâts incorporels*] importants.

III. Former des mots composés à partir des mots donnés dans les colonnes A et B:

A	**B**
1. tous risques	1. directeur
2. plafond	2. secteur
3. incendie	3. assurance
4. import-export	4. clause
5. clé	5. prix

IV. Traduire:

En français:

1. Before reimbursing you, the insurance agent must ascertain the extent of the damage and assess the amount of repair costs.
2. I canceled my insurance policy against fire and theft because my car is old.
3. Some insurance companies refuse to cover you against natural disasters.
4. A serious traffic accident may result in the death of the driver, his passengers, and other third persons.
5. A multiple coverage insurance is the best protection but premiums are high.

En anglais:

1. Les compagnies d'assurances financent des programmes de prévention des accidents pour avoir moins de prestations à verser à leurs assurés.
2. Avant de signer une police d'assurance, il faut bien lire toutes ses clauses et dispositions, surtout celles qui sont écrites en petits caractères.

3. En cas d'hospitalisation et d'arrêt de travail de l'assuré, son conjoint peut faire face aux besoins de la famille grâce aux prestations que lui verse son assurance.
4. Les assureurs français fournissent à leurs clients se rendant à l'étranger une assurance automobile spéciale appelée carte verte.
5. Pour éviter les poursuites judiciaires et le paiement de dommages-intérêts, les membres des professions libérales contractent des assurances couvrant leur responsabilité professionnelle.

SUJETS DE DISCUSSION ET DE COMPOSITION

1. Quel est le principe fondamental sur lequel reposent les assurances?
2. Quels sont les avantages ou les inconvénients des mutuelles?
3. Le budget de la Sécurité Sociale est supérieur à celui du gouvernement français et jusqu'ici déficitaire. Quelles sont d'après vous les raisons de cet état de fait? Que proposeriez-vous comme remèdes?
4. Vous écrivez à votre compagnie d'assurance pour contracter une police pour vous et votre famille. Indiquez le genre de police qui vous intéresse et les garanties que vous désirez.
5. Vous êtes victime d'un accident de la route à l'étranger et vous téléphonez à votre agent d'assurance pour lui demander de vous aider.

SMAC société mutualiste accidents corporels

7 AVENUE CHAMPLAIN
76100 ROUEN

Qu'est-ce que la S.M.A.C. ?

Ce n'est pas une Société d'assurance mais une Société Mutualiste qui a pour buts :

- ■ la prévention des accidents de la circulation routière,
- ■ la réparation des conséquences des accidents corporels,
- ■ l'assistance de ses adhérents victimes d'un accident,
- ■ le développement du tourisme social.

Pour adhérer à la MATMUT, il faut être affilié à cette Société Mutualiste dont les garanties sont complémentaires.

La S.M.A.C. verse en particulier des allocations lorsque son sociétaire, ou le conjoint et les enfants mineurs sont victimes d'un accident corporel, c'est-à-dire entraînant des blessures ou le décès.

La S.M.A.C. intervient pour tous les accidents — accidents de la circulation, de la vie privée, du travail —, que ceux-ci surviennent dans un lieu public (la rue, l'école, etc...) ou dans un lieu privé (la maison, le jardin, etc...) ou enfin sur le lieu de travail.

➡ Prestations versées

- ● HOSPITALISATION du sociétaire ou du conjoint ou des enfants mineurs
  40 F par jour pendant 30 jours.

- ● ARRÊT DE TRAVAIL du sociétaire
  40 F par jour pendant 180 jours (en dehors de la période d'hospitalisation) dans la limite d'une perte de salaire supérieure à 5 % du salaire mensuel.

- ● FRAIS D'OBSEQUES du sociétaire, du conjoint ou des enfants mineurs
  2.500 F à la personne qui a supporté les frais d'obsèques.

- ● SECOURS EXCEPTIONNELS pour le sociétaire, son conjoint ou ses enfants mineurs
  ▷ *frais d'appareillage ou séjour en Établissement de rééducation.*
  ▷ *frais entraînés pour obtenir réparation des dommages corporels.*

➡ Capital décès et invalidité

Concerne les sociétaires âgés de moins de 65 ans pour les accidents autres que ceux survenus dans le véhicule appartenant au sociétaire ou à son conjoint :

- ● CAPITAL DÉCÈS : 30.000 F
  versé au conjoint (ou aux enfants mineurs) en cas de décès du sociétaire ou de son conjoint.

- ● CAPITAL INCAPACITÉ PERMANENTE : 30.000 F X Taux d'incapacité
  en cas d'incapacité du sociétaire, du conjoint ou d'un enfant mineur, supérieure à 25 %.

- ● CAPITAL INCAPACITÉ PERMANENTE : 60.000 F X Taux d'incapacité
  en cas d'incapacité supérieure à 25 % si le sociétaire est célibataire, veuf ou divorcé sans enfants à charge.

 Les adhérents de la S.M.A.C. reçoivent en outre un bulletin trimestriel : AUTO-REVUE, et ont accès à différentes œuvres mutualistes de tourisme social, dont le camp de vacances des Mathes.

ASSURANCE DES TRAVAILLEURS SYNDICALISTES

société d'assurance à forme mutuelle à cotisations variables

A.T.S.

Siège Social :	☎ (35) 41.81.42	Adresse Postale :	A.T.S.
42 rue Royale			N° 4301
76100 PARIS			76040 PARIS CEDEX

CACHET DU BUREAU

A.T.S.
20, rue Masson
PARIS

BUR.	CEL.	N° SOCIETAIRE OU SINISTRE
431	**70**	**70 41 01042 M**

M. Mustapha Benouis
Le Bon Vieux
Rue du Gd Anitage
73000 CHAMBERY-BISSY

Chambery, le 3 Mars 1978

Cher Sociétaire,

La déclaration de votre accident du   *18-03-78*   a été enregistrée sous le numéro mentionné ci-dessus **qu'il est indispensable de rappeler dans toute correspondance ou envoi de pièces concernant cette affaire** dont nous poursuivrons le règlement s'il apparaît **après vérification de vos garanties** que vous êtes bien assuré.

Nous vous demandons de nous transmettre tout ce que vous pourriez recevoir au sujet de cette affaire, sans prendre vous-même aucun engagement. Toutefois, **vous devrez répondre directement aux demandes des experts.**

Nous vous invitons à prendre connaissance des paragraphes marqués d'une croix et à y réserver la suite qui convient.

Vous trouverez ci-joint, un nouvel imprimé et un constat amiable **à n'utiliser qu'en cas d'accident ultérieur.**

Veuillez agréer, Cher Sociétaire, l'expression de nos sentiments les meilleurs.

LE DIRECTEUR,

1 Nous vous invitons à compléter votre dossier en nous fournissant :

☐ le nom du conducteur de votre véhicule, le numéro et la date de son permis de conduire, son âge, sa situation de famille *(marié - célibataire)*, son lien de parenté avec vous *(conjoint, enfants, autres parents, sans lien de parenté).*
☐ les noms et adresses des témoins même transportés
☐ le devis concernant vos réparations
☐ des renseignements concernant la personne avec laquelle vous avez été accidenté :
  ☐ le nom et l'adresse exacte de sa Compagnie d'assurance
  ☐ son numéro de police
  ☐ son adresse exacte
  ☐ le numéro d'immatriculation de son véhicule.

2 Vous pourrez faire entreprendre la remise en état de votre véhicule dès qu'un accord sera intervenu entre l'Expert désigné et votre réparateur, et nous adresser ensuite la facture acquittée, nécessaire au remboursement intégral de la T.V.A.

3 ● Si les réparations à effectuer sur votre véhicule sont **inférieures à 300 F** et à sa valeur vénale, vous pouvez les entreprendre et nous en adresser la facture acquittée.

● Si les réparations sont **supérieures à 300 F** et à la valeur vénale, veuillez missionner vous-même notre Expert :
M

demeurant à

en lui adressant la carte postale ci-jointe après l'avoir complétée et affranchie.

4 ◯ Veuillez nous préciser si votre véhicule a été ou non acheté à crédit ou en leasing.

— si votre véhicule a été acheté à crédit et que vous n'avez pas fini de payer les traites, veuillez nous indiquer les nom et adresse de votre Société de crédit ainsi que le numéro de son dossier.

— si votre véhicule fait l'objet d'un leasing veuillez demander à votre Société de leasing son désistement afin que nous puissions vous régler directement.

En cas de refus de sa part, veuillez nous adresser son numéro de dossier.

5 ◯ Compte tenu des éléments que vous nous fournissez et dans la mesure où le montant de vos réparations ne dépassera pas 7.000 F, vous bénéficierez de la procédure accélérée de règlement de la Convention d'Indemnisation Directe de l'Assuré (I.D.A.).

Un bon de prise en charge I.D.A. peut vous être délivré │ OUI │ │ NON │

6 ◯ Compte tenu des éléments que vous nous fournissez, votre responsabilité :

☐ **NE SEMBLE PAS ENGAGÉE, Vous serez indemnisé(e) :**

● **par l'ATS**

▷ si vous bénéficiez de la procédure accélérée de règlement de la Convention I.D.A. *(voir paragraphe précédent)*.

▷ si vous avez souscrit les garanties C1, C3 (dommages avec franchise) ou C2 (tierce-collision), sous réserve en ce qui concerne la garantie C2 que ses conditions de mise en jeu soient réunies *(voir paragraphe 7)*.

L'indemnité versée correspondra au montant des réparations admises, déduction faite des pneumatiques, des accessoires hors série et pour les garanties C1 ou C3 de la franchise prévue au contrat. Ce qui ne vous sera pas remboursé par l'ATS sera réclamé à l'assureur du responsable ou au responsable lui-même s'il n'est pas assuré.

● **par l'assureur du responsable ou par le responsable lui-même s'il n'est pas assuré, dans les autres cas.**

Si vous ne remplissez pas les conditions précédentes, l'ATS ne pourra en effet vous indemniser mais réclamera le remboursement de vos dommages à l'assureur du responsable ou au responsable lui-même s'il n'est pas assuré.

☐ **EST PARTIELLEMENT ENGAGÉE (à .... %). Vous serez indemnisé(e) :**

● **par l'ATS**

▷ si vous avez souscrit les garanties C1, C3 (dommages avec franchise) ou C2 (tierce-collision), sous réserve en ce qui concerne la garantie C2 que ses conditions de mise en jeu soient réunies *(voir paragraphe 7)*.

L'ATS vous paiera intégralement les réparations admises, déduction faite en ce qui concerne les garanties C1 ou C3, de la franchise prévue au contrat. Mais les dépenses de pneumatiques ou d'accessoires hors série ainsi que le préjudice consécutif a l'immobilisation de votre véhicule vous seront remboursés en proportion du partage, par l'assureur du responsable ou par le responsable lui-même s'il n'est pas assuré.

● **par l'assureur du responsable ou par le responsable lui-même s'il n'est pas assuré**

▷ si vous n'avez pas souscrit les garanties C1 ou C3 ou si les conditions d'application de la garantie C2 ne sont pas réunies *(voir paragraphe 7)*.

L'indemnité versée dans ce cas tiendra compte de votre part de responsabilité.

☐ **EST TOTALEMENT ENGAGÉE. Nous serons amenés à indemniser la partie adverse.**

▷ Si vous avez souscrit les garanties C1 ou C3 (dommages avec franchise) ou si votre garantie C2 (tierce-collision) s'applique *(voir paragraphe 7)*, l'ATS vous paiera également vos réparations, déduction faite des pneumatiques, des accessoires hors série et pour les garanties C1 ou C3 de la franchise prévue au contrat.

▷ si vous n'avez pas souscrit les garanties C1 ou C3 ou si les conditions d'application de la garantie C2 ne sont pas réunies *(voir paragraphe 7)*, vous ne serez pas indemnisé(e).

7 ◯ Si vous avez souscrit la garantie C2 (tierce-collision)

☐ vous pourrez bénéficier de cette garantie car ses conditions de mise en jeu sont réunies.

☐ vous ne pourrez pas bénéficier de cette garantie car ses conditions de mise en jeu ne sont pas réunies.

8 ◯ Vos dommages ne pourront être chiffrés que lorsque nous aurons reçu :

☐ le rapport d'expert qui nous parvient deux à trois semaines après l'expertise du véhicule

☐ la facture des réparations

☐

chapitre 11

la correspondance

I. FORMAT DE LETTRE

Dans la correspondance [1] administrative et commerciale, on se sert de papier à lettre d'un format [2] usuel[1] de 21 cm de largeur et de 27 à 29,5 cm de longueur. Les firmes et entreprises commerciales font graver[2] ou imprimer[3] leurs nom, adresse, numéro de téléphone et C.C.P.[4] en haut de ce papier à lettre et au recto [3] seulement. Ces renseignements constituent l'en-tête [4] de la lettre. Ils peuvent également inclure le siège social, l'adresse télégraphique, la nature de l'activité de la société et autres indications[5] jugées utiles.[6] Parfois, pour des raisons de clarté et pour éviter d'alourdir[7] l'en-tête, certaines de ces indications sont portées au bas de[8] la page.

II. DISPOSITION

Après l'en-tête imprimé, suit la date précédée du nom de la ville avec une virgule les séparant. Exemple: Paris, le 29 Septembre 1979. La première lettre du mois n'est écrite en majuscule [5] que dans l'indication de la date; elle est écrite en minuscule dans le corps de la lettre comme le veut l'usage français. Cette indication est portée à droite. Il est à noter qu'il n'y a pas, comme en anglais, de

---

[1]*usuel* usual, regular   [2]*graver* to engrave   [3]*imprimer* to print   [4]*C.C.P. = compte courant postal*   [5]*indications* information   [6]*jugées utiles* deemed necessary   [7]*alourdir* to weigh down   [8]*au bas de* at the bottom of

Établissements Hervé Delville

20, rue de la République   •   71350 VERDUN sur le Doubs   •   Tél.: 49.94.25

Verdun, le 15 Janvier 1981

M. Pierre CHABOUD, Négociant
35, avenue Thiers
73100 Chambéry

Cher Monsieur,

Nous accusons réception de votre commande du 4 courant et vous en remercions.

Nous espérons que notre service commercial vous donnera entière satisfaction. Toutefois, s'il vous arrivait de constater une quelconque anomalie dans la réception de nos produits, ne manquez pas de nous en aviser aussitôt.

Veuillez trouver ci-joint la facture et le dernier dépliant concernant la gamme des vins disponibles à partir du 2 février 1981. Si vous désirez des échantillons, nous nous ferons un plaisir de vous les faire parvenir dans les plus brefs délais.

Espérant que cette livraison vous donnera satisfaction, nous vous prions d'agréer, Cher Monsieur, l'expression de nos sentiments dévoués et les meilleurs.

Hervé DELVILLE

virgule entre le mois et l'année. On peut aussi recourir à un chiffre pour indiquer le mois; il suit alors l'indication du jour: le 29-9-79.

Viennent ensuite le nom et l'adresse du correspondant généralement placés à droite, 2 à 4 cm au-dessous[9] de la date. On désigne par vedette [6] ces indications concernant le destinataire.[10] Aux États-Unis, la vedette est alignée à gauche sur le corps de la lettre.

À deux ou trois interlignes [7] plus bas, on commence la lettre par l'en-tête ou salutation initiale suivie d'une virgule. Les nuances sont très variées en français. Dans les cas difficiles, il est prudent de se référer à un manuel[11] de correspondance. Il faut retenir que le mot *Cher* n'est pas aussi généralisé que son équivalent anglais, "Dear". On emploie la formule *Cher Monsieur* si l'on connaît son correspondant depuis quelque temps; autrement, *Monsieur*, ou *Madame*, suffit.

Il ne faut surtout pas écrire *Cher monsieur Dupont*, formule réservée à un subordonné. Pour une firme, société, établissement ou groupement,[12] on écrira tout simplement *Messieurs*,. Dans plusieurs professions, quand on s'adresse d'égal à d'égal, on peut employer les expressions *Monsieur et cher Confrère*,[13] ou *Monsieur et cher Collègue*. Pour les personnages officiels[14] et les hauts fonctionnaires,[15] on emploie *Monsieur* suivi du titre en question. Exemples: *Monsieur le Sénateur, Monsieur le Ministre*, etc.

La lettre proprement dite commence après cet en-tête. On peut commencer le premier paragraphe par un retrait[16] de 1 à 1,5 cm ou, comme le veut la tendance moderne, aligner tous les alinéas[17] avec la marge[18] qui doit être spacieuse (au moins un centimètre et demi). On prendra soin de séparer les alinéas par un espace double de l'interligne utilisé.

La plupart des lettres débutent[19] par des formules traditionnelles avec les variations requises par la nature de lettre et la qualité[20] de son destinataire. En voici quelques exemples:

> **J'ai (Nous avons) l'honneur de vous informer . . .**
> **J'ai le plaisir de vous faire connaître . . .**
> **J'accuse réception[21] de votre lettre du . . .**
> **Je vous serai obligé[22] de me faire connaître par retour du courrier . . .**
> **Je vous prie de trouver ci-joint [8] la facture[23] . . .**
> **J'ai le regret de vous informer . . .**
> **Conformément à[24] votre commande du 20 courant,[25] veuillez trouver ci-joint . . .**
> **Etc.**

[9] *au-dessous* below　　[10] *le destinataire* recipient　　[11] *manuel* manual, guide; textbook
[12] *établissement ou groupement* institution or group, association　　[13] *Confrère* Colleague
[14] *personnages officiels* officials　　[15] *hauts fonctionnaires* government officials, high-level civil servants　　[16] *retrait* indention　　[17] *alinéas* paragraphs　　[18] *marge* margin
[19] *débutent* begin　　[20] *qualité* status, title　　[21] *J'accuse réception* I am in receipt　　[22] *Je vous serais obligé* I would be grateful, I would appreciate　　[23] *facture* bill, invoice
[24] *conformément à* in accordance with　　[25] *courant* current, present

Comme pour le début, la lettre se termine par une formule figée[26] appelée salutation [9] finale. On en trouve des exemples dans les divers manuels de correspondance. Étant donné l'exemple usuel *Veuillez agréer* (1), *Monsieur* (2), *l'expression* (3) *de mes sentiments* (4) *distingués* (5), on peut la faire varier et l'adapter à la situation en modifiant l'une ou plusieurs des parties numérotées, selon le schéma[27] suivant:

(1) *Je vous prie d'agréer / de croire à / d'accepter . . .*
Nous vous présentons, . . .
On peut faire précéder cette partie de la salutation par des expressions appropriées telles que *Dans l'espoir que notre offre sera acceptable . . ., Dans l'attente d'une réponse favorable . . .* ou *Espérant vous avoir donné satisfaction . . .*, etc.
(2) Cette partie doit répéter l'en-tête tel quel.[28]
(3) Le mot *expression* peut être remplacé par *assurance* ou *hommage* si l'on s'adresse à une femme.
(4) *Sentiments* peut être remplacé par *salutations* ou *considération*.
(5) *Distingués* est le terme le plus fréquemment utilisé, mais on peut personnaliser la salutation en lui substituant des épithètes moins passe-partout,[29] comme *les meilleurs, empressés, dévoués*, etc.

Deux ou trois interlignes après la formule finale[30] vient la signature qui normalement devrait être lisible.[31] On la fait précéder ou suivre par le nom complet tapé à la machine[32] et, parfois, la fonction[33] du signataire[34] (exemple: *Jean Durand, Directeur du Service des Abonnements*[35]). Dans une copie dactylographiée[36] on remplace la signature par la mention "Illisible". La photocopie, en reproduisant une lettre telle quelle, vous évite cet inconvénient.

III. AUTRES MOYENS DE CORRESPONDANCE

La correspondance peut se faire par des moyens autres que la lettre. Quand on transmet[37] la même communication à de nombreux correspondants, on a recours à la circulaire [10] imprimée (y compris parfois la signature). Pour des communications brèves (commande, accusé de réception, etc.), on peut se servir d'un mémorandum ou d'une carte postale non illustrée dans lesquels les formules traditionnelles seront écourtées[38] mais non omises.[39] Dans les cas urgents, le message téléphoné et le télégramme sont très utiles bien que leur style, qui exige un art de la compression [11], soit différent du style épistolaire. Dans le domaine des affaires internationales, les communications urgentes sont assurées par télex.

---

[26]*figée* set, fixed, standard   [27]*schéma* pattern   [28]*tel quel* as is, unchanged   [29]*passe-partout* for all occasions   [30]*formule finale* complimentary close   [31]*lisible* legible   [32]*tapé à la machine* typewritten   [33]*fonction* position, title   [34]*signataire* signatory   [35]*Abonnements* Subscriptions   [36]*dactylographiée* typewritten   [37]*transmet* sends, transmits   [38]*écourtées* shortened   [39]*omises* omitted

Les récents progrès de l'électronique et de l'informatique[40] permettent un achemi-nement ultra-rapide du courrier sans passer par les contraintes[41] de la compression télégraphique. Un système de télécommunications utilisant les satellites, des ordinateurs et des téléscripteurs[42] branchés[43] sur ces ordinateurs permet à une société de transmettre des directives[44] à ses filiales[45] ou des lettres à ses clients où qu'ils [13] se trouvent.

ÉTUDE DU VOCABULAIRE

[1] *correspondance* échange par écrit entre deux personnes. Le *correspondant* est la personne avec qui l'on *entretient* des relations par écrit (relations dites *épistolaires*), avec qui on correspond.

[2] *format* dimension-type (longueur et largeur) d'une feuille de papier. On désigne généralement ce format par le dessin ou motif (filigrane) imprimé en transparence dans le papier lui-même. De nos jours, les feuilles de papier portent souvent en filigrane le nom ou la marque du papetier. Traditionnellement ces formats sont (en cm):

grand aigle: 75 × 106	coquille: 44 × 55
soleil: 60 × 80	écu: 41 × 52
jésus (filigrane IHS): 56 × 76	couronne: 36 × 46
petit jésus: 56 × 72	tellière: 34 × 44
raisin: 50 × 65	pot: 31 × 40
cavalier: 46 × 62	pigeon: petit format
carré: 45 × 56	

[3] *recto* première page d'une feuille, la deuxième étant le *verso;* on les désigne, en termes usuels par l'*endroit* et l'*envers*.

[4] *en-tête* inscription imprimée ou gravée en gros caractères sur le papier à lettre utilisé dans la correspondance administrative ou commerciale. Ce terme désigne également la salutation par laquelle on commence une lettre. (Pluriel: *en-têtes*.)

[5] *majuscule* une lettre majuscule ou *capitale* commence une phrase ou un nom propre; les autres, plus petites étant des *miniscules*. On dit *mettre en majuscules* ("to capi-talize").

[6] *vedette* désignait à l'origine toute inscription mise en évidence en tête de page, en une seule ligne et en gros caractères. De nos jours, le mot *en-tête* correspond à cette désignation tandis que *vedette* désigne le nom et l'adresse du correspondant.

[7] *interligne* c'est l'espace qui sépare deux lignes consécutives. Un interligne simple est de 0,5 cm. L'interligne peut être double ou triple, etc. ("double" or "triple space").

[8] *ci-joint* inclus dans la même lettre ("enclosed," "attached"). Quand l'expression précède, elle reste invariable; quand elle suit, elle s'accorde en genre et en nombre avec le mot auquel elle se rapporte (exemple: *les factures ci-jointes*). Il existe plusieurs

[40]*informatique* computer science   [41]*contraintes* constraints   [42]*téléscripteurs* teletypes
[43]*branchés* hooked up   [44]*directives* instructions   [45]*filiales* branches, subsidiaries

locutions analogues formées avec *ci-*: *ci-inclus* ("herewith," "enclosed herein"), *ci-dessus* ("above"), *ci-dessous* ("below," "hereunder"), *ci-après* ("hereafter," "further on"), *ci-contre* ("opposite"). En dehors de *ci-inclus*, qui contient un adjectif comme *ci-joint*, toutes les autres restent invariables quelque soit leur position car elles sont formées de l'adverbe *ci-* suivi d'une préposition.

[9] *salutation*   action de saluer, de donner une marque extérieure de reconnaissance et de civilité. C'est, en correspondance, une formule de politesse.

[10] *circulaire*   une circulaire est une lettre type transmettant une communication identique à un grand nombre de correspondants.

[11] *compression*   action de comprimer, de rendre plus dense. Le style télégraphique est comprimé en vue d'exprimer le maximum d'information avec le minimum de mots.

[12] *où que*   locution conjonctive qui est suivie du subjonctif: *Quelque soit l'endroit où* ("wherever").

R E M A R Q U E

1. La Ponctuation

Les signes de ponctuation sont: le point (.), la virgule (,), le point-virgule (;), les deux points (:), le point d'interrogation (?), le point d'exclamation (!), les points de suspension (. . .), les parenthèses ( ), les crochets [ ], les guillemets (« »), le tiret (—), le trait d'union (-) et l'astérique (*).

L'usage de ces signes de ponctuation est donné par la plupart des manuels de grammaire. Retenons, cependant, que la ponctuation est très importante pour la bonne compréhension d'un texte. Il suffit d'une virgule mal placée pour dire autre chose que ce que l'on voulait dire.

Exemples: (a) *M. Dupont dit: «Le Directeur est incompétent.»*
            (b) *M. Dupont, dit le Directeur, est incompétent.*
            (C'est M. Dupont qui est incompétent et non le Directeur.)

À l'inverse des Américains qui préfèrent les tirets—pour exprimer des idées incidentes ou subsidiaires, les Français emploient les parenthèses ( ); ils n'emploient pas non plus un seul tiret (—) à la place des deux points (:) pour introduire une proposition explicative en fin de phrase. Les guillemets, que l'on ouvre en début de citation et que l'on ferme à la fin, diffèrent selon l'orthographie: (" ") en américain et (« ») en français. Les Américains se servent de guillemets simples ou apostrophes pour noter une citation dans la citation.

2. Indications et termes usuels

Dans les lettres administratives et la plupart des lettres d'affaires, on indique, après la vedette, l'objet de la lettre (en termes brefs), la ou les références et les annexes ("enclosures") ou pièces jointes à la lettre.

Quand on s'adresse officiellement à une société ou à une organisation et que la lettre est destinée à une personne déterminée de cette organisation, on inscrit la formule *Aux bons soins de* ("Care of") suivie du nom de la personne en question, qui la fera suivre à son deuxième destinataire. L'indication *Prière de faire suivre* ("Please forward") peut être également inscrite sur l'enveloppe, à l'intention du facteur, au cas où votre correspondant aurait pu changer d'adresse. Quand on adresse une lettre à une personne domiciliée chez une autre, on l'indique par *chez* (exemple: M. Pierre Dupont *chez* M. Jean Durand).

Quand on est le fondé de pouvoir de quelqu'un et que l'on signe pour lui, on ajoute l'indication *P.P.* (*par procuration*) au-dessus de la signature.

Le cachet: un fonctionnaire appose un cachet ("stamp") sur sa signature. Ce tampon officiel indique le titre et le service du signataire. Le cachet de la poste indique la date d'expédition.

L'affranchissement: quand on met un timbre sur l'enveloppe, on l'affranchit.

L'adressographe: la plupart des entreprises disposent d'un adressographe qui leur évite de tenir des livres d'adresses. Les clichés, tenus à jour, permettent de toucher rapidement les correspondants.

La fenêtre: les enveloppes à fenêtres ("window") permettent, en pliant convenablement la lettre, d'utiliser la vedette qu'elle contient déjà.

3. Conseils divers

Soigner la disposition de la lettre pour qu'elle soit claire, lisible et qu'elle ne paraisse pas trop dense. Bien séparer les paragraphes et, si nécessaire, ajouter plusieurs feuillets en les numérotant. Surtout éviter d'écrire au dos (au verso) de la lettre, ou les surcharges dans la marge.

L'addition d'un *post-scriptum* (*P.S.*) est une question de goût ou de nécessité. À chacun de décider.

Il n'est pas rare dans le style administratif français de souligner ("to underline") des passages importants et de numéroter ("to number") des parties du texte quand on énumère.

Attention à la coupe des mots; on ne coupe jamais après les apostrophes. Il vaut mieux laisser un espace et aller à la ligne que de couper certains mots en séparant une ou deux lettres du reste du mot (exemple: *é-tage* ou *éta-ge; ex-emple:* séparé du reste *ex-* prend un autre sens). Il faut connaître la syllabation française, car on coupe entre les syllabes et non au milieu. Quand un mot comporte une lettre redoublée, on coupe en séparant ces deux lettres (exemple: *sup-pression*).

Retenir les abréviations principales des titres usuels: *M.* pour *Monsieur; Mme* pour *Madame* et non *Me* qui est pour *Maître* (avocat); *Mlle* pour *Mademoiselle*. Il n'existe pas encore en français un équivalent de l'américain "Ms." Il est utile de savoir que *Mme* est très poli même si l'on s'adresse à une jeune fille ou à une femme non mariée. Pour *Messieurs* on peut utiliser soit *MM.* soit *Mrs.* Se conformer à l'usage du pays du destinataire et ne pas écrire *Mrs.* pour *Messieurs* si vos correspondants habitent les U.S.A. ou la Grande-Bretagne. Les pluriels pour *Mme* et *Mlle* sont *Mmes* et *Mlles*.

Inutile, à moins qu'il s'agisse d'un colis ("parcel"), de porter les indications *Dest.* (*Destinataire*) et *Exp.* (*Expéditeur*) sur une lettre.

Ne pas abuser des abréviations et éviter celles qui sont peu usitées ou qui peuvent prêter à confusion. (Voir la liste des abréviations usuelles avec leurs équivalents en anglais, p. 184.)

Vocabulaire supplémentaire

abréger   to abbreviate, to abridge
agrafe (*f.*)   staple
agrafeuse (*f.*)   stapler
"arrivée" (*courrier*)   "in" (mail)
avion (*par*)   air mail
avis (*m.*)   notification
bloc-notes (*m.*)   scratch pad
cacheté   sealed
caractères gras (*m.*)   boldface
gros caractères   large print
petits caractères   fine print
casier (*m.*)   file cabinet
chemise (*f.*)   folder
classement   filing
classer   to file, to sort out
classeur (*m.*)   file; filing cabinet
décacheté   unsealed, opened
dégrafeuse (*f.*)   staple remover
"départ" (*m.*) (*courrier*)   "out" (mail)
distribution (*f.*) *de courrier*   mail delivery
dossier (*m.*)   file, dossier
effacer   to erase
enveloppe (*f.*) *de réexpédition*   forwarding envelope
envoi (*m.*)   piece of mail
exemplaire (*m.*)   copy
expédier   to send, to mail
"Express"   "Special Delivery"
extrait (*m.*)   excerpt
faute de frappe (*f.*)   typing mistake, "typo"

fiche (*f.*)   file card, index card
fichier (*m.*)   file, listing
formulaire (*m.*)   form
gommer   to erase
"Imprimés"   "Printed Matter"
levée (*f.*) *du courrier*   mail pick-up
mot (*m.*)   message, brief note
papeterie (*f.*)   stationery; stationery store
papier brouillon (*m.*)   scratch paper
papier carbone (*m.*)   carbon paper
papier libre/ordinaire   standard paper
papier pelure   onion skin paper
patte (*f.*) *d'une enveloppe*   flap (of an envelope)
pelure (*f.*) (*papier*)   onion skin (paper)
pèse-lettre (*m.*)   letter scale
pli (*m.*)   envelope
polycopie (*f.*)   ditto, mimeograph
poster   to mail
ruban (*m.*) *adhésif*   adhesive tape
ruban correcteur   correcting tape
récépissé (*m.*)   receipt
"Recommandé"   "Registered"
sigle (*m.*)   word formed by literation; acronym
symbole (*m.*) (*d'une société*)   logo
sténo (*f.*)   (abbreviation for *sténographie*)   shorthand
sténo-dactylo (*f.*)   shorthand typist

QUESTIONS

1. Quel est le format usuel du papier à lettre employé dans la correspondance commerciale?   21 cm. x 27,5 - 29 cm.

nom, adresse, téléphone, CCP

2. Quelles sont les indications incluses dans l'en-tête du papier à lettre d'une entreprise commerciale? Où est généralement placé cet en-tête? *en haut*

3. Comment indique-t-on la date? Quelles sont les variations possibles? *27-9-82*

4. Que désigne-t-on par le mot *vedette?* Quelles sont les variations possibles?

5. Qu'appelle-t-on interligne? Combien mesure un double interligne? *1 cm.*

6. Quels sont les en-têtes (titres) habituellement employés? Comment s'adresse-t-on à un ministre ou à un député? *M. le Ministre* — *M.; Cher M.; Cher M. Dupont*

7. Comment peut-on aligner les paragraphes? Quelle doit être la qualité d'une bonne marge? *1 à 1,5 cm.* — *retrait ou sans retrait*

8. Donner quelques exemples de formules par lesquelles on commence une lettre. *(#6?)*

9. Par quoi se termine le corps de la lettre proprement dite? Comment peut-on adapter et varier ces formules? *formule de politesse*

10. Quelle partie la formule finale a-t-elle en commun avec l'en-tête (titre)? *même titre*

11. Quelle est l'indication qui termine la lettre? Quels sont les éléments qui la composent? L'usage français diffère-t-il de l'anglais? *signature*

12. Quand a-t-on recours à une circulaire plutôt qu'à une lettre personnelle? *beaucoup de copies*

13. De quels autres moyens de correspondance peut-on se servir dans les cas suivants: communications brèves, urgentes, internationales? *mémorandum ou carte postale* *télex*

14. Quelles sont les techniques modernes permettant un acheminement très rapide du courrier? *téléphone, télégramme* *électronique, informatique*

15. Quel est le principe de fonctionnement du "courrier électronique"?

EXERCICES

I. Remplacer les mots ou expressions en italique par des équivalents:

1. Les *dimensions courantes* du papier à lettre varient de 21 × 27 à 21 × 29,5 cm. *format usuel*

2. L'en-tête d'une entreprise est *imprimé en première page;* il n'y a rien *sur la deuxième.* *au recto* *au verso*

3. La première lettre du mois est en *capitale* dans la date; dans le corps de la lettre, elle est écrite en *petite lettre.* *majuscule* *minuscule*

4. *Le nom et l'adresse du destinataire* sont indiqués après la date, à droite. *la vedette*

5. *L'espace entre deux lignes consécutives* est simple ou double. *l'interligne* *correspondant*

6. *L'expression* "Cher Monsieur" est employée quand on connaît le *destinataire.* *l'entête*

7. On peut commencer un *alinéa* au niveau de la marge sans *laisser d'espace.* *retrait*

8. "*Veuillez* trouver *ci-inclus* copie de votre bon de commande." *joint*

9. "J'ai le regret de vous *faire connaître* que l'article n'est plus disponible."

10. "*Je vous prie* de *croire,* Monsieur, à *l'assurance* de mes sentiments distingués." *Veuillez* *agréer/accepter* *expression*

II. Compléter les phrases suivantes:

1. "Je vous prie ____*d'accepter*____, Madame, ____*l'expression*____ de ma très haute considération."

2. "Veuillez ____*agréer*____, Cher Monsieur, à l'assurance de mes sentiments ____*les meilleurs (dévoués).*____"

3. "Nous accusons ____*réception*____ de votre lettre du 15 ____*courant*____ et nous vous en remercions."

4. Le corps de la lettre commence par ____*l'entête*____ et se termine par ____*la formule de politesse.*____

5. "J'ai ____*le regret*____ de vous ____*faire connaître*____ que nous n'avons plus le modèle No 3516."

6. Marseille, ____*le 15 mars*____ 1980.

7. "*En espérant vous avoir bien servi*_____, veuillez agréer, Monsieur le _____*Directeur*_____
l'expression de mes sentiments dévoués."
8. Pour transmettre la même _____*communication*_____ à plusieurs correspondants,
on se sert d'une _____*circulaire imprimée*_____
9. Dans un _____*mémorandum*_____ ou une _____*carte postale*_____, on écourte
les formules traditionnelles sans les omettre.
10. Les communications urgentes sont assurées par _____*télégramme*_____, ce qui
permet un _____*message*_____ très rapide du courrier.
acheminement

III. Traduire:

En français:

1. "Dear Sirs, . . . I am in receipt of your letter dated October 20, 1979 . . ."
2. "Hoping to hear from you, I remain . . . Sincerely yours,"
3. "I would like to inform you that M 203-5 Model is no longer available."
4. "Please find enclosed copy of the mailing receipt . . . Cordially yours."
5. "I would appreciate your sending me your winter catalogue by return mail."
6. Usually the French do not capitalize the first letter in the names of months.
7. American signatures are often complete and legible and they always precede the
typewritten name.
8. Letterheads identify the sender and advertise his business at the same time.
9. Nowadays paragraphs are not necessarily indented; but they should always be
separated by a double space.
10. To make sure your correspondant will receive your instructions rapidly, send
them by "registered mail" or "special delivery" if you deem it necessary.

En anglais:

1. "Je vous serai obligé de bien vouloir transmettre ces directives à toutes vos
filiales."
2. "Conformément au règlement intérieur, veuillez remplir le formulaire ci-joint et
nous le retourner sous pli recommandé."
3. Cette lettre urgente devra être postée avant la levée du courrier.
4. Le style épistolaire français, avec ses formules figées, donne l'impression d'être
· plus formel que l'américain.
5. Les derniers progrès de l'informatique et des télécommunications permettent
d'assurer un acheminement et un classement aisés du courrier.
6. "Nous avons le regret de vous faire savoir que votre demande nous est parvenue
après les délais réglementaires. Nous nous excusons de ne pas la retenir."
7. Un interligne simple et un manque d'espacement des alinéas donnent un air de
lourdeur à une lettre dactylographiée.
8. Les appareils genre "dictaphone" simplifient la dictée d'une lettre et éliminent
le recours à la sténographie.
9. Les papeteries vendent du papier à lettre, des enveloppes et des fournitures de
bureau.
10. Le format, la disposition d'une lettre et les formules dont on se sert dépendent
de la nature de la communication et de la qualité du destinataire.

IV. Quelles sont les similitudes et les différences entre ces deux lettres sur le plan du
format?

FRANCE-INDUSTRIE

bi-mensuel d'informations économiques et industrielles

11, BD. MONTPARNASSE / 75008 PARIS / ☎ 134.44.42

M. Mustapha BENOUIS
University of Hawaii at Manoa
Department of European Languages
and Literature
Moore Hall 470 - 1890 East West Road
HONOLULU HAWAII 96822
(U. S. A.)

Paris, le 16 Avril 1976

Monsieur,

A la suite de votre lettre, nous vous adressons sous
pli séparé, le numéro de FRANCE-INDUSTRIE qui traite
de la maîtrise de l'eau en Provence, et qui correspond
peut-être davantage aux questions qui vous intéressent.

FRANCE-INDUSTRIE est un bi-mensuel qui traite de
l'actualité économique et industrielle en France.

FRANCE-AGRICULTURE est un mensuel qui étudie l'agriculture, l'élevage, le développement rural et la pêche en
France.

Vous trouverez ci-joint, un bulletin d'abonnement pour
chacune de ces deux revues.

Espérant vous avoir donné satisfaction, nous vous présentons, Monsieur, l'expression de nos sentiments distingués.

N. PUJOL

Aujourd'hui

765, rue Saint-Honoré
75009 Paris
Tél.: 046.22.63

Paris, le 4 Juin 1980

Dr. Mustapha K. Bénouis
Department of European Languages
and Literature
1890 East-West Rd., Moore 470
HONOLULU
HAWAII

JC/CG

Monsieur,

Nous vous accusons réception de votre chèque bancaire
de 43,71 $ que vous nous avez adressé en règlement de
votre abonnement à notre revue "Aujourd'hui".

Nous vous en remercions.

L'échéance en est maintenant au 1er décembre 1980.

Toutefois, l'acheminement par voie ordinaire étant
irrégulier, nous avons installé ce service par avion,
ce qui est plus adapté pour une revue d'actualité.

Nous vous serions donc reconnaissants de bien vouloir
nous faire parvenir en complément la somme de 91 FF
(coût de la taxe aérienne pour six mois).

Nous vous remercions de l'intérêt que vous portez à
notre publication et vous prions de croire a l'assurance de nos sentiments dévoués.

J. CARTIER
Administrateur

SUJETS DE DISCUSSION ET DE COMPOSITION

1. Comparer les styles épistolaires français et américain.
2. Vu les développements technologiques en matière de communications, la correspondance est de nos jours beaucoup plus simple. Pourquoi?
3. Vous avez reçu d'un magasin de ventes par catalogue un article qui n'est pas conforme à votre commande. Vous écrivez pour réclamer.
4. En tant que chef d'entreprise, quelles sont, selon vous, les lignes directrices que le secrétaire-correspondancier devrait suivre? Quelles qualités doit-il avoir?
5. Rédiger un télégramme concernant une question commerciale. Composer la lettre équivalente.

chapitre 12
offres d'emplois et de services

I. OFFRES D'EMPLOIS

L'implantation [1] d'une nouvelle entreprise ou l'expansion d'une entreprise existante passe par[1] le recrutement d'un personnel qualifié. Le service de sélection du personnel est chargé de cette tâche.[2] Ce service pourvoit aux[3] postes vacants [2] en s'adressant à des agences spécialisées et/ou en mettant des annonces dans la presse. Des annonces insérées[4] dans la presse locale ou régionale suffisent pour l'embauche de manoeuvres,[5] d'ouvriers spécialisés[6] ou qualifiés et de personnel d'encadrement[7] (agents de maîtrise,[8] contremaîtres,[9] etc.). Pour le recrutement de cadres moyens et supérieurs[10] (chefs de service, techniciens, sous-directeurs[11] et directeurs), il est préférable d'insérer ces annonces dans un organe de presse national à grande circulation.

Dans une annonce de ce type, la firme donne un bref aperçu [3] de la fonction, indique la formation,[12] et les diplômes nécessaires et précise les qualités requises. Le salaire de début[13] et les avantages[14] offerts (systèmes de retraite [4], d'assurances, voiture de fonction, possibilités de logement,[15] etc.) sont parfois

---

[1]*passe par* depends on   [2]*tâche* task   [3]*pourvoit à* fills   [4]*insérées* placed (in a newspaper), inserted   [5]*manoeuvres* unskilled laborers   [6]*ouvriers spécialisés* skilled workers   [7]*personnel d'encadrement* supervisory or management personnel   [8]*agents de maîtrise* supervisors   [9]*contremaîtres* foremen   [10]*cadres moyens et supérieurs* middle management and executives   [11]*sous-directeurs* assistant managers   [12]*formation* training   [13]*salaire de début* initial, starting salary   [14]*avantages (m.)* benefits   [15]*logement* housing

mentionnés. Les personnes intéressées sont invitées à faire acte de candidature [5] soit en téléphonant pour prendre rendez-vous[16] soit en soumettant une lettre ou un dossier de candidature. Souvent les candidats sont invités à envoyer un curriculum vitae.[17]

II.   LE CURRICULUM VITAE

Un curriculum vitae comporte généralement les indications suivantes:

nom et prénoms
date et lieu de naissance/ou âge
nationalité
état civil [6] (célibataire[18]; marié; nombre d'enfants)
adresse (actuelle et permanente)
emploi actuel
emplois précédents (expérience acquise)
niveau d'instruction[19] **ou dossier universitaire** (universités ou grandes écoles [7] fréquentées et diplômes obtenus)
références: noms et adresses de personnes connaissant le candidat et susceptibles de le recommander pour l'emploi qu'il postule,[20] ou de donner des témoignages sur sa personnalité.

Le candidat peut également inclure un état de ses rémunérations [8] successives.

III.   DEMANDE D'EMPLOI

Un individu sans emploi (en chômage,[21] licencié,[22] ou désireux de changer d'occupation) peut, lui aussi, recourir aux procédures énoncées ci-dessus pour la recherche d'un poste à la mesure de[23] ses aptitudes. Il met des annonces dans les journaux et répond aux diverses annonces qui semblent correspondre à ses compétences.[24] S'il recherche un poste auprès d'une multinationale, il prendra soin de faire insérer son annonce dans les éditions internationales de certains journaux et magazines (*Le Monde* [sélection hebdomadaire] ou *l'Express*, par exemple). Il n'oubliera pas alors de préciser, le cas échéant, sa connaissance d'une langue étrangère ou son expérience à l'étranger. Il pourrait également mentionner le salaire espéré.[25]

---

[16]*prendre rendez-vous*   to make an appointment   [17]*curriculum vitae*   résumé
[18]*célibataire*   single, unmarried   [19]*niveau d'instruction*   educational background
[20]*postule*   applies for, seeks (job)   [21]*chômage*   unemployment   [22]*licencié*   fired
[23]*à la mesure de*   befitting   [24]*compétences*   qualifications   [25]*espéré*   expected

IV. OFFRES DE SERVICES ET APPELS D'OFFRES[26]

Certaines grandes sociétés spécialisées dans le développement de certains secteurs économiques (création d'usines, implantation de complexes agro-industriels ou agro-alimentaires, équipement industriel, etc.) publient des brochures publicitaires décrivant la gamme des services offerts. D'autre part, de nombreux pays en voie de développement lancent, par l'intermédiaire de sociétés nationales, des appels d'offres en vue de[27] la réalisation[28] de grands travaux [9]. La société lançant l'appel d'offres—ou Maître de l'Ouvrage[29]—met à la disposition des adjudicataires[30] intéressés un cahier de charges [10] dans lequel sont définies les prestations de services [11] à assurer et la procédure à suivre dans les soumissions. Le soumissionnaire retenu sera tenu par contrat de[31] soumettre un dossier technique pouvant comprendre, entre autres, des études d'avant-projet,[32] l'établissement d'un projet définitif[33] et la préparation d'un contrat précisant les clauses relatives à l'exécution de l'ouvrage[34] (clauses générales, prévisions[35] financières, responsabilités des deux parties, modalités[36] de paiement, etc.). La préparation de tels dossiers exige de multiples enquêtes[37] et recherches, des visites sur le terrain,[38] suivies par des négociations toujours difficiles étant donné l'enjeu[39] des capitaux devant être engagés.

ÉTUDE DU VOCABULAIRE

[1] *implantation (f.)*   action d'implanter, de créer et de développer ("development," "setting up"); syn.: *mise en place.*

[2] *poste vacant*   emploi non occupé; vacance. En France, l'Agence Nationale pour l'Emploi (ANPE) centralise les offres et demandes d'emplois.

[3] *aperçu (du verbe apercevoir)*   vue rapide de quelque chose; coup d'oeil, idée.

[4] *retraite*   action de se retirer. Après un certain nombre d'années de travail, on arrive à un âge où l'on doit, selon la loi, cesser de travailler: on prend sa retraite ("retirement").

[5] *faire acte de candidature*   poser officiellement sa candidature à un emploi, à un poste; *être candidat* ("to be a candidate," "to apply").

[6] *état civil*   condition, situation sur le plan familial (naissance, mariage, décès, liens de parenté, etc.). Les actes officiels concernant ces changements de condition sont inscrits dans les registres de la mairie. En France, lors du mariage, la mairie délivre un *Livret de famille* au nouveau couple, dans lequel seront inscrites les naissances de leurs

[26] *appels d'offres*   tenders for bids   [27] *en vue de*   for the purpose of
[28] *réalisation*   implementation   [29] *Maître de l'Ouvrage*   Project Owner
[30] *adjudicataires*   bidders   [31] *sera tenu. . .de*   will be bound, responsible for   [32] *études d'avant-projet*   investigation of prefeasibility plan, proposal   [33] *projet définitif*   final proposal
[34] *exécution de l'ouvrage*   implementation of the project, work   [35] *prévisions*   estimates, projections, forecasts   [36] *modalités*   terms, conditions   [37] *enquêtes (f.)*   investigations
[38] *visites sur le terrain*   on-site inspections   [39] *enjeu (m.)*   stake

enfants. On s'adresse à la mairie de la commune où l'on est né pour obtenir un *extrait d'acte de naissance* ou un *bulletin de naissance* ("birth certificate").

[7] *les Grandes Écoles* ce sont des établissements d'enseignement supérieur indépendants des universités mais dépendant de l'État. Elles dispensent un enseignement spécialisé (commerce, industrie, administration, agriculture, sciences diverses, etc.). Elles jouissent de beaucoup de prestige et délivrent des diplômes recherchés. On y entre par concours. Exemples: Hautes Études Commercials (H.E.C.), École Nationale Supérieure des Mines (E.N.S.M.), École Nationale d'Administration (E.N.A.). Le terme d'*énarques* est appliqué aux nombreux cadres supérieurs issus de cette dernière, cadres qui dominent actuellement la vie politique française.

[8] *état des rémunérations* liste des salaires ou traitements précédemment obtenus; *rémunérer* une personne c'est la payer pour un travail ou pour un service rendu. Un fonctionnaire perçoit un *traitement* ou des *émoluments;* un ouvrier ou un cadre du secteur privé touche un *salaire.* Ceux qui exercent des professions libérales (médecins, avocats, notaires, etc.) reçoivent des *honoraires* ("fees"). Dans l'armée, les militaires de carrière touchent une *solde,* les appelés du contingent un *prêt.* Les gens de maison ou domestiques reçoivent des *gages* ("wages").

[9] *grands travaux* ouvrages de grande envergure. Le pluriel de *travail* (*travaux*) prend un sens particulier qui traduit l'anglais "project" dans certains contextes. Les Travaux Publics français correspondront à l'anglais "Public Works." Par contre l'anglais "project" se traduira de plusieurs façons selon le contexte. Exemples: "project under study": *dossier en étude;* "forestry projects": *aménagements sylvicoles;* "project site": *chantier.*

[10] *cahier de charges* document réunissant les conditions d'un contrat couvrant la réalisation de travaux ("conditions of contract"). Les articles du contrat concernent, entre autres, la définition des travaux et services à rendre (étude d'avant-projet, établissement du projet définitif, lancement d'appels d'offres et analyses des soumissions, contrôle des travaux, achat du matériel, etc.), les clauses générales et financières.

[11] *prestation de service* action de fournir un service (du verbe *prêter*) moyennant rémunération; la somme d'argent que l'on reçoit pour la fourniture de ce service ou travail. Il existe des *prestations en nature ou en espèces* ("allowances in kind or in money"). Il y a aussi la *prestation de serment* ("the taking or administration of an oath").

R E M A R Q U E

Les Préfixes usuels utiles

On a recontré dans les chapitres précédents certains préfixes techniques relatifs à des sciences ou des domaines spéciaux: agro-, ostréi-, pisci-, rizi-, séri-, sylvi-, etc. Certains sont plus usités que d'autres et un bon dictionnaire français-français sera utile pour la compréhension de ceux qui sont utilisés moins fréquemment.

Il existe d'autres préfixes de sens général, qu'il est bon de connaître soit pour comprendre des mots nouveaux soit pour en former soi-même, le cas échéant. En voici une liste avec leur sens, des exemples et leurs équivalents anglais:

anté-	(antériorité)	*antéposé*, put before
anti-	(opposition)	*anti-inflationniste*, anti-inflationary *antivol*, antitheft
archi-	(intensité)	*archicomble*, full to capacity
auto-	(de soi-même)	*autofinancement*, self-financing *autopropulsé*, self-propelled *auto-suffisant*, self-sufficient
avant-	(antériorité)	*avant-dernier*, before last *avant-projet*, prefeasibility plan
bi-	(doublement)	*bilatéral*, bilateral *bimensuel*, bimonthly *bimétallisme*, bimetallism
co-	(association)	*coacquéreur*, joint-purchaser *coassocié*, copartner *coassurance*, coinsurance *cogestion*, joint-management *copropriété*, condominium
dé- (dés-)	(privatif)	*destabiliser*, destabilize *détaxer*, to decontrol *dévaloriser*, to devalorize *dévaluer*, to devaluate
en-	(mise à l'intérieur) (causatif, factitif)	*encaisser* to cash, to receive *emmagasiner*, to store *enrichir*, to enrich
entre-	(position)	*entreposage*, warehousing *entre-temps*, meanwhile
ex-	(qui n'est plus)	*ex-belge*, formerly Belgian *ex-coupon*, coupon off *ex-dividende*, dividend off *ex-président*, former president
extra-	(hors de) (intensité)	*extra-terrestre*, from outer space *extra-territorial*, extraterritorial *extra-fort*, super-strong
inter-	(au milieu, entre)	*interchanger*, to interchange *international*, international *interrégional*, inter-regional *interurbain*, intercity, long distance

mi- (à moitié)	*mi-août*, mid-August
	mi-temps, half time
micro- (très petit)	*microcircuit*, microcircuit
	microfilm, microfilm
	microprocesseur, microprocessor
mini- (diminutif)	*minibus*, minibus
	minijupe, miniskirt
	minisommet, minisummit
multi- (pluralité)	*multidisciplinaire*, multidisciplinary
	multilingue, multilingual
	multinational, multinational
poly- (pluralité)	*polycopie*, stencil
	polyvalent, multifaceted
post- (postériorité)	*postdater*, postdate
	post-scriptum, postscript
pré- (antériorité)	*préavis*, notice
	précité, mentioned above
	précompter, to deduct beforehand
pro- (en faveur de)	*procommercial*, pro-business
	profrançais, pro-French
re-, ré-, r- (répétition)	*rajuster*, readjust
	réadmettre, to readmit
	reconduire, to renew
	réestimer, to revalue, to reappraise
sur- (intensité)	*surabondant*, overabundant
	surpeuplé, overpopulated
télé- (à distance)	*télécommunication*, telecommunication
	télédétecteur, remote-sensor
	télétype, teletype

Comme les prépositions que nous avons citées dans la liste (*avant, entre*), d'autres peuvent aussi jouer le rôle de préfixes:

après- (postériorité)	*après-guerre*, postwar
	après-bourse, after hours, curbmarket
contre- (échange, réaction)	*contre-valeur*, countervalue
	contrepartie, counterpart
	contreproposition, counterproposal

D'autres mots (noms, adjectifs, adverbes) peuvent également servir de préfixes:

demi- (moitié)	*demi-gros*, retail wholesale
	demi-terme, half quarter

hors	(à l'extérieur de)	*hors cote*, over the counter
		hors saison, off season
libre	(sans restriction)	*libre-échange*, free trade
		libre-service, self-service
non	(exclusion)	*non-acceptation*, nonacceptance
		non amortissable, unredeemable
		non coté, unquoted
		non daté, undated
		non-exécution, nonfulfillment
		non garanti, unsecured
		non-livraison, nondelivery
		non tarifé duty free
plein	(totalité)	*plein emploi*, full employment
		pleins pouvoirs, full authority
		pleine saison, high season
		plein tarif, full fare, rate

Il ne faut pas non plus oublier les préfixes numériques utilisés dans le système métrique, dont les plus courants sont:

Préfixes multiplicateurs	*Préfixes diviseurs*
par 10: *déca-*	*déci-*
par 100: *hecta-, hecto-*	*centi-*
par 1000: *kilo-*	*milli-*
par 1.000.000: *mega-*	*micro-*

QUESTIONS

1. Quand a-t-on besoin de recruter du personnel? Qui s'en occupe?
2. Que fait-on pour susciter des candidatures aux postes vacants?
3. Dans quelle sorte de presse insère-t-on les offres d'emplois pour le recrutement des cadres supérieurs?
4. Quelles sont les indications que l'on inclut dans les annonces d'offres d'emplois?
5. Comment les éventuels candidats peuvent-ils exprimer leur intention de postuler l'emploi offert?
6. Quels sont les renseignements que comporte un curriculum vitae?
7. Qu'entend-on par références?
8. Qui fait insérer une demande d'emploi? Dans quels journaux?
9. Comment les grandes sociétés offrent-elles leurs services?
10. Qu'est-ce qu'un appel d'offres? Qui le lance?
11. Par quel terme désigne-t-on la partie qui soumet une offre pour la réalisation d'un projet?
12. Qu'est-ce qu'un cahier de charges? Que contient-il?
13. Que se passe-t-il entre l'adjudicateur et le soumissionnaire une fois entrés en contact?

14. Pourquoi une soumission doit-elle être soigneusement préparée?
15. Quels types de dossiers une soumission contient-elle?

EXERCICES

I. Remplacer les mots ou expressions en italique par des équivalents:

1. La *mise sur pied* d'une entreprise nécessite une longue préparation. *[L'implantation]*
2. Le service du personnel *embauche* des *ouvriers non qualifiés*. *[emploie] [manœuvres]*
3. Les *agents de maîtrise* contrôlent le travail des ouvriers et sont eux-mêmes contrôlés par les *chefs de services*. *[personnel d'encadrement] [cadres moyens + supérieurs]*
4. Une annonce définit brièvement le *poste* vacant et précise le *niveau d'instruction* et l'*expérience* nécessaires. *[travail] [formation] [curr. vitae]*
5. On *pose sa candidature* par une lettre dans laquelle on joint les *renseignements personnels et professionnels*. *[fait acte de]*
6. Un *chômeur* ou un ouvrier *renvoyé* peut s'adresser à l'Agence Régionale pour l'Emploi pour trouver *du travail*. *[licencié] [un poste]*
7. On fait *mettre* une annonce dans les *journaux de la région*. *[publier] [la presse régionale]*
8. Les grandes sociétés essaient de *commercialiser leur savoir-faire* en diffusant des brochures publicitaires ou par des annonces dans la *presse* internationale. *[faire connaître secteurs d'activité] [journaux]*
9. Les *services à assurer* et les *diverses clauses* d'une offre de services sont soumis par l'adjudicataire à la *société lançant l'appel*. *[prestations de services] [Maître de l'ouvrage]*
10. Étant donné l'*importance* des *sommes* engagées, la préparation des dossiers exige des études poussées et des *missions sur place*. *[quantité] [argent] [visites sur le terrain]*

II. Compléter les phrases suivantes:

1. Le ___*recrutement*___ des ouvriers et des cadres de maîtrise est *[agents?]* _____ par le service du personnel.
2. Les offres et demandes d'emploi ___*sont insérés*___ dans les journaux sous la rubrique "Annonces ___*d'emploi*___".
3. Quand on a fréquenté une ___*gde. école*___, on a reçu une bonne ___*formation*___.
4. Le bureau d'état civil délivre des ___*bulletins*___ de ___*naissance*___.
5. Un avocat reçoit des ___*honoraires*___ de ses clients, tandis qu'un fonctionnaire touche un ___*traitement/émolument*___ versé par l'État.
6. Le logement et la voiture de fonction ne sont pas des ___*avantages*___ offerts par n'importe quelle entreprise.
7. Les diplômes obtenus témoignent de ___*la formation*___ que l'on a reçue; ils ne sont pas la preuve d'une ___*formation*___ pratique.
8. Quand une entreprise est obligée de réduire son effectif, elle ___*licencie / renvoie*___ du personnel. Ces employés sont alors en ___*chômage*___.
9. "Polytechnique" est une ___*gde. école*___ comparable au M.I.T. en Amérique. Les diplômés de l'___*ENA*___ *[école nationale...]* sont familièrement appelés des "énarques".
10. La réalisation de ___*gds. travaux*___ exige le savoir-faire et les moyens des sociétés ___*nationales*___.

III. Compléter les phrases suivantes en vous servant de mots formés à l'aide des suffixes énumérés plus haut et selon les indications données entre parenthèses:

1. J'ai acheté cet appartement en _____ *co*propriété. (avec d'autres personnes)
2. Ce magazine est un _____ *bi*mensuel. (il paraît deux fois par mois) *une · tous les 2*
3. Il faudra _____ *re*penser notre politique commerciale en Afrique. (penser de nouveau)
4. Les travaux ne reprendront pas avant la _____ *mi*-septembre. (le 15 septembre)
5. Les _____ *micro*fiches donnent les normes du matériel utilisé. (écrites très petit)
6. Le gouvernement vient de prendre des mesures _____ *pro*-agricoles. (favorables à l'agriculture)
7. On ne vend plus le lait au _____ *demi*-litre. (par moitié de litre; par 50 cl)
8. Cette voiture de course est produite _____ *hors* série. (pas avec le reste)
9. Le système capitaliste suppose la _____ *libre* entreprise. (non réglementée)
10. La société d'assurances a demandé une _____ *contre*-expertise du sinistre. (une autre expertise pour contrôler les résultats de la première)
11. La SNCF délivre des cartes _____ *demi*-tarif pour ceux qui ont trois enfants. Ceux qui n'en ont pas doivent payer le _____ *plein*-tarif. (tarif de 50%/tarif entier)
12. Le _____ *non*-paiement de dettes peut entraîner des poursuites judiciaires. (manque ou absence de paiement)
13. Son _____ *ex*-femme lui a intenté un procès. (ancienne épouse)
14. Les liaisons aériennes _____ *inter*régionales en France sont assurées par Air Inter. (entre les régions)
15. Cet appareil est _____ *auto*-réglable. (se règle tout seul)

IV. Traduire:

En français:

1. When an expanding company needs supervisory personnel, it places ads in local and national papers.
2. Unskilled labor is last to be hired and first to be fired.
3. It is much easier to get a job when you have a good education and some experience.
4. Some companies offer on-the-job training under the supervision of qualified instructors.
5. The government has taken anti-inflationary measures but none against unemployment.
6. According to some estimates, the project implementation will start around mid-February.
7. Some companies provide their employees with housing and other benefits.
8. Prefeasibility studies require on-site inspections and the writing of several technical reports.
9. The contractor selected to implement a project and to have the owner of the project sign a memorandum of agreement.

10. Multinational companies like to hire college graduates with fluency in a foreign language.

En anglais:

1. L'agence nationale pour l'emploi essaie de placer les demandeurs d'emploi.
2. Pour recevoir son indemnité de chômage et garder ses droits à la sécurité sociale, un demandeur d'emploi doit être inscrit à l'ANPE.
3. Les chefs d'entreprise se plaignent que leurs offres d'emploi restent sans réponse.
4. Certaines entreprises manquant de personnel qualifié mettent sur pied des contrats emploi-formation avec l'ANPE.
5. Les jeunes, les femmes et les cadres âgés sont ceux qui éprouvent des difficultés sur le marché de l'emploi.
6. Une annonce dans les journaux attire l'attention de candidats désireux de changer de travail.
7. Le marché du travail est concurrentiel; il subit les lois de l'offre et de la demande.
8. Société Aéronautique recherche ingénieur grande école capable seconder responsable département technique.
9. École de Cadres de Lausanne: formation de base assurée par des spécialistes. Enseignement basé sur les méthodes actuelles du marketing et de la publicité.
10. Importante Société Française Import-Export recherche cadre technico-commercial. 5 ans expérience minimum. Connaissance de l'anglais souhaitée. Rémunération intéressante.

SUJETS DE DISCUSSION ET DE COMPOSITION

1. Comment la coopération entre les agences pour l'emploi et le syndicat des chefs d'entreprise pourrait-elle atténuer les problèmes de l'emploi?
2. Comparer les divers moyens permettant d'offrir ou de demander un emploi.
3. Quels sont les conseils que vous donneriez à un demandeur d'emploi en ce qui concerne: la lettre de candidature, la constitution de son dossier, la rédaction de son curriculum vitae et une éventuelle entrevue?
4. Quelles sont les compétences et qualifications que l'on attend d'un candidat à un poste de direction d'une grande société? Faites le portrait de ce candidat idéal sous forme d'une annonce à insérer dans un magazine comme *L'Express*.
5. Écrire une lettre de candidature en réponse à l'une des annonces mentionnées ci-dessus (Numéros 8 et 9).

Vie des cadres

Emploi : la reprise ?

Eclaircie sur l'emploi des cadres ! 40 000 postes leur étaient proposés dans les annonces de la presse en 1978 ; 50 000 l'année dernière. Cette tendance devrait encore s'améliorer dans les mois qui viennent, si l'on en croit les résultats de l'enquête semestrielle de l'Association pour l'emploi des cadres (Apec). Un échantillon de 2 500 entreprises, bien choisies, lui confient leurs intentions : vont-elles augmenter ou diminuer le nombre de leurs cadres pendant les six prochains mois ?

Une société sur trois va faire évoluer le nombre de ses cadres, en ce début de 1980 : 20 % dans le « bon » sens, par promotion interne ou recrutement, alors qu'une sur dix va les réduire. Comparées à celles de l'année dernière à pareille époque, ces intentions traduisent une nette amélioration (15 % affichaient une intention « défavorable », 18 % désiraient augmenter le nombre de leurs cadres !).

Les bénéficiaires sont les jeunes diplômés qui ont profité et profiteront de ce dégel du marché ; 23 % des entreprises ont embauché au cours des six derniers mois, contre 18 % pour les jeunes cadres et 21 % pour les cadres confirmés. Et, lors des six prochains mois, le nombre de recrutements de débutants sera encore supérieur.

Deux fonctions vedettes vont également faire l'objet d'offres nombreuses : les commerciaux et les techniciens de production. Après une période de stagnation généralisée, les chercheurs semblent à nouveau sollicités. Cependant, une tendance de fond limite le recours aux collaborateurs venus de l'extérieur. Crise oblige. La promotion interne semble de plus en plus utilisée : 23 % des sociétés ont promu des employés ou agents de maîtrise au poste de cadre, ces six derniers mois. Elles étaient 13 % il y a cinq ans.

Mais ce paysage reste contrasté. Certains secteurs ont sérieusement modifié leurs intentions depuis un an.

L'indice de l'Apec permet de déterminer les bons secteurs... et les autres.

▶ **Les bons secteurs :** c'est la construction aéronautique qui bat tous les records, avec 29 points. Cette euphorie laisse cependant sceptiques certains observateurs. Actuellement, ce sont surtout les sous-traitants qui embauchent quelques cadres, et souvent avec des contrats à durée déterminée de dix-huit mois... Les instruments et matériels de précision améliorent également leurs scores, mais l'évolution la plus intéressante concerne quelques secteurs « en difficulté » qui, après une période de creux, sont à la recherche de nouveaux talents. C'est le cas du cuir et de la chaussure (passant de — 14 à + 11), du papier carton (de — 11 à + 12) et surtout de la sidérurgie (de — 24 à + 9).

▶ **Les autres :** beaucoup plus rares que les précédents, il s'agit souvent de secteurs ayant connu un fort rythme de recrutement, aujourd'hui ralenti. Ainsi, la pharmacie passe de + 15 à — 7. Les assurances de 30 à 9, et le secteur des machines de bureau, dont les intentions restent nettement favorables, de 62 à 52. En revanche, les

Baromètre Apec-L'Express

104 situations proposées aux cadres en décembre, pour 109 en décembre 1978. La fonction « personnel » est l'une des moins animées du marché, avec 1 300 postes offerts l'année dernière et 110 recherches mensuelles en moyenne. Peu d'évolution marquante

industries agro-alimentaires, malgré les restructurations en cours, se montrent peu gourmandes en cadres (de 7 à 4).

A noter : un renversement de tendance spectaculaire. Il y a un an, l'animation du marché du travail était surtout le fait de sociétés moyennes. Les portes des grandes ne semblaient ouvertes que pour les départs... (indice — 6). Aujourd'hui, ce sont celles qui formulent les intentions les plus optimistes (+ 12). Les autres catégories d'entreprises ont, elles aussi, amélioré leurs prévisions.

Ce redressement sensible de la conjoncture suffira-t-il à contenir le nombre des cadres privés d'emploi ? Cela n'a pas été le cas en 1979. Le nombre de cadres chômeurs indemnisés est passé de 34 000 à 36 100. Les cadres débutants (9 500 en 1978, 11 700 en 1979) sont de plus en plus nombreux à s'inscrire à l'Apec : si des facteurs externes ne viennent pas bousculer les prévisions des sociétés, ils ne devraient pas y rester trop longtemps. **P. A.** ■

pour le Baromètre (chaque point mensuel correspond à la totalité des points enregistrés les douze mois précédents). Les recherches en spécialistes de formation concernent la moitié des postes proposés. Le plus souvent, celles-ci s'adressent à des ingénieurs ayant une expérience pratique des matières à enseigner. Les entreprises recrutent également des animateurs. Qualités souvent exigées : la maîtrise des techniques audio-visuelles et une certaine pratique de l'animation de groupe. Quelques postes de directeur de personnel de haut niveau sont également proposés. Une longue expérience concrète et des qualités de diplomatie sont alors nécessaires pour réussir la gestion du personnel et mener à bien les négociations sociales.

Contrairement à une idée reçue, il est possible de débuter dans cette fonction. Mais, le plus souvent, à des tâches administratives ou statistiques, comme les études de rémunérations, la réglementation sociale, pour lesquelles quelques entreprises recherchent les titulaires d'une licence ou d'un D.u.t. de gestion de personnel. A noter la création de quelques postes d'audit social et de responsables de communication interne.

début 1980

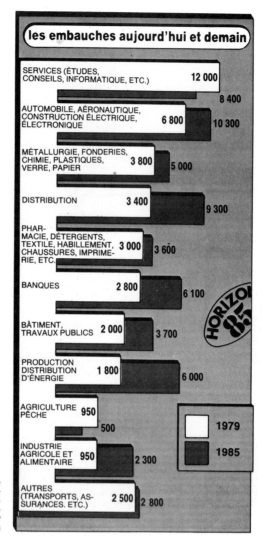

les embauches aujourd'hui et demain

	1979	1985
SERVICES (ÉTUDES, CONSEILS, INFORMATIQUE, ETC.)	12 000	8 400
AUTOMOBILE, AÉRONAUTIQUE, CONSTRUCTION ÉLECTRIQUE, ÉLECTRONIQUE	6 800	10 300
MÉTALLURGIE, FONDERIES, CHIMIE, PLASTIQUES, VERRE, PAPIER	3 800	5 000
DISTRIBUTION	3 400	9 300
PHARMACIE, DÉTERGENTS, TEXTILE, HABILLEMENT, CHAUSSURES, IMPRIMERIE, ETC.	3 000	3 600
BANQUES	2 800	6 100
BÂTIMENT, TRAVAUX PUBLICS	2 000	3 700
PRODUCTION DISTRIBUTION D'ÉNERGIE	1 800	6 000
AGRICULTURE PÊCHE	950	500
INDUSTRIE AGRICOLE ET ALIMENTAIRE	950	2 300
AUTRES (TRANSPORTS, ASSURANCES. ETC.)	2 500	2 800

HORIZON 85

Evolution de l'offre des premiers emplois. La marge d'erreur est de 10%, à cause de l'absence de chiffres officiels. (Sources : B. Krief et Observatoire national des entrées dans la vie active.)

EXERCICES DE RÉVISION (CHAPITRES 10, 11, 12)

I. Répondre aux questions suivantes:

1. Par quels termes désigne-t-on celui qui envoie une lettre et celui à qui elle est envoyée?
2. Vous écrivez, pour affaires, à M. Dubisenesse, Président-Directeur Général de la firme Lefrique. Que mettrez-vous comme en-tête et comme formule finale?
3. Qu'est-ce qu'une circulaire? un interligne? un formulaire?
4. Écrire la date suivante en français: August 17, 1979.

5. Donner 3 exemples de sinistres couverts par une assurance.
6. Qu'est-ce qu'une compagnie de réassurance?
7. Quelles est la différence entre la Sécurité Sociale française et la Social Security américaine?
8. Quelle est la différence entre une société d'assurance et une société mutualiste? Que paie-t-on dans chaque cas pour être couvert?
9. Vous cherchez du travail. Dans quelle partie du journal sera mise l'annonce que vous y aurez fait mettre? Sous quelle rubrique seront publiées les annonces concernant les postes disponibles?
10. Quelles seront les indications que porte un curriculum vitae?

II. Compléter les phrases suivantes:

1. Nous _____ réception de votre lettre _____ 15 courant.
2. Dans _____ de vous lire, veuillez _____, cher Monsieur, à _____ de mes _____ distingués.
3. Un sociétaire victime d'un accident de la route et ne pouvant temporairement travailler recevra _____ de la mutuelle pour _____.
4. Un accident corporel peut entraîner des _____ ou le _____ de la victime.
5. Firme de premier plan _____ un Directeur de Marketing. Le candidat _____ sera un _____ de l'enseignement supérieur.

III. Traduire:

En français:

1. I am in receipt of your order of February 2, 1979 and I thank you for it.
2. I wish to apply for the position of Industrial Engineer . . .
3. We regret to inform you that your insurance policy has expired.
4. Damages resulting from a traffic accident involving the insured's spouse will be covered up to $10,000.
5. Please send us your résumé and salary record. Hoping to hear from you, we remain,

Sincerely yours,

En anglais:

1. Je vous serais reconnaissant de bien vouloir remplir le formulaire ci-joint et de nous le faire parvenir par retour du courrier.
2. En réponse à votre lettre du 12 courant, nous vous communiquons la fiche technique de notre dernier modèle de machine à écrire.
3. Si vous n'êtes pas titulaire d'une Carte Verte, votre société d'assurance est dégagée de toute responsabilité en cas d'accidents de la route survenant à l'étranger.
4. La filiale d'une société canadienne recherche un cadre supérieur diplômé d'une Grande École. Son point d'attache sera Bruxelles.
5. Prière de faire parvenir votre dossier de candidature à l'Agence Dubouleau, Boîte Postale 143, Lille, qui transmettra.

chapitre 13
l'immobilier[1]

I. DÉFINITIONS

Sur le plan du droit,[2] on distingue parmi les biens corporels[3] ceux qui sont mobiles (biens meubles[4]) et ceux qui sont fixes ou immobiliers (biens immeubles[5]). Les bâtiments[6] et les fonds de terre,[7] qui ne peuvent être transportés d'un lieu à un autre sans être altérés, constituent, selon le Code Civil, des biens immobiliers. La propriété[8] d'un bien immeuble confère à son titulaire le droit d'en user, d'en jouir (c'est-à-dire de bénéficier de ses fruits et revenus) et d'en disposer matériellement ou juridiquement. Dans son acception courante, le terme immeuble désigne une construction (bâtiment, édifice, maison) servant soit comme lieu de travail soit comme lieu de résidence.

II. TYPES DE LOGEMENTS

Les locaux[9] industriels ou commerciaux font partie des immobilisations [1] utilisées par une entreprise dans l'exercice de son activité. Ils ressortissent au[10] capital de l'entreprise considérée et doivent donc être entrevus dans le cadre du secteur économique en question.

---

[1] *immobilier (m.)* real estate   [2] *droit* law   [3] *biens corporels* worldly goods   [4] *biens meubles* personal property, chattels, movables   [5] *biens immeubles* real estate, fixed property   [6] *bâtiments* buildings   [7] *fonds de terre* real property, land   [8] *propriété* ownership   [9] *locaux* facilities, premises   [10] *ressortissent à* come under

Les constructions servant d'habitations aux individus et aux familles constituent un secteur important de l'immobilier donnant lieu à[11] de nombreuses
transactions (achats, ventes, locations [2], etc.). On distingue parmi ces habitations:

1. La maison, ou bâtiment indépendant comprenant plusieurs pièces[12] notamment: une ou plusieurs chambres à coucher,[13] une salle à manger,[14] une salle
de séjour ou living-room, une cuisine,[15] une ou plusieurs salles de bains,[16] un
débarras,[17] un garage, etc. Une maison peut être à un ou plusieurs étages [3] et
peut comporter un entresol [4] ou un sous-sol. Quand une maison est située en
milieu rural elle est appelée maison de campagne. Beaucoup de citadins[18] français
possèdent une maison de campagne qu'ils utilisent comme résidence secondaire.
Quand celle-ci comporte un jardin ou un parc on la désigne par le terme de *villa*.

2. L'appartement, ou ensemble de pièces qui fait partie d'un ensemble plus
grand ou immeuble.

3. Le studio, ou unité de logement composée d'une pièce servant à la fois de
chambre à coucher, de salon et de salle à manger. Ce type d'habitation, servant
généralement de logement à une personne célibataire ou à un couple sans enfants,
se rencontre surtout en milieu urbain ou dans les lieux de villégiature [5].

III. DESCRIPTIFS

Les personnes, les agences ou les sociétés immobilières qui s'occupent de la
construction, de la vente ou de la location d'habitations en font la description
dans des brochures ou dans des annonces placées dans les rubriques immobilières[19]
de la presse. Dans le cas d'une vieille maison, le descriptif signale que le gros
oeuvre (fondations, murs et toiture[20]) sont en bon état. Pour les appartements
situés dans des immeubles anciens, la documentation indique la catégorie: *tout
confort* (tt cft), *sans confort* (ss cft) ou *courant*. Dans le cas d'immeubles récents,
on parle de confort ou de grand standing[21] et l'on désigne un appartement par F3
ou F4 selon qu'il comporte 3 ou 4 pièces principales dont un living, la cuisine, la
salle de bains (s.d.b.) et le W.C. [6] étant également compris. D'autres détails, tels
que l'exposition (ou ensoleillement), le chauffage[22] (central, individuel ou collectif),
et la vue (panoramique, sur la mer ou la montagne) et la distance par rapport au
centre ville (exemple: 30 min. Nice) sont également fournis.

Quand il s'agit d'appartements neufs mis en vente dans un immeuble en
copropriété,[23] on ne manque pas de signaler la surface et le prix du mètre carré
(exemple: dans une résidence grand confort située dans une station-village des

---

[11]*donnant lieu à* bringing about   [12]*pièces* rooms   [13]*chambres à coucher* bedrooms
[14]*salle à manger* dining room   [15]*cuisine* kitchen   [16]*salles de bains* bathrooms
[17]*débarras* storage room, catchall   [18]*citadins* city dwellers   [19]*rubriques immobilières* real
estate sections (of newspaper)   [20]*toiture (f.)* roofing   [21]*grand standing* luxury
[22]*chauffage* heating   [23]*copropriété* condominium

Alpes, ce prix atteignait 6900 F/M² début 1980). Les clients éventuels sont invités à visiter un appartement témoin ou à profiter d'un "sur place"[24] organisé par le vendeur à une certaine période. Un copropriétaire paie des charges pour l'entretien de l'immeuble.

IV. AUTRES TYPES DE PROPRIÉTÉS

L'augmentation du niveau de vie en France et la mode de la résidence secondaire suscitent la mise sur le marché immobilier de vieilles habitations rurales (fermes, mas provençaux,[25] châteaux et manoirs) pouvant être restaurées ou aménagées. Des terrains à bâtir ou terrains constructibles[26] sont également mis en vente par des propriétaires à court d'argent ou alléchés par la flambée des prix.[27] D'où la multiplication de lotissements,[28] les promoteurs ne peuvent construire n'importe où et sans permis de construire; mais cela n'empêche pas les groupements écologistes de crier à[29] la construction sauvage[30] et de constituer des associations de défense pour la protection de certains sites et de l'environnement en général. Il existe cependant une crise du logement[31] que le gouvernement et les collectivités locales essaient de résoudre par la création d'H.L.M. (habitations à loyer modéré) destinées aux couches sociales défavorisées.[32]

V. TRANSACTIONS IMMOBILIÈRES

Comme le marché boursier, le marché immobilier constitue un secteur économique où la spéculation n'est pas absente. La stabilité des valeurs immobilières attire les investisseurs désireux d'effectuer un placement sûr. Un investisseur moyen achète un ou plusieurs appartements qu'il met en location par l'intermédiaire d'une agence immobilière [7] et qu'il peut revendre quand il juge que les prix sont assez hauts. Dans les centres de villégiature (stations balnéaires,[33] villes d'eaux[34] et stations de sports d'hiver[35]), les vacanciers ou les curistes [8] recherchent des meublés[36] dont ils se réservent la location des mois à l'avance. Pour les propriétaires investisseurs, la rentabilité atteint jusqu'à 12% en location saisonnière [9].

Quand le contrat de location le permet, un locataire peut sous-louer[37] son appartement quand il ne l'occupe pas. Un chef de famille[38] désireux d'acquérir une maison mais ne disposant pas de l'argent nécessaire prend une hypothèque [10], c'est-à-dire qu'il se fait accorder un prêt en contractant une obligation. Cette

---

[24] *"sur place"* open house   [25] *mas provençaux* farmhouses in Southern France   [26] *terrains constructibles* residential lands   [27] *flambée des prix* skyrocketing of prices
[28] *lotissements* development of residential land; residential projects   [29] *crier à* denounce loudly   [30] *sauvage* wild, uncontrolled   [31] *crise du logement* housing crisis   [32] *couches sociales défavorisées* low-income groups   [33] *stations balnéaires* beach resorts   [34] *villes d'eaux* spas   [35] *stations de sports d'hiver* winter sports resorts   [36] *meublés* furnished apartments   [37] *sous-louer* to sublet   [38] *chef de famille* head of household

hypothèque confère au créancier le droit d'être payé sur le prix de vente de la maison grevée et le droit de suite, c'est-à-dire le droit de forcer le détenteur de la maison d'abandonner celle-ci ou d'en subir l'expropriation s'il ne peut acquitter le montant de sa dette. Les actes notariés[39] sanctionnant ces hypothèques sont inscrits sur les registres du bureau de conservation des hypothèques de l'arrondissement. Le chef de famille ayant contracté une telle obligation, effectue des versements mensuels à la caisse hypothécaire[40] qui lui a avancé les fonds, versements comportant une part de capital, une part d'intérêt, des impôts divers et une assurance. Tout bien immeuble peut être hypothéqué comme garantie de paiement d'une créance ou d'un prêt. Les hypothèques sont transmissibles. Les agences et sociétés immobilières qui disposent d'un fichier informatisé[41] facilitent l'achat et la vente de biens immobiliers en mettant en contact acquéreur et caisse hypothécaire.

ÉTUDE DU VOCABULAIRE

[1] *immobilisations*   biens acquis ou créés par une entreprise et servant à son exploitation; ils sont inscrits à son actif (terrain, installations, équipement, etc.) ("fixed assets").

[2] *location*   action de louer ("rent"). Le propriétaire qui loue reçoit un *loyer* ("rent, rental fee") du *locataire* ("tenant, renter"). La location est effectuée par l'intermédiaire d'un contrat appelé *bail* ("lease"). Quand il s'agit d'une terre, il est question d'un *bail à ferme* ("farming lease"). Un *bail emphytéotique* est un bail de 99 ans ("ninety-nine-year lease"). Un bail peut être *résilié* ("canceled") ou *renouvelé* ("renewed").

[3] *étage*   division formée par les *planchers* ("floors") dans la hauteur d'un bâtiment. Le *rez-de-chaussée* ("first floor") est le plancher situé au niveau du sol. Le premier étage français correspond donc au "second floor" américain.

[4] *entresol*   logement situé entre le rez-de-chaussée et le premier étage. Le *sous-sol* est l'étage situé en partie au-dessous du rez-de-chaussée (abrév.: *ss-sol*). La *cave* ("cellar") est un local souterrain généralement situé au dessous du rez-de-chaussée, tandis que le *grenier* ("attic") est l'espace utilisable qui se trouve au-dessus de la pièce du dernier étage.

[5] *villégiature*   séjour récréatif à la campagne; lieu de ce séjour.

[6] *W.C.*   abréviation de l'anglais *water closet*; cabinet d'aisances. Dans un lieu public (café, restaurant, etc.), on désigne cet endroit par le terme de *toilettes*.

[7] *agence immobilière*   société spécialisée dans les transactions immobilières dans lesquelles elles servent d'intermédiaires moyennant une *commission* ("fee"). Un *agent immobilier* ("real estate agent") peut également assurer la gestion d'un appartement loué, trouver un locataire, vérifier les charges payées par un copropriétaire ou bien faire expertiser les biens fonciers de ses clients.

[8] *curiste*   personne qui fait une cure dans une ville d'eaux comme Vichy, Évian ou Aix-les-Bains.

---

[39] *actes notariés*   notarized deeds   [40] *caisse hypothécaire*   mortgage loan office or association
[41] *fichier informatisé*   computerized listing

[9] *location saisonnière* location d'un appartement durant une certaine saison. Les locataires sont plus rares en *saison creuse* ("off season"). Il est question d'une *location vente* quand le locataire s'engage à acheter l'appartement loué.

[10] *hypothèque* une propriété hypothéquée est *grevée* ("encumbered") d'une *hypothèque* ("mortgage"). On distingue les sortes d'hypothèques suivantes:

> *hypothèque de premier rang*, first mortgage
> *hypothèque judiciaire*, mortgage by court order
> *hypothèque pour sûreté d'un crédit*, equitable mortgage
> *deuxième hypothèque*, second mortgage

On peut:

> *amortir une hypothèque*, to redeem a mortgage
> *constituer une hypothèque*, to create a mortgage
> *emprunter sur une hypothèque*, to borrow on a mortgage
> *lever une hypothèque*, to raise a mortgage
> *purger une hypothèque*, to pay off a mortgage

Au *Bureau des Hypothèques* ("Mortgage Registry"), le *conservateur* ("registrar") inscrit les hypothèques dans des *bordereaux* ("lists") officiels.

REMARQUE

Les Suffixes: sens et emploi

Les suffixes sont des éléments qui, placés après un radical, forment des dérivés. La suffixation joue un rôle important dans la formation du vocabulaire. Il est donc utile de connaître les divers suffixes, le type de transformation qu'ils entraînent et le genre (masculin ou féminin) qu'ils donnent aux substantifs obtenus par dérivation.

1. *Les suffixes substantivaux*

   (a) Noms d'action, d'état ou de qualité (dérivés de verbes ou de substantifs):
   -ade (f.) parer, parade; enfiler, enfilade
   -age (m.) chauffer, chauffage; garer, garage; vernir, vernissage
   -aille (f.) trouver, trouvaille; fer, ferraille
   -at (m.) salaire, salariat; patron, patronat
   -(a)tion, -(i)tion, -ssion, -xion (f.) opérer, opération; comprimer, compression
   -ée (f.)(indique le contenu) bouche, bouchée; cuiller, cuillerée
   -erie (f.)(sert à former des mots qui indiquent une industrie ou le lieu où s'exerce
      une activité) ciment, cimenterie; papier, papeterie; verre, verrerie
   -ment (m.) équiper, équipement; classer, classement; investir, investissement
   -ure (f.) signer, signature; ouvrir, ouverture; relier, reliure

   (b) Noms d'agent, de métier ou d'instrument (dérivés de verbes ou de substantifs):
   -aire (m./f.) faux, faussaire; louer, locataire; propriété, propriétaire

-eur (m.), -euse ou *-trice (f.)*   contrôler, contrôleur; moissonner, moissonneuse; opérer, opératrice

-ien (m.), -ienne (f.)   électronique, électronicien; informatique, informaticienne

-ier (m.), -ière (f.)   cuisine, cuisinier; épice, épicière

-ant (m.), -ante (f.)   fabriquer, fabricant; diriger, dirigeante

-oir (m.), -oire (f.)   arroser, arrosoir; patiner, patinoire

-iste (m./f.)   journal, journaliste; publicité, publiciste

(c) Noms de qualité, d'état ou de système (dérivés d'adjectifs):

-ance (f.)   élégant, élégance; puissant, puissance

-ence (f.)   conscient, conscience; fréquent, fréquence

-erie (f.)   sensible, sensiblerie

-esse (f.)   adroit, adresse; fin, finesse; petit, petitesse

-eur (f.)   chaud, chaleur; rond, rondeur

-eté, -ité, -té (f.)   propre, propreté et propriété; solide, solidité; cher, cherté

-ise (f.)   expert, expertise; fainéant, fainéantise

-isme (m.)   optimiste, optimisme; libéral, libéralisme; absent, absentéisme

-itude ou *-tude (f.)*   seul, solitude; apte, aptitude; inquiet, inquiétude

2. *Les suffixes adjectivaux*

(a) Adjectifs dérivés d'un substantif:

-ain (m.), -aine (f.)   Afrique, africain; Amérique, américain

-aire (m./f.)   déficit, déficitaire; excédent, excédentaire; milliard, milliardaire

-ais (m.), -aise (f.)   France, française; Orléans, orléanais

-al (m.), -ale (f.)   été, estival; gouvernement, gouvernemental

-ard (m.), -arde (f.)   montagne, montagnard; Smic,* smicard

-eux (m.), -euse (f.)   brume, brumeux; nuage, nuageuse

-esque (m./f.)   livre, livresque; Ubu, ubuesque

-ien (m.), -ienne (f.)   Égypte, égyptien; musique, musicienne

-ier (m.), -ière (f.)   finance, financier; saison, saisonnière

-if (m.), -ive (f.)   nom, nominatif; spéculation, spéculative

-ique (m./f.)   économie, économique; journaliste, journalistique

-oire (m./f.)   opération, opératoire; prémonition, prémonitoire

-ois (m.), -oise (f.)   Albi, albigeois; Lille, lilloise

-u (m.), -ue (f.)   chair, charnu; touffe, touffu

(b) Adjectifs dérivés de verbe et d'autres adjectifs:

-able (m./f.)   faire, faisable; durer, durable

-al (m.), -ale (f.)   commun, communal

-âtre (m./f.)   jaune, jaunâtre; noir, noirâtre

-aud (m.), -aude (f.)   noir, noiraud; rouge, rougeaude

---

* *Smic* acronyme signifiant Salaire Minimum Interprofessionnel de Croissance. Institué en 1970, il a remplacé le Smig (Salaire Minimum Interprofessionnel Garanti) qui est l'équivalent du ''Minimum Hourly Wage'' américain. Un smicard (nuance péjorative) est un ouvrier gagnant à peine le minimum.

-el (m.), -elle (f.)   accident, accidentel; artifice, artificielle
-ible (m./f.)   transmettre, transmissible; voir, visible

3. *Les suffixes verbaux (pour la formation de mots techniques)*
   -er   béton, bétonner; classe, classer; programme, programmer
   -ifier   code, codifier; électrique, électrifier; identité, identifier
   -ir   blanc, blanchir; jaune, jaunir; rouge, rougir
   -a(comme préfixe)   mer, amerrir; lune, alunir; terre, atterrir
   -iser   sensible, sensibiliser; synthèse, synthétiser; informatique, informatiser

4. *Le suffixe adverbial: -ment*

   Il sert à former des adverbes (comme l'anglais "-ly") à partir d'adjectifs quali-ficatifs: automatique, automatiquement; rapide, rapidement; puissant, puissamment; ardent, ardemment; fréquent, fréquemment. Noter qu'avec les adjectifs en -*ant* et -*ent*, le *t* disparaît et le *m* est doublé.

   Cette dérivation de l'adverbe n'est pas possible avec tous les adjectifs; quand un adverbe non dérivé de -*ment* (comme *bien*, *vite*, etc.) n'existe pas, on a recours à des locutions adverbiales: *avec charme / d'un air charmant* ("charmingly"); *par inadvertance* ("inadvertently"). Parfois la dérivation est possible à côté d'un adverbe ou d'une locution adverbiale déjà existants:

   rapide, rapidement / vite / avec rapidité / en vitesse
   élégant, élégamment / avec élégance
   fréquent, fréquemment / souvent / avec fréquence

QUESTIONS

1. Qu'appelle-t-on biens immeubles ou immobiliers?
2. Quels sont les droits qu'implique la propriété? *en user, en jouir, en disposer*
3. Que désigne le terme *immeuble* dans son sens usuel? *bâtiment de travail ou résidence*
4. Quels sont les types de logements que peut occuper une famille en milieu rural? en ville? *villa, maison, apt., studio*   *maison de campagne villa*
5. Quelles sont les pièces principales d'une maison ou d'un appartement? Quelles sont les emplacements que l'on ne compte pas dans le nombre des pièces? *living, cuisine, salle de bains*
6. Qu'appelle-t-on résidence secondaire? villa?
7. Qu'est-ce qu'un studio? Où en trouve-t-on? Qui l'occupe en général? *céliba., couples sans enfants*
8. Que trouve-t-on dans la rubrique immobilière d'un journal? *personnes, agences, sociétés immob.*
9. Quelles sont les indications que l'on donne dans une annonce concernant un appartement à vendre ou à louer? *prix, pièces, qualité (confort), exposition, chauffage, kms. du centre ville*
10. Dans quel cas dit-on que l'on est copropriétaire d'une maison, d'un appartement?
11. Quelles sont les conséquences de l'amélioration du niveau de vie français sur le marché de l'immobilier? *crise de locations   habitations   loyer modéré*
12. À quel besoin répond la construction d'H.L.M.?
13. Comment peut-on spéculer dans le domaine des valeurs immobilières?
14. Qui loue quoi dans les centres de villégiature? *meublés loués par investisseurs*
15. Quand prend-on une hypothèque? Qui avance les fonds nécessaires? Comment rembourse-t-on ce prêt? *mensuellement   Caisse hypothécaire*

EXERCICES

I. Compléter les phrases suivantes:

1. À l'inverse des biens meubles, les _biens immeubles_ ne peuvent être _transportés_ sans être _altérés_.

2. Un propriétaire a le droit de _user; disposer_ de son immeuble et de bénéficier de _ses fruits et revenus_.

3. Les _locaux_ commerciaux font partie des _immobilisations_ d'une société.

4. Les maisons et les appartements sont des types de _biens immobiliers / logement_ que l'on peut _louer_, vendre ou acheter.

5. Les agences immobilières s'occupent de _construction, vente, location_; elles mettent en contact le propriétaire d'un appartement et le _locataire_ intéressé.

6. Appartement à _louer_. Tout _confort_. Vue _panoramique/sur la mer_ _30 min._ de Cannes.

7. Un propriétaire d'appartements en copropriété invite les éventuels acheteurs à visiter un _appt. témoin_ ou à profiter d'un "_sur place_".

8. Certains Français achètent de vieux _châteaux, manoirs_, les _restaurent / aménagent_ pour en faire une _résidence_ secondaire.

9. Les groupements écologiques sont contre _la construction sauvage_ et pour _protection de sites et de l'environnement_.

10. Les vacanciers et les curistes préfèrent louer des _meublés_. Le loyer de ceux-ci est plus élevé en _haute / pleine_ saison qu'en saison _creuse / morte_.

II. Remplacer les mots ou expressions en italique par des équivalents:

1. _Du point de vue juridique_, on distingue les biens _mobiles_ et les biens _fixes_. [Sur le plan du droit / meubles / immeubles]
2. Cet édifice _m'appartient_ mais je ne _l'occupe_ pas; je le loue.
3. Dans cette maison, le débarras se trouve _au-dessous du rez-de-chaussée_ et la chambre à coucher _à l'étage supérieur_ (bien positionner l'adjectif). [au sous-sol / au 1er étage]
4. _Les fondations, les murs et la toiture_ de ce _bâtiment_ sont en mauvais état. [Le gros œuvre / édifice]
5. Dans cet appartement _de luxe_, le _living_ est très spacieux. [tout confort / la salle de séjour]
6. L'entretien de cet immeuble _appartenant à plusieurs propriétaires_ entraîne des _frais_ dont chacun d'eux paie une quote-part. [grand standing / en copropriété / charges]
7. Les terrains _constructibles_ rapportent beaucoup aux promoteurs qui ont reçu _l'autorisation de bâtir_. [à bâtir / le permis de construire]
8. Les associations écologistes _protestent contre_ la construction _incontrôlée_. [crient à / sauvage]
9. La construction d'H.L.M. vise à résoudre _les problèmes en matière d'habitations_ dont souffrent certaines _catégories sociales ayant de faibles revenus_. [la crise du logement / couches sociales défavorisées / pris une hypothèque]
10. Mon père a _contracté une obligation_ pour l'achat d'une maison. Le _document officiel_ est inscrit au Bureau de Toulouse. [acte notarié]

III. Sur la base des mots employés dans le texte, trouver les dérivés des mots ci-après pour indiquer:

(a) les noms d'agent ou de métier: acquérir, conserver, détenir, promouvoir, vendre.

(b) les noms d'action, d'état ou de qualité: altérer, construire, créer, louer, résider.
(c) les adjectifs: confort, construire, décrire, gouvernement, Toulouse.
(d) des verbes: document, hypothèque, profit, transport, utile.
(e) des adverbes: autre, courant, juridique, légal, nécessaire.

IV. Traduire:

En français:

1. Apartment hunting is more and more difficult for renters because most of the apartments available are sold as condominiums.
2. Rental housing is scarce today because very little construction is taking place.
3. His landlord raised the rent for his two-bedroom apartment. He is now paying more than a quarter of his gross income for housing.
4. The decline of the dollar on the world currency market has made real estate in the U.S. very attractive to foreign investors.
5. Many houses are for sale but few buyers can afford the present mortgage interest rate.
6. This two-story house is situated in a wooded area, 20 km from a ski resort. Has all amenities. Good lease.
7. Condominium, furnished; 2 bdrm/2 baths; ocean view. Lease $700/mo.
8. The government is trying to relieve the housing shortage by subsidizing construction of low-income units.
9. This piece of property is mortgaged; the notarized deed was registered with the Mortgage Registry Office.
10. Condominium owners have to pay monthly charges for the maintenance of the building.

En anglais:

1. La location d'un appartement grand standing peut rapporter de l'argent à son propriétaire s'il a un bon agent immobilier.
2. Étant donné l'instabilité des valeurs mobilières, un placement dans l'immobilier est peut-être moins rentable mais plus sûr.
3. La construction des H.L.M. n'a pas résolu la crise du logement.
4. Un terrain à bâtir bien situé peut rapporter de l'or si l'on y construit des immeubles en copropriété.
5. Si vous avez des appartements à vendre ou à louer, adressez-vous à notre agence; notre conseiller vous aidera à trouver un acheteur ou un locataire.
6. Résidence "Le Revard": studios confortables de 25 m², cuisine équipée, salle de bains, vue panoramique. À partir de 160 000 F. Tél.: 35-23-75.
7. Les clés de votre nouvel appartement vous seront remises à la signature du contrat.
8. Ce bail emphytéotique arrive à expiration dans dix ans. Il pourra alors être renouvelé ou résilié après négociations entre les deux parties.
9. Les caisses hypothécaires hésitent à accorder des prêts après la récente augmentation du taux d'intérêt.
10. Les appartements à louer sont difficiles à trouver dans cette ville d'eaux car les curistes s'en réservent la location durant la pleine saison.

SUJETS DE DISCUSSION ET DE COMPOSITION

1. Certaines familles préfèrent vivre en appartement en plein centre plutôt que dans des maisons en banlieue. Comparer les avantages et les inconvénients de ces deux modes d'habitations.
2. Quels sont traditionnellement les rapports entre propriétaires et locataires?
3. Faites la description de la maison de vos rêves.
4. Que pensez-vous de l'immobilier si vous étiez un investisseur? Quels sont les avantages et les dangers de cette sorte de placement?
5. Comment le gouvernement peut-il intervenir efficacement dans le domaine de l'immobilier pour encourager la construction de nouveaux immeubles, résoudre la crise du logement et ce, sans gêner les éventuels investisseurs?

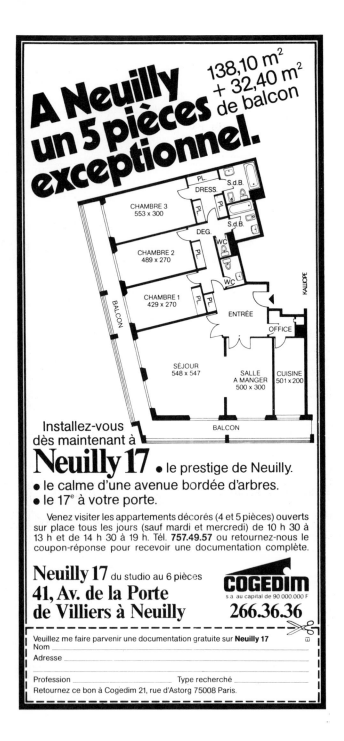

L'Immobilier International : ancien

Paris et Région Parisienne

VIAGERS – F. CRUZ
Appartements, locaux, villas, immeubles entiers ou par lots
8, RUE LA BOÉTIE, 75008 PARIS. Tél. 266.19.00

PARIS
LOUEZ un appartement meublé dans le 3e, 8e, 9e, 15e, 16e, par SEMAINE - QUINZAINE - MOIS.
Descriptifs sur demande, du STUDIO au 4 PIÈCES.
ACHETEZ en toute confiance l'une des 1 036 affaires sélectionnées par le Groupe ORPI.
Rentabilité jusqu'à 12 % en location saisonnière.
● 48, rue des Accacias ● 21, rue de l'Arc-de-Triomphe
75017 Paris - Métro Étoile - Tél. 380.15.06 - 380.43.23
Télex 650.794 F
LOVAC

50 mètres PLACE WAGRAM
Appartement 275 m². Très grand standing, magnifique réception, tout confort, chauffage central individuel gaz. Possibilité profession libérale.
Prix : **2.300.000 F**
M. VIRETON, 159, av. de Wagram, 75017 Paris. Tél. **763.80.98**.

L'UNION PARISIENNE DES ÉTUDIANTS LOCATAIRES

RECHERCHE DE TOUTE URGENCE

chambres - studios - appartements
susceptibles d'être loués à des étudiants
ADRESSEZ-VOUS DÈS MAINTENANT A :
L'U.P.E.L., 120, rue Notre-Dame-des-Champs
75006 PARIS - Tél. : **633.30.78**
(24 h sur 24 pour laisser votre message)
Heures d'ouverture : lundi à vendredi, 10 h 30-12 h 30, et 14 h 30-18 h

Provence Côte d'Azur

A 14 km DE CANNES
Mas XVIIIe, entièrement restauré. 6 chbres, 5 s. de b., séjour voûté, salon, cheminée, cuis. équipée. 3 garages sur côteaux ensoleillés. Très belle vue, 3900 m² arboré, piscine. Libre immédiatement.
SILOA, Saint-Jacques-de-Grasse - Tél. **(93) 36.04.54 et 70.04.54**

CANNES-CALIFORNIE : Très bel appartement. 250 m² + terrasse 60 m². Garage, cave + chambre de personnel. Vue panoramique.
Prix : **2.500.000 F**
Agence MÉRIMÉE, 13, square Mérimée, 06400 CANNES.
Tél. : 16 (93) 39.07.05 - 16 (93) 39.08.36

AGENCE ALMO
P. VERLINDEN
Appartements
Propriétés - Terrains
Commerces
Fichier informatisé - Réseau GICAP
120, rue d'Antibes - 06400 CANNES - Tél. : **16 (93) 38.50.39**

CÔTE D'AZUR - MOUGINS (6 km de CANNES)
très belle vue mer - Villa comprenant : entrée - living sur terrasse - 4 CHAMBRES - une SALLE DE BAINS - une DOUCHE - toilettes. Dépendances. Terrain de 1 500 m² environ. Confort. Prix : **1 500 000 F. LES PIERRES** - place du Village, B.P. 5 - 06250 MOUGINS. Tél. : **16-93-75.51.50.**

Magnifique propriété
VUE PANORAMIQUE SUR LA RADE DE VILLEFRANCHE
1 600 m² + maison de gardien – parc, piscine : **2 650 000 F**
Important fichier de propriétés, villas, appartements.
Immobilier International, Ct-Mouquet,
4, bd de la Corne-d'Or, Villefranche-sur-Mer - (93) 56.07.36.

Agence CPS
Transactions immobilières ● Administration de biens ●
Appartements ● Villas ● Terrains ● Propriétés
15, place aux Aires - 06130 GRASSE - Tél. : **16 (93) 36.69.76**

NICE 6 km
Particulier vend terrains boisés 12 438 m², constructibles, vue panoramique.
Prix : **400 000 F** comptant
Écrire à M. LEROY, 9 bis, rue Pérignon, 75015 Paris
Tél. : **567.12.19** - avant 10 h

Autres régions de France

Près d'Argenton-sur-Creuse
Dans un village méridional, classé dans son ensemble monument historique, sur un jardin en terrasses de 1 800 m², bénéficiant d'une vue exceptionnelle et imprenable.

Belle et grande maison ancienne
Au rez-de-chaussée : cuisine équipée, office, séjour, salle à manger d'été, entrée. À l'étage : huit pièces et salle de bains moderne. Dans un bâtiment annexe, dix pièces habitables et pièces de service. Le tout entièrement meublé. Chauffage central installé. Prix total : **600 000 F.**
S'adresser à l'Express International, sous référence 214, qui transmettra.

HAUTES-PYRÉNÉES
(entre Tarbes et Rabastens)
A vendre 5 terrains dont certains à bâtir.
Emplacement exceptionnel - vue splendide.
Écrire à M. Y. ALLIOT - Agence de l'Étoile,
7 bis, rue André-Fourcade - 65000 TARBES
Tél. : **16 (62) 93.24.38**

Etranger

BUCKS COUNTY, PENNSYLVANIA, U.S.A
HISTORIC PROPERTY QUEEN ANNE PERIOD
18 1/2 acres stone house, pool, guest house, stone barn. Elegant decor:
335.000 $. N.Y.C.: 1 1/2 HR. Phila: 1 HR.
RICHARD STRYCHARZ, 21 E. 57 ST. N.Y. 10022
Tel: Days: **(215) 862 9215.** Eves: **(212) 755 0465.**

BALÉARES - MINORQUE
L'île sans pollution
Villa standing, entièrement meublée, décorée, première ligne sur mer. Séjour avec cheminée, 3 chambres, salle de bains, cuisine équipée, terrasse, solarium, piscine copropriété, amarrage bateau à proximité.
NATURA PARK S.A.,
40, avenue Marceau, 75008 PARIS
Tél. : **554.31.85 ou 723.99.33**

Pour tous renseignements s'adresser à L'EXPRESS INTERNATIONAL - François-Xavier GELIN, 61, avenue Hoche, 75008 PARIS. Tél. : 755.97.98. Télex : 650009.

chapitre 14
la fiscalité: taxes et impôts

I. BUT DE LA FISCALITÉ

Quelles que soient la nature et l'envergure d'un groupe social organisé en tant que collectivité, la satisfaction des besoins collectifs (défense, administration, instruction, justice, services publics,[1] etc.) nécessite des fonds. Ces fonds, ou recettes dans le budget de la collectivité, proviennent en majeure partie (plus de 90% en France) des impôts [1] payés par les citoyens qui la composent. Cette participation financière des particuliers[2] est aussi désignée par le terme de *contributions* [2].

L'ensemble des administrations chargées de l'assiette[3] et du recouvrement[4] des impôts s'appelle le fisc [3]. La fiscalité est le système ou l'ensemble de la législation relative à l'impôt.

II. CATÉGORIES DE CHARGES FISCALES

Du point de vue administratif et légal, on distingue deux catégories de contributions: les impôts directs et les impôts indirects.

---

[1] *services publics* public utilities   [2] *particuliers* individuals   [3] *assiette (f.)* (tax) base
[4] *recouvrement* recovery

1. Les Impôts directs

Ces impôts frappent les revenus des personnes physiques (impôt individuel[5]) et morales (impôt sur les bénéfices des sociétés[6]). En ce qui concerne les personnes physiques, la plupart des législations fiscales imposent les revenus selon une échelle progressive.[7] Le taux d'imposition[8] croît avec le revenu selon un barème[9] établi en fonction de tranches d'imposition[10]: plus les revenus sont élevés, plus les impôts percevables [4] sont lourds. La justice fiscale veut également que les revenus inférieurs à un certain montant soient exonérés [5] d'impôts et que les bénéfices réalisés dans les transactions commerciales soient passibles d'impôts.[11] C'est ainsi que les plus-values[12] sur les titres ou sur les valeurs mobilières ou immobilières sont assujetties[13] à l'impôt aux U.S.A. alors qu'en France les gains boursiers[14] y échappent. Le taux d'imposition des plus-values est d'autant plus fort que le délai écoulé[15] entre l'achat et la revente des valeurs est bref (plus-values à court terme). Ce délai varie d'une législation à l'autre. La part des revenus affectée[16] à l'achat de valeurs d'État (bons du Trésor, par exemple) ou mise de côté dans une caisse de retraite est exempte d'impôt[17] selon des conditions bien définies. Le gouvernement peut également accorder des dégrèvements[18] fiscaux pour encourager certains secteurs de l'économie ou pour mettre en pratique une nouvelle politique économique (incitation à l'épargne, à l'investissement, conservation de l'énergie, etc.).

2. Les Impôts indirects

Ces contributions interviennent à la suite de transactions économiques et commerciales. Impôts sur la consommation et la dépense, elles constituent la principale source de recettes pour l'État français (un peu moins de 60%). Cette catégorie d'impôts comprend notamment:

pourquoi?

Les droits de douane qui frappent d'autant/plus lourdement les produits importés que ceux-ci gênent la production domestique ou tendent à déséquilibrer la balance des paiements (exemple actuel de la taxe française sur les produits pétroliers);

Les taxes de régie[19] perçues sur les produits fabriqués et consommés à l'intérieur du pays;

Les taxes sur les ventes[20];

Les taxes sur les prestations de services (commission, courtage,[21] etc.);

---

[5] *impôt individuel* personal income tax   [6] *impôt sur les bénéfices des sociétés* corporate income tax   [7] *échelle progressive* progressive, graduated scale   [8] *taux d'imposition* assessment rate   [9] *barème* scale   [10] *tranches d'imposition* tax brackets   [11] *passibles d'impôts* taxable, liable for tax   [12] *plus-values* appreciation, increment values   [13] *assujettis* subject to, liable to   [14] *gains boursiers* Stock Exchange profits   [15] *délai écoulé* time elapsed   [16] *affectée* earmarked, allocated, appropriated   [17] *exempte d'impôt* tax-exempt, tax-free   [18] *dégrèvements* (tax) cuts   [19] *taxes de régie* excise taxes   [20] *taxes sur les ventes* sales taxes   [21] *courtage* brokerage, commission

La taxe à la valeur ajoutée [6] (TVA) qui est perçue en France et qui est comparable à un impôt sur la plus-value;

Les taxes spéciales perçues sur certains produits (alcools, tabac, etc.), sur certaines activités (spectacles, taxe d'atterrissage ou de décollage[22] à l'aéroport) ou dans certains cas particuliers (taxe successorale[23]);

Les droits de timbre et d'enregistrement.[24]

III. EXPLOITATION ET PERCEPTION DES IMPÔTS

En France, les contributions—qu'elles soient directes ou indirectes—relèvent [7] de l'État, qui en assure la perception et l'exploitation. Aux U.S.A., l'impôt sur le revenu, retenu à la base[25] pour les contribuables recevant un salaire régulier, relève obligatoirement du gouvernement fédéral bien que la plupart des États en prélèvent [8] également une part; les contributions indirectes sont exploitées par les collectivités régionales et locales (États, comtés ou communes) selon un taux qui varie d'un lieu à l'autre.

Chaque contribuable, personne physique ou morale, est tenu chaque année de remplir sa feuille de déclaration d'impôts.[26] Un contribuable américain a droit à un certain nombre de déductions (notamment pour charges de famille[27]) et d'exonérations prescrites par la législation fiscale en vigueur (sur les frais médicaux, l'intérêt sur les prêts hypothécaires et autres dettes). Les déclarations couvrant l'année écoulée sont envoyées au bureau de perception régional avant une date limite[28] (le 22 février en France, le 15 avril aux U.S.A). Le percepteur les contrôle et peut, à l'occasion, rembourser le trop-perçu[29] ou exiger un complément si le montant retenu est inférieur au montant percevable. Les sociétés sont soumises au même régime, seules les formules d'imposition étant différentes. L'État, grâce à des fichiers informatisés, maintient les rôles des impôts et essaie de minimiser l'évasion ou la fraude fiscale.[30] Les inspecteurs des contributions veillent à[31] ce que les infractions n'aient pas lieu et les commissaires-vérificateurs[32] procèdent à des contrôles dans les cas suspects.

Pour éviter les erreurs, les démêlés[33] avec le receveur des contributions ou les vérifications[34] inattendues et gênantes, certains se font remplir leurs feuilles d'impôts par un conseiller fiscal.[35] Dans le cas d'une société, cette responsabilité échoit [9] au service de comptabilité où des experts en matière de fiscalité et de contentieux[36] calculent le montant de l'impôt percevable.

La France et les États-Unis ont récemment conclu un accord dans le domaine

---

[22] *taxe d'atterrrissage, de décollage* landing, take-off tax   [23] *taxe successorale* inheritance tax
[24] *droits de timbre et d'enregistrement* stamp duties and registration fees   [25] *retenu à la base* withheld as you go   [26] *feuille de déclaration d'impôts* income tax form
[27] *déductions. . .pour charges de famille* personal deductions   [28] *date limite* deadline   [29] *trop-perçu* overpayment   [30] *évasion, fraude fiscale* tax evasion, fraud   [31] *veillent à* make sure
[32] *commissaires-vérificateurs* tax auditors   [33] *démêlés* trouble   [34] *vérifications* audits
[35] *conseiller fiscal* tax consultant   [36] *contentieux* legal domain, claims department

fiscal pour éviter à leurs ressortissants respectifs d'avoir à payer doublement des impôts quand ils résident dans l'autre pays.

Les structures fiscales varient d'un pays à l'autre et selon le système économique en vigueur. Elles sont loin d'être permanentes et il n'est pas rare que des réformes interviennent pour les adapter à la conjoncture[37] économique. Cependant un fait demeure, comme l'a si bien dit l'Américain Benjamin Franklin au Français Jean-Baptiste Le Roy: "On peut dire que rien en ce monde n'est certain excepté la mort et les impôts."

ÉTUDE DU VOCABULAIRE

[1] *impôt* charge, taxe ou droit imposé par les lois du pays permettant à l'État de subvenir à ses dépenses. Les *impôts directs* sont perçus par voie de *rôles* ("assessment books") nominatifs et frappent les revenus, les bénéfices industriels et commerciaux et les valeurs mobilières, foncières, etc. Les *impôts indirects* sont assis sur les produits de consommation. *Imposer* signifie frapper d'un impôt ("to levy"). Un produit ou un revenu est dit *imposable* quand il est sujet à un impôt. Les *impositions* constituent l'ensemble des droits, taxes, etc., dont on frappe les personnes, les produits et les services.

[2] *contribution* part que l'on contribue aux dépenses publiques. Le *contribuable* est la personne qui paie cette part. Le terme de *contributions* désigne également l'administration chargée d'asseoir et de percevoir les impôts.

[3] *fisc* désignait, à l'origine, le trésor public. Maintenant, il signifie l'ensemble des administrations chargées de l'assiette et de la perception des impôts ("Internal Revenue Service" aux U.S.A.). Le fisc dépend du Ministère des Finances (rue de Rivoli, à Paris). Est *fiscal* ce qui se rapporte au fisc, c'est-à-dire aux impôts. La *fiscalité* constitue le système fiscal, l'ensemble des lois et des mesures relatives aux impôts, taxes, droits, etc.

[4] *percevable* susceptible d'être perçu ("leviable," "collectable"). Le *percepteur* est celui qui est chargé de la *perception*. On l'appelle aussi le *receveur* des impôts. Le percepteur ("tax collector") travaille au Bureau de perception ("I.R.S. Office," "Collector's Office").

[5] *exonérer* libérer d'une dette, d'un impôt ou d'une obligation ("to exempt"). Une *exonération* fiscale est une exemption de paiement d'impôt ("exemption").

[6] *taxe à la valeur ajoutée* cet impôt frappe un produit en formation *au prorata* ("in proportion") de la valeur incorporée à chaque transformation ("value-added tax" or "VAT"). Quand on soumet un produit à une taxe, on dit qu'on le *taxe*. Si on réduit ou supprime cette taxe, on le *détaxe*; il est question d'une *détaxe* ("tax reduction" or "decontrol"). Quand on procède à l'allégement d'un impôt, on parle de *dégrèvement* fiscal ("tax cut," "relief," "reduction"). On parle de *défalcation* ("deduction"), quand on déduit ou retranche (défalque) une certaine somme d'un total à payer.

[7] *relever de* dépendre de, être du ressort de; *relever* (verbe transitif) est synonyme d'*augmenter*. Quand les impôts sont augmentés, on a affaire à un *relèvement* ("increase").

---

[37] *conjoncture* situation, circumstances

[8] *prélever* ôter préalablement une certaine somme sur un total donné ("to levy," "to withhold in advance"). L'action de prélever ou son résultat est un *prélèvement* ("deduction in advance," "withholding").

[9] *échoir* revenir, être dévolu. L'*échéance* est la date d'expiration d'un délai ("due date") et s'il s'agit d'une traite, on dit qu'elle est *échue* ("due"). Un commerçant inscrit les *échéances* auxquelles il doit faire face dans un *échéancier* ("maturity tickler").

R E M A R Q U E

Quantités et variations

Les quantités numériques sont exprimées avec des adjectifs numéraux cardinaux (*un, deux, trois, quatre*, etc.). Soit le nombre 1864. Ce nombre comprend quatre *chiffres* ("digits"): 4 est le chiffre des *unités* ("units"), 6 celui des *dizaines* ("tens"), 8 celui des *centaines* ("hundreds") et 1 celui des *milliers* ("thousands"). Ce nombre peut se lire de deux façons:

mille huit cent soixante-quatre
dix-huit cent soixante-quatre (Noter que *cent* ne prend pas de *s* quand il est suivi d'un autre nombre.)

Cette seconde façon d'exprimer des nombres supérieurs à 1000 n'est possible que jusqu'à 1900 alors qu'en anglais on peut aller au-delà. Il est également à noter qu'à l'inverse de l'anglais, *cent* et *mille* ne prennent presque pas d'article, sauf cas particuliers: *Cette voiture fait du cent à l'heure* (100km/h); *en plein dans le mille* ("right in the bull's eye"). On peut, cependant, dans le cas de quantités approximatives, dire: *une centaine, des milliers.*

Calculs

(a) addition: 20 + 13 = 33 soit vingt *plus* treize *égalent* trente-trois. 33 est la *somme* de 20 et 13.

(b) soustraction: 20 − 13 = 7 soit vingt *moins* treize *égalent* sept.

(c) division: 20 ÷ 5 = 4 soit vingt *divisé* par 5 *égalent* quatre. 20 est le *dividende*, 5 le *diviseur* et 4 le *quotient*, le *reste* étant 0. Cette division aurait pu être exprimée sous forme de *rapport* ("ratio") $\frac{20}{5}$ qui se lit: vingt *sur* cinq. Quand ce rapport est inférieur à 1, on a affaire à une *fraction*. Les fractions sont exprimées comme suit:

$\frac{1}{2}$ ou ½ qui se lit: *un demi* ou la moitié. Exemples: $\frac{1}{2}$h se dit une *demi-heure* (*demi* précède, il reste invariable); 1$\frac{1}{2}$h se dit: *une heure et demie* (*demie* suit, il s'accorde); 1 est le *numérateur*, 2 le *dénominateur*.

$\frac{1}{3}$ ou *un tiers*

$\frac{1}{4}$ ou *un quart*; pour les fractions dont le dénominateur est supérieur à 4, on utilise les nombres ordinaux. Exemples: ⅖, *deux cinquièmes*; ⁴⁄₁₅, *quatre quinzièmes*; etc. Pour additionner des fractions ayant des dénominateurs différents, on les *réduit au même dénominateur*; elles ont alors un *dénominateur commun*.

(d) multiplication: $3 \times 7 = 21$ soit trois *fois* sept *font* (ou *égalent*) vingt-et-un. Quand on multiplie par 2 on *double* et le résultat obtenu est le *double* du nombre multiplié. On a ainsi une série de verbes et de noms pour exprimer les multiplications suivantes:

par 3:   le verbe est *tripler*, la somme obtenue est le *triple*
par 4:   le verbe est *quadrupler*, la somme obtenue est le *quadruple*
par 5:   le verbe est *quintupler*, la somme obtenue est le *quintuple*
par 6:   le verbe est *sextupler*, la somme obtenue est le *sextuple*
par 10:   le verbe est *décupler*, la somme obtenue est le *décuple*
par 100:   le verbe est *centupler*, la somme obtenue est le *centuple*

Variations

(a) la hausse: quand une quantité augmente, on dit qu'elle *monte* ou qu'elle est *en hausse* si cette augmentation continue. Exemples:

Le prix de l'essence est *en hausse* depuis l'embargo sur les exportations de pétrole.

Le prix de l'essence *a augmenté* de 30 centimes *le* litre.

La *hausse atteint* 30 centimes *le* litre.

Si on exprime cette augmentation ou hausse par rapport au *prix de départ* ("original price"), on le fait à l'aide d'un rapport ayant pour dénominateur 100; c'est le *pourcentage* ("percentage"). Pour un prix de départ de 2 F, une hausse de 50 centimes équivaut à 25% (25 *pour cent*). Un pourcentage s'ajoute. Donc quand une quantité augmente de 100%, elle double.

(b) la baisse: quand une quantité diminue, on dit qu'elle *baisse*. Si cette diminution se maintient, la quantité est *en baisse*. Quand on diminue une quantité ou un prix, on les *réduit*; il s'agit d'une *réduction*. Exemples:

Le prix du vin est passé de 5 F à 4,80 F le litre; il *a* donc *baissé* de 20 centimes, soit une baisse de 4%.

La production vinicole est *en hausse*; le prix du litre de vin *en baisse*.

La tendance des prix du café est *à la hausse*; ceux du sucre ont une tendance *à la baisse* depuis 1976.

Quand une quantité est réduite *à néant*, c'est-à-dire *à zéro*, elle devient *nulle*. Contrairement à l'anglais qui n'exprime pas toujours le zéro suivi d'une décimale, le français le fait: 0,5 se dit *zéro virgule cinq* ("point five"). Une absence de croissance peut être qualifiée de *croissance zéro* ("zero growth").

QUESTIONS

1. Pourquoi les citoyens d'un pays paient-ils des impôts? *directs, indirects*
2. Quelles sont les deux catégories principales d'impôts? En quoi diffèrent-ils?
3. Selon quel principe les revenus sont-ils imposés? *échelle progressive*
4. Quels sont les revenus imposables en dehors des salaires? *plus-value sur titres ou valeurs mobil.*
5. Les plus-values sont-elles imposées de la même façon en France et aux U.S.A.? *France, + sur gain immob.*
6. Comment l'État encourage-t-il les particuliers à acheter les bons qu'il émet? *exempts fonciers d'impôts*
7. Comment l'État peut-il stimuler un certain secteur de l'économie ou encourager une politique économique donnée?
8. Quelles sont les principales contributions indirectes? *douane, régie, sur ventes, services*
9. Qu'est-ce que la taxe à la valeur ajoutée? Où est-elle perçue? *en France*
10. De quelle entité relèvent la perception et l'exploitation des impôts en France? et aux U.S.A.? *État, État, commune, État*
11. Que font les contribuables chaque année dans le domaine fiscal? *remplissent feuille de déclaration des impôts*
12. Dans quels cas un contribuable peut-il bénéficier d'exonérations? *il gagne peu; charge de famille; médical, intérêt*
13. Quelles sont les fonctions des percepteurs et des inspecteurs des contributions?
14. Comment un conseiller fiscal peut-il aider un contribuable ou une société?
15. Quels sont les rapports entre la France et les États-Unis en matière de fiscalité? →

EXERCICES

I. Remplacer les mots ou expressions en italique par des équivalents:

1. Les *contributions* indirectes *sont assises sur* les produits de consommation.
2. Certains produits ou revenus ne *sont* pas *sujets* à un impôt.
3. Le *receveur des contributions* est chargé de *la perception* des impôts.
4. Dans certains cas, un contribuable peut bénéficier d'une *exonération fiscale.*
5. L'État *soumet* le tabac et les alcools *à un impôt* et accorde un *allégement* fiscal pour d'autre produits.
6. Le domaine fiscal *est du ressort* de l'Etat qui *reçoit* et exploite l'impôt.
7. La plupart du temps, l'impôt sur le revenu est *perçu à l'avance* sur les salaires touchés par les contribuables.
8. L'inspecteur des impôts fait attention à ce qu'il n'y ait pas de *fraudes sur les impôts.*
9. La personne qui s'occupe *des comptes* d'une entreprise calcule le montant des impôts *à payer.*
10. Le percepteur peut *différer la date* de paiement des impôts dans certains cas particuliers.

II. Compléter les phrases suivantes:

1. Le fisc est chargé de _____ *l'assiette* _____ et du recouvrement des impôts directs et indirects.
2. Les impôts _____ *frappent* _____ les revenus et les produits.
3. Le _____ *taux* _____ augmente avec le revenu selon un _____ *barème* _____ établi sur la base de tranches d'imposition.

4. En France, les gains boursiers sont _____*exonérés*_____ d'impôts mais pas aux U.S.A.

5. Pour encourager la conservation de l'énergie, le gouvernement américain accorde des _____*dégrèvements*_____ à ceux qui achètent des capteurs solaires.

6. Les taxes _____*indirectes*_____ sont perçues sur les produits consommés dans le pays.

7. Quand on achète un produit dans un magasin français, on paie la _____*TVA*_____; aux U.S.A., c'est une _*taxe sur les ventes*_

8. L' _____*imposition*_____ des contributions indirectes aux U.S.A. _____*relève*_____ des États, comtés et municipalités.

9. Tous les contribuables américains sont tenus de _____*remplir*_____ leur *feuille de déclaration d'impôts* avant le 15 avril.

10. Si l'État a prélevé un montant supérieur à celui qu'un contribuable doit payer, il lui rembourse le _____*trop-perçu*_____. Si le montant retenu est inférieur au montant _____*percevable*_____, il lui réclame la différence (avec intérêt).

III. Effectuer ou compléter les opérations suivantes en indiquant, soit par écrit, soit oralement, ce que l'on a fait:

Exemple: 2 + 3 = 5

    Addition: deux plus trois égalent cinq.

1. $15 \times 6 = 90$
2. $50 - 16 = 34$
3. $22 \div 3 = 7,33$. Que représentent 22, 3 et 7,33? *dividende diviseur quotient*
4. $\frac{3}{5}$ de 20 soit $\frac{3}{5} \times 20 = 12$
5. $\frac{a}{b}$ est _____; a est le *nominateur*, b est le *dénominateur*
6. $\frac{2}{3} + \frac{3}{4} =$ _____; que représente le nombre 12? *même dénominateur*
7. 9 est le _____*triple*_____ de 3; 60 est le *quadruple* de 15.
8. En multipliant par 10 ou par 100, on obtient le *centuple* ou le *décuple*
9. Si je paie 5 F d'intérêt sur une somme de 500 F, je paie __*1*__ %. En cette période d'inflation, ce _____*taux*_____ n'est pas tellement élevé.
10. De janvier à mars 1980, le prix du baril de pétrole est passé de \$26 à \$29. C'est une *augmentation* de *11,5* %.
11. La balance commerciale du Japon est passée de +25 milliards de dollars en 1978 à 16,5 milliards en 1979. C'est une _____*baisse*_____ de 8,5 milliards.
12. La dépréciation d'une monnaie est *une baisse* de sa valeur.
13. Les experts de l'O.C.D.E. (Organisation de coopération et de développement économiques) prévoient une "croissance _____" (nulle) pour 1980.
14. $3 - 2,5 =$ *0,5* ?
15. 30 minutes sont l'équivalent de *une demi*-heure; 90 mn = __*1*__ heure *et demie* ?

IV. Traduire:

En français:

1. Taxes are levied by the state to meet the needs of the community.
2. The Internal Revenue Service is responsible for collecting taxes.

3. In some cases the state levies a tax on certain luxury items and exempts food and drugs from taxation.
4. Salaries below a certain amount may be exempt from income tax.
5. Profits on securities are not taxable in France.
6. The U.S. government is offering tax cuts to individuals who purchase solar heaters.
7. In the United States, both the Federal and the state governments levy an income tax.
8. Income tax forms must be filled out and sent to the I.R.S. before April 15.
9. Computerization of income tax files makes tax evasion and fraud difficult.
10. When a taxpayer deducts too many expenses, he may have some trouble with the I.R.S. and be audited.

En anglais:

1. La taxe à la valeur ajoutée (TVA) remplace en France la taxe sur les ventes.
2. En cette période d'inflation, le barème fiscal en vigueur impose lourdement le contribuable alors que son pouvoir d'achat reste le même ou diminue.
3. Un système d'imposition peu flexible ou injuste est susceptible d'entraîner le mécontentement des contribuables. C'était récemment le cas en Californie.
4. Les fonds affectés aux services publics proviennent des contributions indirectes notamment de la taxe sur l'essence et les produits pétroliers.
5. L'augmentation du prix du kérosène et des taxes perçues sur les aéroports contribue à la hausse des prix des billets d'avion.
6. Les infractions fiscales sont sévèrement punies par le fisc qui n'épargne personne, pas même les hommes politiques.
7. Remplir une déclaration d'impôts n'est pas chose facile; un conseiller fiscal peut vous aider à réduire le montant à payer.
8. Un contribuable non averti néglige de bénéficier de certaines exonérations auxquelles il a droit selon la législation fiscale.
9. La perception des droits de timbre et d'enregistrement est plus généralisée en France qu'aux U.S.A.
10. Certains petits pays encouragent l'afflux des capitaux en évitant de les imposer; ces "paradis fiscaux" ont une fiscalité faible ou nulle.

SUJETS DE DISCUSSION ET DE COMPOSITION

1. Le contribuable américain moyen a tendance à se plaindre de la lourdeur de plus en plus grande des impôts et à reprocher au fisc de ne pas suffisamment imposer les bénéfices des sociétés. Qu'en pensez-vous?
2. Dans quels cas un système fiscal mal adapté aux exigences du moment peut-il gêner la libre entreprise individuelle?
3. Quelles sont, d'après les données du texte, les similitudes et les divergences entre les systèmes d'imposition français et américain?
4. Quels sont les abus auxquels peut donner lieu la perception des impôts tant du côté de l'État que de celui du contribuable?
5. Si vous étiez chargé de la réforme de l'assiette de l'impôt, quelles seraient les mesures que vous préconiseriez ("would recommend") pour une répartition juste et équitable du fardeau ("burden") fiscal?

Pression fiscale				
en %	1976	1977	1978	1979
impôts locaux	+ 17	+ 16,5	+ 16,5	+ 18,5
dont taxe professionnelle	+ 20	+ 16	+ 15,5	+ 22
impôts sur le revenu	+ 25	+ 22	+ 11	+ 18
prélèvements d'Etat en % du PIB	39,4 %	39,5 %	39,6 %	41 %

LE PALMARÈS DES CONTRIBUABLES

**Voici les contribuables qui paient le plus d'impôts en France :
les cent cinquante entreprises les plus performantes.
Ce palmarès est une démonstration
de l'efficacité du secteur privé.
L'impôt payé est plus parlant que le chiffre d'affaires,
plus précis que le bénéfice net.**

La sélection par l'impôt

Les classements d'entreprises effectués en France se fondent généralement sur deux critères : le chiffre d'affaires (ou les exportations) et les bénéfices réels. Que valent ces critères ?

Les chiffres d'affaires reflètent le passé d'une entreprise, pas son avenir. Les profits en disent plus sur le futur, car ils peuvent être « les investissements de demain et l'emploi d'après-demain », selon l'expression du chancelier Schmidt.

Mais le bénéfice net inscrit au bilan est un mauvais instrument de mesure. Les règles comptables laissent une grande marge d'appréciation. Les chefs d'entreprise utiliseront cette liberté de manœuvre selon leurs objectifs du moment.

Veulent-ils faire appel à leurs actionnaires pour rassurer leurs créanciers ? Ils gonfleront leurs résultats. Veulent-ils au contraire modérer les revendications de leurs salariés ? Ils les réduiront. Toujours dans les limites légales.

Le mécanisme est simple dans son principe, sinon dans ses modalités. Il consiste à majorer ou à minorer deux postes importants qui viennent en déduction du bénéfice net : les amortissements et les provisions (lire page 62).

Autrement dit, plutôt que le bénéfice net inscrit au bas du bilan, il nous a paru plus exact de retenir comme base d'un palmarès l'impôt payé. Son calcul obéit à des règles plus strictes et plus uniformes sous le contrôle rigoureux des inspecteurs du fisc. Il est donc plus parlant que le chiffre d'affaires et plus précis que le bénéfice net.

Les entreprises ne publient pas leur bénéfice fiscal, mais l'impôt sur les bénéfices qu'elles doivent payer. Celui-ci donne une idée assez exacte du bénéfice fiscal et, par suite, de la capacité bénéficiaire réelle des entreprises : le taux de l'impôt est en effet de 50 % en France.

Les écarts entre le bénéfice fiscal et l'impôt payé peuvent provenir de deux sources.

● Les plus-values dites à long terme (différence entre le prix de vente et le prix d'achat d'actifs détenus depuis plus de deux ans) et les revenus de brevets et de licences qui supportent un impôt de 15 % intégré dans le poste : impôt sur les bénéfices.

● Les provisions pour impôts différés, lorsque le fisc accorde un délai pour le paiement des impôts sur les plus-values à court terme ou les plus-values sur fusion. Certaines entreprises les comptabilisent avec l'impôt payable immédiatement, d'autres séparément.

Au total, ces écarts sont peu importants et ils sont neutralisés dès que l'on procède à des regroupements des résultats, soit d'une même entreprise sur plusieurs années, soit de plusieurs entreprises comparables d'un même secteur.

Seuls les comptes consolidés dont le but est de donner une image de l'ensemble des activités d'un groupe avec ses différentes filiales posent des problèmes d'interprétation (voir page 64). Leurs règles d'élaboration sont encore beaucoup trop souples. ■

FISC

FAITES LE PLEIN DES ALLÉGEMENTS D'IMPÔT

29 moyens de payer le moins possible en restant un contribuable scrupuleux

LE 28 février au plus tard, vous devrez déposer la déclaration de vos revenus imposables. Comme vous êtes un bon citoyen, vous ne cacherez rien au fisc de ce que vous avez gagné en 1980. Mais il ne s'agit quand même pas de lui faire des cadeaux. Le Code fiscal connaît de nombreuses catégories de revenus exonérés d'impôt, ou qui bénéficient d'une imposition réduite. Voici ci-dessous la liste de ces *loopholes*, comme disent les Anglo-Saxons.

Ressources exonérées d'imposition

1. Les salaires versés pour travaux réalisés à l'étranger (chantiers, ingénierie, prospection...) si la durée du travail dépasse 183 jours en 12 mois consécutifs.
2. Les indemnités forfaitaires pour frais d'emploi, si le bénéficiaire n'est pas un dirigeant de l'entreprise.
3. Les indemnités de licenciement légales ou de convention collective.
4. L'indemnité de clientèle versée à un VRP en cas de rupture de contrat (en revanche, les indemnités de non-concurrence sont imposables).
5. L'indemnité d'expatriation, supplément de salaire versé à un cadre affecté à l'étranger.

6. Les sommes provenant de la participation.
7. Les sommes versées dans le cadre du plan d'épargne d'entreprise (indisponibles pendant cinq ans).
8. Les remboursements de frais réels, lorsqu'ils ne peuvent être confondus avec la déduction forfaitaire de 10 % dont bénéficient tous les salariés.
9. Le capital ou les rentes versés à la suite d'un accident du travail (en revanche, les indemnités de chômage versées par les Assedic sont imposables).
10. Les indemnités de départ à la retraite à concurrence de 10 000 francs.
11. Les actions qui sont attribuées gratuitement

sous certaines conditions.
12. Les revenus de la location en meublé d'une partie de l'habitation principale (chambre de service par exemple).
13. Les revenus provenant de bois et forêts sont imposés forfaitairement sur le revenu cadastral, très faible.
14. Les revenus de capitaux mobiliers font l'objet de diverses exonérations (plafonnées), dont il a été souvent question dans cette rubrique. En bénéficient par exemple

les comptes d'épargne à long terme, les obligations (abattement de 3 000 francs), le plan d'épargne-logement, etc.
15. Les plus-values immo-

bilières réalisées à l'occasion d'une cession sont exonérées selon un régime complexe tenant compte du caractère du bien (résidence principale ou secondaire, autres immeubles) et du délai écoulé depuis l'acquisition. Retenons par exemple que les plus-values provenant de la cession de la résidence principale sont exonérées totalement à condition que le vendeur ait occupé l'habitation depuis son acquisition, ou de manière continue depuis au moins cinq ans.
16. Les plus-values mobilières obéissent à une réglementation encore

Suite page 39

LES ALLÉGEMENTS D'IMPÔT

(Suite de la page 37)

plus compliquée. En ce qui concerne, par exemple, les actions, les plus-values réalisées en Bourse sont exonérées de toute imposition si le total des ventes en 1980 a été inférieur à 168 000 francs, ou à 112 000 francs si le taux de rotation du portefeuille a été supérieur à 1,6. Pour les valeurs mobilières non boursières, la plus-value est exonérée si le cédant a détenu directement ou indirectement moins de 25 % du capital.

Revenus bénéficiant de régimes favorables.

17. Les revenus fonciers provenant de la location d'un immeuble bénéficient d'une réfaction de 20 % non plafonnée. On peut aussi en déduire les travaux d'amélioration, et les intérêts payés pour l'acquisition ou l'amélioration de l'immeuble.

Si vous possédez une carrière, l'abattement sur le revenu de la location est de 50 %.

18. Les bénéfices agricoles sont imposés selon un régime forfaitaire largement favorable au contribuable.

19. Les revenus non commerciaux accessoires (petites commissions, petits honoraires, etc.), à condition d'être déclarés par un tiers, peuvent faire l'objet d'une réfaction de 25 % si le montant est inférieur à 12 000 francs en 1980.

20. Certaines plus-values bénéficient de taxations forfaitaires : 15 % sur les plus-values provenant de la cession de brevets; 15

ou 30 % sur les plus-values mobilières, qui ne sont intégrées dans le revenu imposable que si elles sont plus élevées que les autres revenus.

Possibilités de déduction du revenu global

21. Concernant l'habitation principale : les intérêts des 10 premières années d'emprunts contractés pour l'acquisition ou de grosses réparations, les dépenses de ravalement, les dépenses pour économiser l'énergie sont déductibles (avec plafond) du revenu déclaré.

22. Les primes d'assurance-vie sont déductibles (avec plafond) s'il s'agit d'un contrat au terme duquel l'assuré reçoit un capital s'il n'est pas décédé, et d'une durée minimale de dix ans.

23. L'achat d'actions dans le cadre de la loi Monory permet de déduire 5 000 francs (plus majorations pour enfants) du revenu (voir *L'Expansion* du 5 décembre 1980).

24. Les dons et subventions à des organismes d'intérêt général sont déductibles dans la limite de 1 % du revenu (1,5 % pour la Fondation de France).

25. Les pensions versées, à la suite d'un divorce, à un conjoint ou aux enfants dont ce dernier a la charge sont déductibles dans la limite fixée par le jugement. Les révisions volontaires effectivement versées aussi.

26. Les pensions versées à des ascendants.

27. Les pensions versées à des enfants. Les enfants

majeurs peuvent être rattachés au foyer fiscal de leurs parents; l'avantage correspondant pour les parents est limité à 10 800 francs *en impôt*.

Les enfants majeurs mariés ayant eux-mêmes des enfants peuvent également bénéficier des dispositions ci-dessus; dans ce cas, l'avantage est limité à 10 800 francs par personne rattachée, déductibles du revenu.

28. Les pertes provenant d'une activité industrielle, commerciale, artisanale ou libérale sont déductibles du revenu sans limitation.

29. Les travaux d'amélioration réalisés dans des immeubles historiques classés sont déductibles, même si ces immeubles ne procurent aucun revenu.

Voilà. Il n'était évidemment pas possible d'indiquer ici la réglementation détaillée de ces diverses questions; vous pourrez la trouver dans un guide fiscal, auprès d'un conseiller fiscal, voire de votre contrôleur des impôts. Nous espérons seulement que ce « pense-bête » vous sera utile.

PATRICK MICHAUD
M.-A. MIGNUCCI
avocats au barreau de Paris

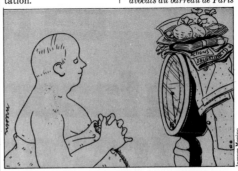

Tous les lundis à 19 h 30,
SUR EUROPE 1,
ne manquez pas d'écouter
« LE JOURNAL DES CADRES »
Europe 1 / L'Expansion

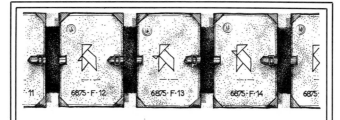

La correction du fisc

**Les droits de donation sur un « don manuel ».
Le fisc corrige l'erreur de l'un de ses inspecteurs.
Guy Thomas raconte comment.**

Le « don manuel » est un gros dossier que je présentais en juin dernier à Europe 1 et qui m'a valu beaucoup de courrier. Revoyons donc les faits : M. Jean S. demeure avec sa famille dans le XXᵉ arrondissement de Paris. Il habite un appartement auquel il est attaché sentimentalement : c'est là qu'il est né et qu'il a vécu avec ses parents, aujourd'hui décédés. Or voici que cet appartement est mis en vente : ou Jean l'achète, ou il devra « déguerpir ». Simple employé, il ne dispose pas de ressources importantes. Le prêt qu'il contracte auprès d'une banque ne suffit pas.

C'est alors — voici le cœur du problème soulevé — que son oncle, avec qui il entretient des relations presque filiales, lui fait don de 50 000 francs. Cela permet à M. Jean S. d'acheter l'appartement où il vit.

Six mois plus tard, son oncle décède subitement. Un an passe. Et M. Jean S. reçoit du fisc une notification de redressement. L'inspecteur des impôts considère que ces 50 000 francs reçus de son oncle constituent ce qu'on appelle un « don manuel », et que, à ce titre, cette somme doit être réintégrée dans les revenus de M. Jean S. Celui-ci se voit ainsi (avec la pénalité) réclamer plus de 25 000 francs. Un vrai coup dur pour cette famille qui s'est endettée pour acheter l'appartement.

Comment le fisc avait-il eu connaissance de ce don ? Tout simplement en épluchant le compte en banque du défunt. Car les 50 000 francs avaient fait l'objet d'un chèque au nom de Jean S.

Restait le côté apparemment abusif de ce redressement fiscal. L'ins-

pecteur des impôts avait-il le droit pour lui dans cette affaire ? La réponse était importante pour tous ceux qui, disposant d'un peu d'argent, entendent aider leurs enfants, leurs neveux ou des êtres qui leur sont chers.

Mon émission a fait du bruit non seulement dans le public, mais aussi dans l'administration. Et elle a eu une suite. M. Jean S. a en effet reçu de la direction des services fiscaux de Paris Sud-Est la lettre suivante :

« Monsieur. J'ai le plaisir de vous faire connaître que vous ne devez pas supporter de droits de donation sur le don manuel que vous avez reçu. En effet, ce don n'a pas été constaté par un acte soumis à l'enregistrement ou par une décision judiciaire (art. 757 du Code général des impôts). De plus, vous ne figurez pas parmi les héritiers ou légataires de votre oncle (art. 784 du même Code). Je vous demande donc de bien vouloir considérer la notification de redressement du 28 avril 1980 comme sans objet et je vous présente mes excuses pour le désagrément qu'elle a pu vous causer. »

Toutefois, le directeur des services fiscaux précise que cette libéralité ayant été faite moins d'un an avant le décès de l'oncle, elle fera partie pour moitié de la succession pour la liquidation des droits de mutation par décès dus éventuellement par la tante.

Je m'empresse de dire que le montant de ces droits de mutation sur la moitié de cette somme, s'ils dépassent la franchise légale, sera de toute façon sans commune mesure avec ce qui était réclamé à notre correspondant. ■

● **La chronique de Guy Thomas est diffusée cinq jours sur sept à 7 h 15 sur Europe 1.**

appendices

VOCABULAIRE ESSENTIEL DES RELATIONS PROFESSIONNELLES

Mot ou expression	Définitions et exemples	Équivalent anglais
absentéisme (*n.m.*)	absence d'un employé de son lieu de travail	absenteeism
accord (*n.m.*)	entente, conformité de vues	agreement
adhérent (*n.m.*)	membre d'une association, d'un syndicat	member
adhésion (*n.f.*)	le fait d'adhérer, d'être membre	membership
affecter	désigner, nommer à un poste	to assign
agent de maîtrise (*n.m.*)	responsable chargé d'un groupe	supervisor
aide (*n.m.*)	personne qui travaille avec une autre et sous sa responsabilité; adjoint	assistant
ajustement (*n.m.*)	action d'ajuster, de mettre en conformité avec un modèle Ex.: *ajustement des salaires*	adjustment
allocation (*n.f.*)	fait d'allouer, prestation allouée Ex.: *allocation de chômage*, unemployment benefit *allocation de vie chère*, cost-of-living allowance (COLA)	allowance
ancienneté (*n.f.*)	temps passé dans un emploi, une fonction	seniority
anticipé (*adj.*)	qui a lieu avant la date prévue Ex.: *retraite anticipée*, early retirement	early
appointements (*n.m.pl.*)	rétribution (salaire) mensuelle ou annuelle fixe. On touche des appointements	salary
apprenti (*n.m.*)/(*adj.*)	individu qui apprend un métier	apprentice
apprentissage (*n.m.*)	le fait d'être apprenti, l'instruction que reçoit un apprenti Ex.: *apprentissage sur le tas*, on-the-job training	apprenticeship, training
aptitude (*n.f.*)	capacité acquise. Un Certificat d'Aptitude Professionnelle (CAP) est un diplôme qui atteste qu'un employé est qualifié	ability
arbitrage (*n.m.*)	règlement d'un différend ou médiation entre deux parties	arbitration
artisan (*n.m.*)	personne exerçant un travail manuel à son propre compte	craftsman
association (*n.f.*)	groupement de personnes associées dans un but déterminé	association, society

(Suite)

Mot ou expression	Définitions et exemples	Équivalent anglais
atelier (*n.m.*)	lieu de travail d'un artisan ou de plusieurs ouvriers	workshop
attestation (*n.f.*)	document ou écrit qui donne la preuve de quelque chose Ex.: *attestation de travail*, employment certificate	certificate
auxiliaire (*adj./n.*)	aide, adjoint; employé qui n'est pas *titulaire* de son poste ("untenured")	auxiliary, assistant
avancement (*n.m.*)	promotion sur le plan professionnel Ex.: *avoir de l'avancement*, to be promoted	promotion
barème (*n.m.*)	ensemble de tableaux numériques Ex.: *barème des salaires*, salary scale	scale, table
blocage (*n.m.*)	action de bloquer, d'empêcher la hausse Ex.: *blocage des salaires*, salary freeze	freeze
bourse du travail	(voir chapitre sur la Bourse)	employment agency
boycotter	mettre à l'index, prononcer un interdit contre des produits, des individus, etc.	to boycott
briseur de grève	ouvrier qui ne fait pas la grève ou qui prend la place d'un gréviste; un jaune	scab, strike-breaker
cadre (*n.m.*)	employé qui fait partie des cadres, c.-à-d. du personnel supérieur (cadres moyens, cadres supérieurs)	executive
caisse (*n.f.*)	établissement ou service s'occupant de fonds déposés par un groupe organisé Ex.: *caisse d'allocations familiales* *caisse de retraite*, retirement fund	fund
cégétiste (*n.m./f.*)	membre du syndicat de la CGT (Confédération Générale du Travail)	Fr. labor union member
centrale (*n.f.*) syndicale	groupement national de syndicats	labor union org.
chantier (*n.m.*)	lieu des travaux	job site

VOCABULAIRE ESSENTIEL DES RELATIONS PROFESSIONNELLES (*Suite*)

Mot ou expression	Définitions et exemples	Équivalent anglais
charge (à charge)	sous sa responsabilité Ex.: *avoir 3 enfants à charge*, to have 3 dependent children *être à charge*, to be a dependent	dependent
chef (*n.m.*)	personne qui dirige, qui est à la tête d'un groupe Ex.: *chef d'équipe*, foreman	head, manager
chômage (*n.m.*)	fait de chômer (de ne pas travailler)	unemployment
chômeur (*n.m.*)	personne en chômage, sans travail	unemployed person
cogestion (*n.f.*)	gestion d'une entreprise assurée en commun par l'employeur et les employés	co-management
comité (*n.m.*)	groupe d'individus élus ou désignés pour s'occuper de certaines affaires	committee
commission (*n.f.*)	groupe de personnes choisies pour étudier une question, proposer des solutions ou prendre des décisions	committee
conflit (*n.m.*)	opposition de points de vue; différend; lutte, combat Ex.: *les conflits sociaux*	dispute, conflict
congé (*n.m.*)	autorisation de s'absenter de son travail, de prendre des vacances Ex.: *un congé de maladie*, sick leave *les congés payés*, paid leave	leave
congédier	donner un congé définitif à un employé; le licencier	to fire, to dismiss
contremaître (*n.m.*)	une personne responsable d'une équipe d'ouvriers	foreman
convention (*n.f.*) collective	accord conclu entre l'employeur et les employés	collective agreement, contract
cotisations (*n.f.pl.*)	sommes d'argent versées par les employés ou retenues sur leur salaire. Pour la Sécurité Sociale, l'employeur verse sa quote-part (cotisation patronale) en même temps que l'assuré	dues
débrayer	cesser le travail, se mettre en grève. *Le débrayage* constitue le début de la grève ("work stoppage")	to stop working

(Suite)

Mot ou expression	Définitions et exemples	Équivalent anglais
délégué(e) (*n.*)	représentant désigné par ses collègues Ex.: *un délégué syndical*, union representative	representative
démissionner	donner sa démission, résigner sa fonction	to resign
direction (*n.f.*)	l'ensemble des cadres directeurs, le service qui assure la direction	management, administration
échec (*n.m.*)	le fait d'échouer (de ne pas réussir) Ex.: *l'échec des négociations syndicales*	failure
échelle (*n.f.*)	série, succession, indexation (des salaires). L'échelle mobile: les salaires varieront en fonction d'un autre indice économique (indice des prix ou du coût de la vie)	scale
effectif (*n.m.*)	nombre de personnes dans un groupe donné. L'effectif peut être augmenté ou réduit	personnel, manpower
émarger	toucher un traitement. Les sommes versées sont inscrites sur une feuille d'émargement	to draw a salary
embaucher	engager un employé. Quand il n'y a pas de travail, on dit qu'il n'y a pas d'embauche	to hire
emploi (*n.m.*)	travail, poste, occupation Ex.: *le marché de l'emploi*, job market *le plein emploi*, full employment	employment, job
employé(e) (*n.*)	salarié exerçant, en général, un travail non manuel Ex.: *un employé de bureau*, office worker, white-collar worker	employee
entrepreneur (*n.m.*)	personne responsable de l'exécution de travaux, ou qui dirige une entreprise pour son propre compte	contractor, small businessman
équipe (*n.f.*)	petit groupe d'ouvriers travaillant ensemble Ex.: *équipe de nuit*, night shift *équipe de dépannage*, repair crew	shift, crew

VOCABULAIRE ESSENTIEL DES RELATIONS PROFESSIONNELLES (*Suite*)

Mot ou expression	Définitions et exemples	Équivalent anglais
essai (*n.m.*)	tentative; à l'essai: à l'épreuve Ex.: *embaucher un ouvrier à l'essai,* on a probational basis	trial, probation
férié (*adj.*)	légalement chômé en raison d'une fête Ex.: *un jour férié,* an official holiday	holiday
fonctionnaire (*n.m.*)	individu qui occupe un emploi dans un service public, qui appartient à la *fonction publique* ("civil service")	civil servant
formation (*n.f.*)	action de former; son résultat Ex.: *formation sur le tas,* on-the-job training	training, instruction
grève (*n.f.*)	cessation de travail motivée par des revendications professionnelles (salariales ou autres). On se met en grève, on fait la grève. Ex.: *une grève perlée,* a slowdown strike	strike
heures (*n.f.pl.*) supplémentaires	heures de travail au-dessus de la norme établie Ex.: *faire des heures supplémentaires,* to work overtime	overtime
hiérarchique (*adj.*)	conforme à la hiérarchie Ex.: *la voie hiérarchique,* official channels	official
horaire (*n.m.*)	emploi du temps mesuré en heures	schedule
horaire (*adj.*)	qui correspond à une heure, relatif aux heures Ex.: *salaire horaire,* hourly wage	hourly
indemnité (*n.f.*)	allocation versée en compensation de certains frais Ex.: *indemnité de logement,* housing allowance *indemnité de vie chère,* cost-of-living allowance (COLA)	allowance
indice (*n.m.*)	nombre indiquant le rapport entre une grandeur à un moment donné et la valeur qu'elle prend à un autre moment Ex.: *indice du coût de la vie,* cost-of-living index	index

(*Suite*)

Mot ou expression	Définitions et exemples	Équivalent anglais
invalidité (*n.f.*)	incapacité (partielle ou totale) de travailler	disability
journalier (*n.m.*)	ouvrier travaillant à la journée	day laborer
licencier	renvoyer, congédier un ouvrier. L'action de licencier est le licenciement	to fire
lock-out (*n.m.*)	fermeture d'une entreprise par le patron pour en empêcher l'accès à ses ouvriers	lock-out
main-d'oeuvre (*n.f.*)	ensemble des ouvriers Ex.: *un manque de main-d'oeuvre*, a labor shortage	labor force
manuel (*adj.*)	relatif aux mains Ex.: *un travailleur manuel*, a blue-collar worker	manual
manifestant(e) (*n.*)	personne qui participe à une manifestation	demonstrator
manoeuvre (*n.m.*)	ouvrier non spécialisé	laborer
muter	affecter un employé ou un fonctionnaire à un autre lieu de travail	to transfer, reassign
négociation (*n.f.*)	action de négocier pour résoudre un différend ou un conflit social. On engage, poursuit, interrompt des négociations	negotiation
niveau (*n.m.*) de vie	revenu moyen d'une catégorie sociale. L'inflation contribue à la baisse du niveau de vie	standard of living
obédience (*n.f.*)	dépendance, soumission Ex.: *un syndicat d'obédience communiste*	obedience
ouvrable (*adj.*)	se dit d'un jour où l'on travaille	working day
ouvrier (*adj.*)	relatif au travail Ex.: *le mouvement ouvrier*, the labor movement	related to labor
ouvrier (*n.m./f.*)	travailleur. On distingue *un ouvrier professionnel* (OP), skilled worker, *un ouvrier qualifié*, skilled worker, *un ouvrier spécialisé*, semiskilled worker	worker
paie (*n.f.*)	salaire que touche un ouvrier Ex.: *jour de paie*, payday *la fiche de paie*, pay-sheet, pay-check	pay

VOCABULAIRE ESSENTIEL DES RELATIONS PROFESSIONNELLES (*Suite*)

Mot ou expression	Définitions et exemples	Équivalent anglais
patronat (*n.m.*)	l'ensemble des patrons et chefs d'entreprises. Le Conseil National du Patronat Français (CNPF) est l'équivalent d'un "syndicat" des chefs d'entreprises	management, employers
piquet (*n.m.*) de grève	gréviste contrôlant sur place l'exécution des mots d'ordre de grève	strike picket
place (*n.f.*)	un emploi, un poste Ex.: *chercher une bonne place*	job, position
prime (*n.f.*)	somme versée aux employés en sus du salaire normal Ex.: *prime d'assiduité*, attendance incentive *prime de licenciement*, severance pay	bonus, incentive
retraite (*n.f.*)	action de se retirer, de cesser d'exercer un métier après un certain nombre d'années de travail. Les prestations reçues quand on a pris sa retraite	retirement
revendication (*n.f.*)	action de réclamer, d'exiger un droit, une augmentation, etc.	claim, demand
salaire (*n.m.*)	somme que l'on reçoit en échange d'un travail Ex.: *le salaire de base*, basic salary (le salaire de base fixé par le gouvernement français est le SMIC: *Salaire Minimum Interprofessionnel de Croissance*, minimum wage)	salary, wage
salarié (*n.m.*)	ouvrier recevant un salaire	wage earner
social (*adj.*)	relatif à la société Ex.: *les couches sociales défavorisées*, the underprivileged segments of society *l'assistant(e) social(e)* s'occupe du bien-être des personnes qui en ont besoin ("social" or "welfare worker")	social
stage (*n.m.*)	période de formation, d'instruction	training period
stagiaire (*n.m./f.*)	personne participant à un stage	trainee

(*Suite*)

Mot ou expression	Définitions et exemples	Équivalent anglais
syndicat (*n.m.*)	groupement professionnel visant à défendre les intérêts de ses adhérents. On dit de ces derniers qu'ils sont *syndiqués* ("unionized")	union, organized labor
traitement (*n.m.*)	rémunération d'un fonctionnaire	salary
travail (*n.m.*) noir	travail illégal Ex.: *un travailleur au noir*	illegal labor
vacant (*adj.*)	non occupé, libre. Un poste vacant constitue une *vacance* ("opening," "vacancy")	open, vacant

PRINCIPALES ORGANISATIONS SYNDICALES FRANÇAISES

Sigle	Nom du syndicat	Création	Obédience	Dirigeant
CFDT	Confédération Française Démocratique du Travail	1964	centre gauche	Edmond Maire
CFTC	Confédération Française des Travailleurs Chrétiens	1919	sociale chrétienne	Jacques Tessier
CGC	Confédération Générale des Cadres	1944	centre droit	Jean Menu
CGT	Confédération Générale du Travail	1895	communiste (PCF)	Georges Séguy
CGT-FO	Confédération Générale du Travail-Force Ouvrière	1948	socialiste	André Bergeron
FEN	Fédération de l'Éducation Nationale	1948	centre gauche	André Henry

JOURS FÉRIÉS (FÊTES CHÔMÉES ET CONGÉS)

Date	Nom de la fête (et jour)	Nature	Sens en anglais
1er janv.	Jour de l'An	civile	New Year's Day
mars ou avril	Fêtes de Pâques (dimanche et lundi)	religieuse	Easter
1er mai	Fête du Travail	civile	Labor Day
8 mai	Jour de l'Armistice (1945)	nationale	V-Day (Europe)
mai	Jeanne d'Arc (2e dimanche du mois)	nationale	Joan of Arc Day
mai	Ascencion (un jeudi)	religieuse	Ascension Day (Holy Thursday)
mai ou juin	Pentecôte (dimanche et lundi)	religieuse	Whitsunday (Pentecost)
14 juillet	Fête Nationale (Prise de la Bastille)	nationale	Bastille Day
15 août	Assomption	religieuse	Assumption Day (Ascent of Virgin Mary into heaven)
1er nov.	Toussaint	religieuse	All Saints
11 nov.	Fête de la Victoire (armistice 1918)	nationale	Veterans' Day
25 déc.	Noël	religieuse	Christmas

VOCABULAIRE JURIDIQUE ESSENTIEL

Mot ou expression	Définitions et exemples	Équivalent anglais
abroger	annuler, supprimer une loi, un décret	to rescind
abus (*n.m.*) de confiance	fait, action de tromper la confiance d'une personne. On commet un abus de confiance	fraud, breach of trust
accommodement (*n.m.*)	fait de s'accommoder, d'accepter un compromis	compromise
accord (*n.m.*)	convention passée entre deux parties. Un accord est conclu. On aboutit à un accord	settlement, agreement
acquéreur (*n.m.*)	personne qui acquiert quelque chose. On se rend acquéreur d'une marchandise, d'un bien	buyer, purchaser
acquêt (*n.m.*)	bien acquis par un époux et qui fait partie de la masse commune. Communauté réduite aux acquêts ("joint estate")	property acquired

(*Suite*)

Mot ou expression	Définitions et exemples	Équivalent anglais
acte (*n.m.*)	écrit constatant un accord conclu entre des parties; texte officiel constatant un fait. On passe un acte de vente. Les *extraits d'actes de naissance* ("certified copy of birth records") sont délivrés par un *officier de l'État Civil* ("registrar of Vital Statistics")	deed, certificate
agrément (*n.m.*)	accord donné par un tiers à un acte juridique	consent, approval
alimentaire (*adj.*)(pension)	qui a trait aux aliments. Une pension alimentaire est une somme d'argent versée à une personne en vertu d'un jugement	alimony
alléguer	se prévaloir d'un texte, d'une autorité	to allege, cite
amende (*n.f.*)	sanction pécuniaire; contravention	fine
amiable (*adj.*)	qui découle d'une conciliation Ex.: *un arrangement à l'amiable*, a friendly settlement	amicable, friendly
ampliation (*n.f.*)	duplicata d'un acte administratif ou notarié. Un tel acte authentifié porte la formule *Pour ampliation* au bas de la page	certified copy
annexe (*adj.*)/(*n.f.*)	qui est ajouté à quelque chose de plus important; complémentaire. Une annexe est une disposition ou une clause supplémentaire	attached; enclosure, rider
antichrèse (*n.f.*)	contrat par lequel un débiteur transfère à son créancier la possession de son immeuble jusqu'au remboursement de sa dette grâce aux revenus de ce bien immobilier	antichresis
appel (*n.m.*)	recours à une juridiction supérieure. On fait appel; on s'adresse à la *Cour d'Appel* ("Appellate Court")	appeal

VOCABULAIRE JURIDIQUE ESSENTIEL (*Suite*)

Mot ou expression	Définitions et exemples	Équivalent anglais
arrêt (*n.m.*)	décision, jugement. Un arrêt de la cour	judgment
arrêté (*n.m.*)	décision ou texte administratifs Ex.: *un arrêté municipal*	decree
assermenté (*adj.*)	qui a prêté serment Ex.: *un traducteur assermenté,* a sworn translator	sworn in
assignation (*n.f.*)	action d'assigner à comparaître devant une autorité établie	summons
attendu (*prép.*)(*inv.*)	vu, étant donné	whereas
attendus (*n.m.pl.*)	motifs Ex.: *les attendus d'un juge-* *ment,* the whereas clauses	
avocat(e)(*n.*)	personne qui assiste ou représente un client en justice	attorney, lawyer
avoué (*n.m.*)	représentant en justice	lawyer
barreau (*n.m.*)	ordre des avocats; auprès d'un tribunal donné	bar
bureau (*n.m.*)	groupe d'employés travaillant dans un même service Ex.: *le bureau du contentieux,* the law department	office, bureau
caduc, -uque (*adj.*)	qui n'a plus cours, qui n'est plus valide	void
cambriolage (*n.m.*)	action de voler par effraction; le résultat de cette action. Un cambrioleur est l'auteur d'un cambriolage	burglary
chantage (*n.m.*)	extorsion de fonds ou obtention d'avantages sous la menace de révélations scandaleuses. Une personne qui fait chanter est un *maître-chanteur* ("black-mailer")	blackmail
chef (*n.m.*) d'accusation	élément d'une action en justice	count
comparaître	se présenter par ordre devant une instance. On reçoit une ci-tation à comparaître	to appear (before a court)
constat (*n.m.*)	procès-verbal dressé pour consta-ter officiellement un fait. On dresse un constat	certified report

(*Suite*)

Mot ou expression	Définitions et exemples	Équivalent anglais
contentieux (*n.m.*)	litiges pouvant être soumis aux instances juridiques. C'est aussi le service qui, dans une entreprise, s'occupe des questions juridiques	claims
contrat (*n.m.*)	convention passée entre deux ou plusieurs parties. Un accord conclu par contrat est dit contractuel	agreement, contract
coupable (*adj.*)	qui a commis une faute. Un accusé peut plaider coupable ou non coupable	guilty
débouter	rejeter une prétention, un appel	to dismiss
dédommager	indemniser d'un dommage subi	to indemnify
défaut (*n.m.*)	manque, absence. Un jugement par défaut: un jugement rendu en l'absence de la partie citée à comparaître	default
défense (*n.f.*)	partie qui se défend devant un tribunal	defense
délit (*n.m.*)	acte illicite	offense
demandeur (*n.m.*)	plaideur qui a l'initiative d'un procès; plaignant	plaintiff
dépens (*n.m.pl.*)	frais judiciaires à la charge de la partie qui perd le procès	costs
détournement (*n.m.*) de fonds	action de s'approprier illégalement de l'argent	embezzlement
diffamation (*n.f.*)	allégation portant atteinte à l'honneur ou à la réputation d'une personne	libel
dommages-intérêts (*n.m.pl.*)	somme due par l'auteur d'un délit en réparation du préjudice causé. On peut *intenter un procès en dommages-intérêts* ("to sue for damages")	damages
droit (*n.m.*)	ensemble des lois, règlements Ex.: *le droit international*	law
escroc (*n.m.*)	personne qui s'approprie le bien d'autrui par une manoeuvre frauduleuse. C'est l'auteur d'une escroquerie	swindler
étude (*n.f.*)	lieu de travail, cabinet d'un avoué, d'un notaire	office chambers

VOCABULAIRE JURIDIQUE ESSENTIEL (*Suite*)

Mot ou expression	Définitions et exemples	Équivalent anglais
faillite (*n.f.*)	cessation de paiements d'un homme d'affaires constatée par un tribunal Ex.: *faire faillite*, to go bankrupt	bankruptcy
faux (*n.m.*)	écrit falsifié, contrefait. Un faussaire est celui qui commet et se sert d'un faux	forgery
fondé (*n.m.*) de pouvoir	personne chargée légalement d'agir au nom d'une autre	legal representative
greffier (*n.m.*)	personne préposée au greffe (bureau où l'on garde les minutes des actes de procédure)	registrar
homicide (*n.m.*)	action de tuer un être humain. Un homicide peut être volontaire, c'est alors un *meurtre* ("murder"), ou *involontaire* ("manslaughter")	homicide
incendie (*n.m.*)	grand feu entraînant des dégâts. Quand un incendie est l'oeuvre d'une personne, on a affaire à un *incendie criminel* ("arson")	fire
inculper	accuser une personne, la considérer comme coupable	to indict, charge
instrument (*n.m.*)	acte authentique, titre ayant une valeur juridique	instrument, deed
intenter un procès	entreprendre une action judiciaire contre quelqu'un	to bring an action
intéressé (*adj.*)	qui a un intérêt, un rôle dans quelque chose	concerned
légal (*adj.*)	conforme à la loi Ex.: *les voies légales*, legal proceedings	legal
léguer	laisser en héritage	to bequeath
léser	porter atteinte, causer du tort	to injure
litige (*n.m.*)	contestation; affaire; procès	dispute, litigation
loi (*n.f.*)	règle ou ensemble de règles établis par l'autorité souveraine d'une société	law
magistrat (*n.m.*)	personne investie d'une autorité; membre du personnel de l'ordre judiciaire	magistrate

(*Suite*)

Mot ou expression	Définitions et exemples	Équivalent anglais
mandat (*n.m.*)	acte par lequel une personne donne à une autre le pouvoir de faire quelque chose. Le *mandataire* ("representative") est celui qui détient ou reçoit ce mandat. Un *mandat d'arrêt* ("warrant") est un ordre délivré par un juge pour l'arrestation d'un accusé	power of attorney
notaire (*n.m.*)	officier public habilité à recevoir les actes et documents auxquels on veut donner un caractère authentique. Un acte dressé par un notaire est dit *notarié* ("notarized")	notary, notary public
parapher	mettre son paraphe, sa signature abrégée	to initial
plainte (*n.f.*)	action de se plaindre officiellement auprès de la justice. On porte plainte; on *dépose une plainte* ("lodge a complaint")	complaint
poursuite (*n.f.*)	action de poursuivre en justice. On *engage des poursuites* ("prosecute")	proceedings, legal action
prémédité (*adj.*)	réalisé après réflexion préalable	willful
prévenu (*n.*)	personne considérée comme coupable	(the) accused
procédure (*n.f.*)	règles d'organisation administratives ou juridiques. La procédure peut être civile ou *pénale* ("criminal")	proceedings
procès-verbal (*n.m.*)	acte dressé par une autorité pour constater officiellement un fait	official report
rupture (*n.f.*) de contrat	action de rompre, de ne pas s'acquitter d'une obligation stipulée dans un contrat	breach of contract
témoin (*n.m.*)	personne qui a assisté à un événement, qui témoigne, qui apporte son témoignage	witness
testament (*n.m.*)	acte par lequel une personne laisse ses biens avant de mourir	will

VOCABULAIRE JURIDIQUE ESSENTIEL (*Suite*)

Mot ou expression	Définitions et exemples	Équivalent anglais
verdict (*n.m.*)	décision, jugement, rendus par une autorité (un juge, par exemple)	verdict
vol (*n.m.*)	acquisition illicite du bien d'autrui Ex.: *un vol à l'étalage*, shoplifting *un vol qualifié*, robbery	theft

VOCABULAIRE ESSENTIEL DE LA COMPTABILITÉ

Mot ou expression	Définitions et exemples	Équivalent anglais
actif (*adj./n.m.*)	qui a encore cours Ex.: *des dettes actives* sont des dettes dont on est créancier	outstanding;
	Ensemble des biens et ressources qui constituent un patrimoine	assets, credit
afférent (*adj.*)	qui revient, qui se rapporte à quelque chose	related to, assignable to
alignement (*n.m.*)	fait d'aligner, de fixer par rapport à une ligne Ex.: *alignement des comptes, des prix, etc.*	adjustment, balancing
amortir	éteindre une dette, reconstituer un capital par voie de remboursement	to amortize, to pay off
amortissement (*n.m.*)	fait d'amortir; son résultat Ex.: *amortissements linéaires,* straight-line depreciation	amortization, depreciation
annuler	supprimer, rendre nul Ex.: *annuler une dette, un chèque*	to cancel, to rescind
avoir (*n.m.*)	ce que l'on possède; la partie d'un compte où l'on porte les sommes dues	credit side, assets
balance (*n.f.*)	comparaison des comptes; bilan	balance
banqueroute (*n.f.*)	faillite résultant d'opérations délictueuses ou irresponsables	bankruptcy
bénéfice (*n.m.*)	gain, profit réalisé dans une transaction commerciale	profit

(*Suite*)

Mot ou expression	Définitions et exemples	Équivalent anglais
bilan (*n.m.*)	tableau comparatif résumant la comptabilité d'une entreprise Ex.: *déposer son bilan*, to file a petition in bankruptcy	balance sheet, statement
brut (*adj.*)	qui n'a pas encore subi de transformation. Un montant brut est un montant calculé sans déduire les taxes et frais divers.	gross
caisse (*n.f.*)	les fonds disponibles (en caisse)	cash; cashier
calendrier (*n.m.*)	emploi du temps ou programme pour une activité donnée Ex.: *calendrier d'amortissement*, depreciation schedule	schedule, calender
capital (*n.m.*)	somme que l'on fait valoir dans une entreprise. Le *capital social* ("common stock") est le total des fonds et biens apportés à une société. Un capital peut être *libéré* ("paid in")	capital
cash-flow (*n.m.*)	mouvement de la trésorerie	cash flow
chiffre (*n.m.*) d'affaires	montant global des ventes effectuées par une entreprise au cours d'un *exercice commercial* ("business year")	sales figure
commissaire (*n.m.*) aux comptes	personne chargée de contrôler la comptabilité d'une société	auditor
comptabiliser	inscrire dans la comptabilité. Le *comptable* ("accountant") est chargé de cette activité	to enter into the books
comptabilité (*n.f.*)	action de tenir les comptes; l'ensemble de ces comptes	accounting
débit (*n.m.*)	compte des sommes dues	debit, debit side
défalquer	déduire, retrancher une somme d'un montant	to deduct, write off
délai (*n.m.*)	temps accordé pour la réalisation d'une opération Ex.: *délai de recouvrement des créances*, days receivable *délai de règlement de dettes*, days payable	time, term

VOCABULAIRE ESSENTIEL DE LA COMPTABILITÉ (*Suite*)

Mot ou expression	Définitions et exemples	Équivalent anglais
dépenses (*n.f.pl.*)	frais, sommes dépensées Ex.: *dépenses pour immobilisations*, capital expenditures	expenditures, expenses
dette (*n.f.*)	somme due. On parle de dettes à court, moyen ou long terme	debt
différé (*adj.*)	reporté à une date ultérieure Ex.: *frais différés*, deferred charges	deferred
échelonné (*adj.*)	réparti, étalé à intervalles réguliers Ex.: *versement échelonné*, escalated installment	graded, escalated
écritures (*n.f.pl.*)	ensemble des comptes tenus par le comptable	books, accounts
emprunt (*n.m.*)	obtention d'un prêt; la somme reçue à titre de prêt	loan, borrowing
excédent (*n.m.*)	ce qui est en plus; écart positif Ex.: *excédent de caisse*, cash surplus	surplus, excess
exigible (*adj.*)	qui peut être exigé, demandé Ex.: *passifs exigibles à court terme*, current liabilities	payable, claimable
exploitation (*n.f.*)	action d'exploiter, de mettre en valeur Ex.: *revenus d'exploitation*, operating revenues *frais d'exploitation*, operating expenses	operation
facture (*n.f.*)	feuille indiquant la nature, la quantité et les prix des marchandises vendues. Le facturier est l'employé qui établit la facture (qui facture)	invoice, bill
feuillet (*n.m.*)	page numérotée dans la comptabilité	page
financement (*n.m.*)	fait de financer, d'avancer les fonds	financing
fonds (*n.m.*)	capital Ex.: *fonds propres*, equity *fonds de roulement*, operating capital	fund

(Suite)

Mot ou expression	Définitions et exemples	Équivalent anglais
frais (*n.m.pl.*)	argent dépensé, déboursé au cours d'une opération commerciale	expenses, costs
immobilisations (*n.f.pl.*)	éléments de l'actif qui servent en permanence à l'exploitation d'une entreprise	fixed assets; plant property equipment
inventaire (*n.m.*)	opération de dénombrement des éléments qui constituent l'actif et le passif d'une entreprise; l'état établi à la suite de cette opération	inventory
liquidité (*n.f.*)	somme disponible immédiatement	cash
net (*adj./n.m.*)	contraire de brut; dont on a déduit les frais, etc.	net
passif (*n.m.*)	ensemble des dettes et charges, contrepartie de l'actif dans le bilan d'une société	liabilities
pertes et profits	tableau des résultats d'exploitation au cours d'un exercice. Il y a perte quand il y a un excédent des dépenses sur les recettes, et profit dans le cas inverse	profit and loss
plan de financement	programme indiquant le calendrier et la sources des fonds destinés à financer une entreprise	financing schedule
principal (*n.m.*)	le montant d'une dette ou d'un prêt, intérêts exclus	principal, capital sum
provision (*n.f.*)	somme déposée et prévue pour le paiement d'un titre, d'une dette, etc. Ex.: *provision pour impôts,* accrued taxes *provision pour rémunérations,* accrued wages	provision, deposit
recette (*n.f.*)	ensemble des sommes reçues; le *bureau qui perçoit des sommes dues* ("collector's office")	returns, receipts; monies, revenue
remboursement (*n.m.*)	fait de rembourser, de rendre une somme reçue	repayment, reimbursement

VOCABULAIRE ESSENTIEL DE LA COMPTABILITÉ (*Suite*)

Mot ou expression	Définitions et exemples	Équivalent anglais
rémunération (*n.f.*)	somme versée à quelqu'un à titre de paiement (pour un travail, un service rendu). Les rémunérations constituent l'ensemble des sommes versées aux employés à titre de *salaires* (''payroll'')	payment, compensation
rendement (*n.m.*) des actifs	mesure des bénéfices réalisés grâce aux actifs	return on assets
revenus (*n.m.pl.*) d'exploitation	recettes réalisées grâce à l'exploitation d'une entreprise	income statement
solde (*n.m.*)	différence entre le crédit et le débit Ex.: *solde bénéficiaire*, retained earnings *solde en caisse*, balance in hand *solde créditeur*, credit balance *solde débiteur*, débit balance	balance
taux (*n.m.*)	pourcentage, montant d'un prix fixé par une instance Ex.: *taux uniforme*, flat rate	rate
terme (*n.m.*)	date limite pour le paiement d'une dette, d'un prêt; délai accordé à cet effet Ex.: *terme de rigueur*, deadline	term, time
trésorerie (*n.f.*)	disponibilités financières, gestion des fonds et des ressources d'une entreprise Ex.: *situation de trésorerie*, financial statement	finances, internal cash
unité (*n.f.*) de compte	mesure, quantité, grandeur choisie comme élément de calcul	accounting unit
vérificateur (*n.m.*) comptable	celui qui est chargé de vérifier les comptes	auditor
versement (*n.m.*)	action de verser une somme; la somme versée Ex.: *bulletin de versement*, deposit slip	payment, remittance

ACCORDS, AGENCES, ORGANES ET ORGANISMES
ÉCONOMIQUES OU COMMERCIAUX

Instance	Sigle ou acronyme usité	Équivalent anglais	Sigle ou acronyme usité
Accord Général sur les Tarifs Douaniers et le Commerce	GATT	General Agreement on Tariffs and Trade	GATT
Agence Nationale pour l'Emploi	ANPE	National Employment Agency	
Agence Nationale pour la Valorisation de la Recherche	ANVAR	National Agency for the Utilization of Research	ANVAR
Association pour l'Emploi dans l'Industrie et le Commerce	ASSEDIC	Association for Employment in Industry and Commerce	ASSEDIC
Assoc. Fr. pour l'Étiquetage Informatif	AFEI	French Assoc. for Informative Labeling	
Association Européenne de Libre-Échange	AELE	European Free Trade Association	EFTA
Association Internationale des Assureurs contre le Grêle	AIAG	International Association of Hail Insurance Companies	IAHIC
Association Internationale de la Distribution des produits Alimentaires	AIDA	International Association of Food Distribution	IAFD
Association Internationale de Développement	AID	International Development Association	IDA
Association Latino-Américaine de Libre-Échange	ALALE	Latin American Free Trade Association	LAFTA
Association Internationale des Transports Aériens	AITA	International Air Transport Association	IATA
Association Internationale de la Boulangerie Industrielle	AIBI	International Association of the Bread Industry	IABI

ACCORDS, AGENCES, ORGANES ET ORGANISMES ÉCONOMIQUES OU COMMERCIAUX (*Suite*)

Instance	Sigle ou acronyme usité	Équivalent anglais	Sigle ou acronyme usité
Association Internationale des Économistes Agronomiques	AIEA	International Association of Agricultural Economists	ICAE
Association Intercontinentale du Maïs Hybride	INTER-HYBRID	Intra-Continental Association for Hybrid Maize	INTER-HYBRID
Association Internationale des Producteurs de l'Horticulture	AIPH	International Association of Horticultural Producers	IAHP
Association Universelle d'Aviculture	AUAS	World Poultry Science Association	WPSA
Banque Centrale des États de l'Afrique de l'Ouest	BCEAO	West African States Central Bank	WASCB
Banque Centrale des États de l'Afrique Équatoriale et du Cameroun	BECEAEC	Central Bank for Equatorial African States and Cameroon	
Banque Européenne d'Investissement	BEI	European Investment Bank	EIB
Banque Française du Commerce Extérieur	BFCE	French Foreign Trade Bank	
Banque de France (Institut français d'Émission)	BF	French Central Bank	
Banque Internationale de Coopération Économique	BICE	International Bank for Economic Cooperation	IBEC
Banque Internationale pour la Reconstruction et le Développement	BIRD	International Bank for Reconstruction and Development	IBRD
Banque des Réglements Internationaux	BRI	Bank for International Settlements	BIS

(Suite)

Instance	Sigle ou acronyme usité	Équivalent anglais	Sigle ou acronyme usité
Bénélux (Union douanière entre la Belgique, les Pays-Bas—Nederland—et le Luxembourg)	BENELUX	Benelux Economic Union	BENELUX
Bureau International du Travail	BIT	International Labor Office	ILO
Bureau de Recherches Géologiques et Minières	BRGM	Geological and Mining Research Bureau	
Centre National du Commerce Extérieur	CNCE	National Center for Foreign Trade	
Centre National d'Études Spatiales	CNES	National Space Study Center	
Centre National d'Étude des Télécommunications	CNET	National Telecommunication Survey Center	
Centre National d'Exploitation des Océans	CNEXO	National Center for Ocean Management	
Centre de Recherche pour l'Expansion Économique	REXECO	Research Center for Economic Expansion	REXECO
Chambre de Commerce Franco-Américaine	CCFA	French-American Chamber of Commerce	FACC
Chambre de Commerce Internationale	CCI	International Chamber of Commerce	ICC
Chambre Syndicale Nationale du Commerce et de la Réparation Automobile	CSNCRA	National Union of Chambers of Commerce and Automobile Repairs	
Commissariat à l'Énergie Atomique	CEA	French Atomic Energy Commission	FAEC

ACCORDS, AGENCES, ORGANES ET ORGANISMES
ÉCONOMIQUES OU COMMERCIAUX (*Suite*)

Instance	Sigle ou acronyme usité	Équivalent anglais	Sigle ou acronyme usité
Communauté Économique Européenne	CEE	European Economic Community	EEC
Communauté Européenne du Charbon et de l'Acier	CECA	European Coal and Steel Community	ECSC
Compagnie Française d'Assurance pour le Commerce Extérieur	COFACE	French Insurance Company for Foreign Trade	COFACE
Confédération Nationale des Producteurs de Vins et Eaux-de-Vie à Appellation Contrôlée	CNPVEVAC	National Association of Controlled Origin Wine and Spirit Producers	
Conseil de l'Aide Économique (Marché commun des pays socialistes)	COMECON (CAEM)	Council for Mutual Economic Assistance (Socialist countries' Common Market)	COMECON (CMEA)
Conseil Économique et Social	CES	Economic and Social Council	
Conseil National du Crédit	CNC	National Credit Council	
Conseil National du Patronat Français	CNPF	French Employers Association	
Délégation à l'Aménagement du Territoire	DATAR	French Industrial Development Agency	DATAR
Électricité de France	EDF	France's national power company	
Entreprise Chimique et Minière	ECM	Chemical and Mining Enterprise	
Entreprises de Recherches et d'Activités Pétrolières	ERAP	Petroleum Research and Operation Enterprises	
Fédération Française des Sociétés d'Assurances	FFSA	French Association of Insurance Companies	

(Suite)

Instance	Sigle ou acronyme usité	Équivalent anglais	Sigle ou acronyme usité
Fédération Internationale Alimentaire	FIA	International Food Association	IFA
Fédération Internationale des Associations d'Apiculture	APIMONDIA	International Federation of Beekeepers' Associations	APIMONDIA
Fédération Internationale du Commerce des Semences	FICS	International Federation of Seed Trade	IFST
Fédération Internationale de Laiterie	FIL	International Dairy Association	IDA
Fédération Internationale d'Oléiculture	FIP	International Olive Growers Association	IOGA
Fédération Internationale des Producteurs Agricoles	FIPA	International Federation of Agricultural Producers	IFAP
Fédération Nationale des Syndicats d'Exploitants Agricoles	FNSEA	National Association of Farmers' Unions	
Fonds d'Action Sociale pour l'Aménagement des Structures Agraires	FASASA	Social Action Fund for the Development of Agrarian Structures	
Fonds d'Aide et de Coopération	FAC	Aid and Cooperation Fund	
Fonds de Développement Économique et Social	FDES	Fund for Economic and Social Development	FESD
Fonds Européen de Développement	FED	European Development Fund	EDF
Fonds Européen d'Orientation et de Garantie Agricole	FEOGA	European Agricultural Guidance and Guarantee Fund	EAGGF
Fonds Forestier National	FFN	National Forestry Fund	

ACCORDS, AGENCES, ORGANES ET ORGANISMES
ÉCONOMIQUES OU COMMERCIAUX (*Suite*)

Instance	Sigle ou acronyme usité	Équivalent anglais	Sigle ou acronyme usité
Fonds d'Investissement et de Développement Économique (remplacée par le FAC)	FIDES	Investment and Economic Development Fund	
Fonds International pour le Développement Agricole	FICA (N.U.)	International Fund for Agricultural Development	IFAD (UN)
Fonds d'Orientation et de Régularisation des Marchés Agricoles	FORMA	Orientation Fund for the Regularization of Agricultural Markets	
Fonds National d'Aménagement Foncier et d'Urbanisme	FNAFU	National Fund for Land and Urban Development	
Fonds Monétaire International	FMI	International Monetary Fund	IFM
Groupe des Assurances Nationales	GAN	National Insurance Group	
Groupe pour le Développement de la Télédétection Aérospatiale	GDTA	Group for the Development of Aerospace Remote Sensing	
Groupements Agricoles d'Exploitation en Commun	GAEC	Agricultural Groups for Cooperative Management	
Groupement d'Études et de Recherches pour le Développement de l'Agriculture Tropicale	GERDAT	Study and Research Group for the Development of Tropical Agriculture	
Groupement Interbancaire pour les Opérations de Crédit à l'Exportation	GIMEX	Intra-Bank Group for Credit to Exports	
Inspection Générale des Finances	IGF	National Finance Control Office	

(*Suite*)

Instance	Sigle ou acronyme usité	Équivalent anglais	Sigle ou acronyme usité
Institut de Développement Industriel	IDI	Industrial Development Institute	IDI
Institut Français des Pétroles	IFP	French Oil Institute	
Institut Français de l'Opinion Publique	IFOP	French Public Opinion Institute	
Institut International d'Agriculture	IIA	International Institute of Agriculture	IIA
Institut International du Coton	IIC	International Institute of Cotton	IIC
Institut International du Froid	IIF	International Institute of Refrigeration	IIR
Institut International des Recherches sur le Riz	IIRR	International Rice Research Institute	IRRI
Institut National de l'Audiovisuel	IDA	National Audio-Visual Institute	
Institut National de la Consommation	INC	National Consumer Institute	
Institut National de Rechérches Agronomiques	INRA	National Institute for Agricultural Research	
Institut National de Recherche Chimique Appliquée	IRCHA	National Institute for Applied Chemistry Research	
Institut National de Statistiques et d'Études Économiques	INSEE	National Institute for Statistic and Economic Studies	
Loterie Nationale		National Lottery	
Marché Commun d'Amérique Centrale	MCAC	Central American Common Market	CACM
Office International du Vin	OIV	International Wine Office	IWO
Office Interprofessionnel des Céréales	ONIC	Interprofessional Office for Grains	

ACCORDS, AGENCES, ORGANES ET ORGANISMES
ÉCONOMIQUES OU COMMERCIAUX (*Suite*)

Instance	Sigle ou acronyme usité	Équivalent anglais	Sigle ou acronyme usité
Office Nationale d'Études et de Recherches Aérospatiales	ONERA	National Aerospace Research and Development Office	
Office National des Forêts	ONF	National Forestry Office	
Office Statistique des Communautés Européennes	OSCE	European Community Statistical Office	ECSO
Organisation de l'Aviation Civile Internationale	OACI	International Civil Aviation Organization	ICAO
Organisation Commune Africaine et Malgache	OCAM	African Malagasy Common Organization	AMCO
Organisation de Coopération et de Développement Économiques	OCDE	Organization for Economic Cooperation and Development	OECD
Organisation de Développement Industriel	UNIDO	U.N. Industrial Development Organization	UNIDO
Organisation Européenne de Coopération Économique (remplacée par l'OCDE en 1960)	OECE	Organization for European Economic Cooperation (replaced by OECD)	OEEC
Organisation Internationale du Commerce	OIC	International Trade Organization	ITO
Organisation Internationale du Travail (ONU)	OIT	International Labor Organization (UN)	ILO
Organisation des Nations-Unies pour l'Alimentation et l'Agriculture	(ONU)FAO	(UN) Food and Agriculture Organization	FAO
Organisation des Pays Exportateurs de Pétrole	OPEP	Organization of Petroleum Exporting Countries	OPEC

(*Suite*)

Instance	Sigle ou acronyme usité	Équivalent anglais	Sigle ou acronyme usité
Protection, Amélioration, Construction, Transformation	PACT	National Agency for Home Improvements	
Société d'Aménagement Foncier et d'Établissement Rural	SAFER	Land Utilization and Rural Settlement Corporation	
Société Financière Internationale (Filiale de la BIRD)	SFI	International Finance Corporation	IFC
Société Internationale Laitière	SIL	International Dairy Association	IDA
Société Interprofessionnelle pour la Compensation des Valeurs Mobilières	SICOVAM	Interprofessional Association for Stock Compensation	
Système Européen de Comptes Économiques Intégrés	SEC	European System for Integrated Economic Accounts	
Union des Artisans Français	UAF	French Craftsmen Association	
Union Douanière et Économique de l'Afrique Centrale	UDEAC	Central African Trade and Economic Community	
Union Douanière des États de l'Afrique de l'Ouest	UDEAO	Economic Community of West African States	ECOWAS
Union Européenne des Paiements	UEP	European Payment Union	EPU
Union Internationale de Commerce en Gros de la Fleur	UICGF	Wholesale Flower Trade International Union	WFTIU
Union Internationale des Télécommunications (ONU)	UIT	International Telecommunications Union	ITU(UN)
Union Postale Internationale (ONU)	UPU	Universal Postal Union (UN)	UPU

ABRÉVIATIONS USUELLES

Abrév.	Sens	Abrév. angl.	Équivalent ou sens en anglais
	A		
A	argent		money
	acheter; acheteurs	b.	buyers
a	are (mesure de surface)	a.	are
ab.	abandonné (bourse)		abandoned; ceded
a.c.	argent comptant		cash; ready cash
	avaries communes		general average
ac.	acompte		installment; down payment
acc.	acceptation	acc.	acceptance
act.	action		share
Adr. tél.	adresse télégraphique	T.A.	telegraphic address
am.	amortissable		redeemable
anc.	ancien		old; former
A.P.	à protester		to be protested
a.p.	avaries particulières	P.A., p.a.	particular average
art.	article		item
A.S.P.	accepté sans protêt		accepted without protest
ass. extr.	assemblée extraordinaire		special meeting
asse	assurance	ins.	insurance
	attaché (coupon)		cum; (coupon) on
avdp	avoirdupois	avdp	avoirdupois
	B		
b.	bénéfice		profit
	billet		note; ticket
	bonification		allowance
B/	billet à ordre	p.n.	promissory note
Banq.	banque	Bk.	bank
b.a.p.	billets à payer	B.P.	bills payable
b.a.r.	billets à recevoir	B.r.	bills receivable
bl	baril	bar	barrel
b/n	brut pour net	gr.wt.f.n.	gross weight for net
B.P.	boîte postale	P.O.B.	Post Office Box
bqe	barrique		cask
bt	brut	gr.	gross
bté	breveté	patd.	patented

(*Suite*)

Abrév.	Sens	Abrév. angl.	Équivalent ou sens en anglais
	C		
c., cent.	centime	c., ct.	cent, centime
	coupon	c/.	coupon
	courant	curr., currt	current
c/	contre (comptabilité)	agt.	counter-, against, contra
c.-à-d.	c'est-à-dire	viz.	videlicet (namely); that is to say
C.A.F.	coût, assurance, fret	c.i.f.	cost, insurance, freight
c.att.	coupon attaché	cum c/.	with coupon, coupon on
c/c.	compte courant	A/C	account current
c.c.	cours de compensation (Bourse)	M/U	make-up price
C.C.P.	Compte Courant Postaux		postal checking account
CEDEX	Courrier d'Entreprise à Distribution Exceptionnelle		(Business mail)
centig.	centigramme/ou cg	cg	centigram
centil.	centilitre/ ou cl	cl	centiliter
cgr	centigrade	C.	centigrade
ch. f.	change fixe		fixed (rate) of exchange
Cie	Compagnie	Co.	company
cion	commission	com.	commission
c/j.	courts jours		
cm	centimètre	cm	centimeter
c/m	cours moyen		average price
c/n.	compte nouveau		new account
	cours nul		exchange nul, void
c/o	compte ouvert		open account
compt.	comptabilité		accounting
conv.	converti	conv.	converted
coup.	coupon	c/.	coupon
coup. arr.	coupon arriéré		coupon in arrears
cour.	courant	currt	current
cpt	comptant		cash
cpte	compte	acct, a/c	account

ABRÉVIATIONS USUELLES (*Suite*)

Abrév.	Sens	Abrév. angl.	Équivalent ou sens en anglais
cpte ct	compte courant	A/C	account current
cr.	crédit; créditeur	Cr.	credit; creditor
cs	cours		price; rate of exchange
ct	courant	currt	current
ctg.	courtage	Bkge	brokerage
cum.	cumulatif	cum.	cumulative
C.V.	cheval-vapeur	H.P.	horse power
	D		
d	(denier) penny, pennies, pence	d	penny, pennies, pence
D.	débit	Dr.	debit
	déport (Bourse)		backwardation
	doit	Dr.	debtor side
d.	demande		demand; application; claim
D.A.	documents contre acceptation	D/A	documents against acceptance
dal	décalitre	dkl	decaliter
dam	décamètre	dkm	decameter
déb.	débit	Dr.	debit
débit.	débiteur	Dr.	debtor
dem. réd.	demandes réduites (Bourse)		buying orders reduced
dép.	département	dept.	department
dét.	détaché		detached; cut off
dg	décigramme	dg	decigram
dgr	décigrade	dgr	decigrade
dif.	différé	defd.	deferred; postponed
disp.	disponible		available
div.	dividende	divd.	dividend
dl	décilitre	dl	deciliter
dm	décimètre	dm	decimeter
dne	douane	Cstms	customs
do	dito (idem)	do	ditto
doll.	dollar	dols.	dollars
D.P.	Documents contre paiement	D/A	documents against payment
dr.	débiteur	Dr.	debtor
dr. c.	dernier cours		closing price

(Suite)

Abrév.	Sens	Abrév. angl.	Équivalent ou sens en anglais
D.T.S.	droits de tirage spéciaux	S.D.R.	special drawing rights
Dt	débit; débiteur; doit	Dr.	debit; debtor; debtor side
Dz	douzaine	doz.	dozen
	E		
e.a.p.	effet à payer	B.P.	bill payable
e.a.r.	effet à recevoir	B.R.	bill receivable
ECS	échantillons commerciaux		commercial samples
éd.	édition	ed.	editor; edition
env.	environ	approx.	about; approximately
esc.	escompte	disc.	discount
Ets.	établissements		business; enterprise
E.V.	en ville (correspondance)		in town
ex.	exercice	F.Y.	fiscal year; business year
ex.c.	ex-coupon	ex cp.	coupon off; ex-coupon
ex. d.	ex-dividende	ex div.	dividend off; ex-dividend
ex. dr.	ex-droits	ex n.	ex-rights; ex-new
	F		
F	franc	F	franc
f.a.	franc d'avarie, franc de toutes avaries	f.a.a.	free of all average
f.à b.	franco à bord	f.o.b.	free on board
f.a.c.	franc d'avaries communes	f.g.a.	free of general average
f.a.p.	franc d'avaries particulières	f.p.a.	free of particular average
F.A.Q.	franco le long du quai	f.a.q.	free alongside quay
F.A.S	franco le long du navire	F.A.S	free alongside ship
FB	franc belge	FB	Belgian franc
fco	franco		free
f.ct	fin courant	e.o.m.	end of month
FF	franc français	FF	French franc

ABRÉVIATIONS USUELLES (*Suite*)

Abrév.	Sens	Abrév. angl.	Équivalent ou sens en anglais
fl	florin	Gld	guilder
FL	franc luxembourgeois	FL	Luxembourgeois franc
fo	folio	fo.	folio
f.p.	fin prochain		end of next month
Frs	francs		francs
fre	facture	inv.	invoice
FS	faire suivre	fwd	forward
FS	franc suisse	FS	Swiss franc
G			
g.	gramme	g	gram
G.M.T.	temps du méridien de Greenwich	G.M.T.	Greenwich Mean Time
gr. coup.	grosses coupures		large denominations
G.V.	grande vitesse		(by) fast train
H			
h.	hier		yesterday
ha	hectare	ha	hectare
H.C.	hors concours		special category
hg	hectogramme	hg	hectogram
hl	hectolitre	hl	hectoliter
hm	hectomètre	hm	hectometer
hyp.	hypothèque	mge	mortgage
hW	hectowatt	hW	hectowatt
I			
ibid.	*ibidem* (au même endroit)	Ibid.	*Ibidem* (in the same place)
id.	*idem* (le même)		the same; also
i.e.	*id est* (c'est-à-dire)	i.e.	*id est* (that is)
imp.	impayé		unpaid; outstanding
int.	intérêt	int.	interest
J			
jce	jouissance		enjoyment; possession; usufruct
j/d.	jours de date	d/d.	days after date
jr	jour		day
j/v.	jours de vue	d.s.	days after sight

(*Suite*)

Abrév.	Sens	Abrév. angl.	Équivalent ou sens en anglais
	K		
kg	kilogramme	kg	kilogram
km	kilomètre	km	kilometer
kmh	kilomèter-heure	kmh	kilometer per hour
kW	kilowatt	kW	kilowatt
kWh	kilowatt-heure	kWh	kilowatt-hour
	L		
l	lire	l	lira
l	litre	L., lit.	liter
l/c.	leur compte		their account
l/cr.	lettre de crédit	L/C	letter of credit
loc. cit.	*loco citato* (à l'endroit déjà cité)	loc. cit.	*loco citato* (in the place cited)
lib.	libéré	p.,f.pd.	paid-up; fully paid; cleared
liq.	liquidation	liq., lqn	liquidation, close-out; clearance sale
	M		
M.	Monsieur	Mr.	Mister
m.	mois	mo.	month
m	mètre	m	meter
max.	maximum	max.	maximum
m/c	mon compte		our account
m/d	mois de date	M/D	months after date
Me	Maître (titre)	Me	Maître
mg	milligramme	mg	milligram
mise	marchandise		merchandise
ml	millilitre	ml	milliliter
Mlle	Mademoiselle		Miss
MM.	Messieurs	Messrs	Messieurs; sirs
mm	millimètre	mm	millimeter
m/m	moi-même		myself
Mme	Madame	Mrs.	
M/o	mon ordre		my order
Mon	Maison		enterprise
m/v.	mois de vue	M/S	month's sight
mx	au mieux (Bourse)		at best

ABRÉVIATIONS USUELLES (*Suite*)

Abrév.	Sens	Abrév. angl.	Équivalent ou sens en anglais
	N		
N.	nominal	n.	nominal
N.B.	*nota bene* (notez bien)	N.B.	*nota bene* (mark well; take notice)
n.c.	non coté (Bourse)		unlisted; unquoted
n/c.	notre compte		our account
N.D.L.R	note de la rédaction	Ed. Note	Editor's note
N. du T.	note du traducteur	Trans. Note	Translator's note
Négt	négociant	dlr	merchant; dealer
nég.	négociable		negotiable
N°	numéro	No., no., num.	number
nom.	nominatif	regd.	registered
	O		
o/	à l'ordre de	o/o	order of
oblig.	obligation	bd.	bond
off.	offert		bid
off. réd.	offres réduites		reduced offers
o/m/m	à l'ordre de moi-même		to our own order
ord.	ordinaire	ord.	ordinary; usual
OS	ouvrier spécialisé		semiskilled worker
ouv.	ouverture		opening; tentative offer
oz	once	oz.	ounce
	P		
p.	page	p.	page
	pair		par
	par; pour		by; for
	prime	p.; pm.	premium; bonus; incentive; option
P	protesté		protested
P1, P2, P3, . . .	(catégories professionelles)		professional rating of skilled labor
P.&P.	pertes et profits	P & L	profit and loss
P.A.	pour ampliation		certified true copy
pable	payable		payable
p.b.	plus bas (bourse)		low; lows; lowest

(Suite)

Abrév.	Sens	Abrév. angl.	Équivalent ou sens en anglais
p.c.	pour cent	p.c.	percent
	pas coté (Bourse)		not quoted; not listed
p/c.	pour compte (de)		for account (of), on behalf (of)
P.C.C.	pour copie conforme		certified true copy
p.cp.	petites coupures		small denominations
p.d.	port dû		postage due
p. ex.	par exemple	e.g.	for example
PME	petites et moyennes entreprises		medium and small business
p.p.	port payé		carriage paid
p.pon	par procuration	per. pro.	*per procurationem* (by proxy)
pr.	prime	prm.	premium
	prochain		next
P.R.	poste restante	G.D.	General Delivery
préf.	préférence	prefce	preference
priv.	privilégié	prf	preferential; preferred
P.S.	post-scriptùm	P.S.	post-scriptum
P.V.	petite vitesse		(by) slow train
R			
R.	report	c/d; c/f	carried down; carried forward
r.	recommandé	reg.	registered
	reçu	recd., rect.	received; receipt
	rue	St.	street
R.C.	registre du Commerce		trade register
réf.	référence	ref.	reference
règlt	règlement	paymt	payment
remb.	remboursable		repayable; callable; redeemable
rep.	report	c/d; c/f	carried down; carried forward
rép.	répartition		distribution; allotment
rev. var.	revenu variable		variable income
r.f.	revenu fixe		fixed income
r.p.	réponse payée	R.P.	reply paid
rse	remise	dis., disc.	discount

ABRÉVIATIONS USUELLES (*Suite*)

Abrév.	Sens	Abrév. angl.	Équivalent ou sens en anglais
R.S.V.P.	réponse, s'il vous plaît	RSVP	please reply
	S		
s.	signé	sig.	signature
	second	s., sec.	second
S.A.	société anonyme	Inc.	incorporated company
S.A.R.L.	société à responsabilité limitée	Ltd.	limited liability company
s.b.f.	sauf bonne fin		under usual reserve
s/c.	son compte		his/her account
s.c.	seul cours		sole price, rate
s.d.	sans date	n.d.	no date
s.e. & o.	sauf erreur et omission	E. & O.E.	errors and omissions excepted
s.e.d.d.	sans engagement de dates		without specifying dates
S.F.	sans frais	f.o.c.	free of charge
SICAV	société d'investissement à capital variable		investment company, mutual fund
SICOMI	sociétés immobilières pour le commerce et l'industrie		companies leasing buildings to businesses
SICOVAM	société interprofessionnelle pour la compensation des valeurs mobilières		interprofessional company for the clearing of securities
s.l.	sauf livraison		against delivery
sle	succursale		subsidiary; branch
s.l.n.d.	sans lieu ni date	n.p.n.d.	no place (of publication), no date
SMIC	salaire minimum interprofessionnel de croissance		French minimun wage
s.o.	sauf omission		unless omitted; omission excepted
s/o	son ordre		his/her order
sr	successeur		successor

(Suite)

Abrév.	Sens	Abrév. angl.	Équivalent ou sens en anglais
S.S.	Sécurité Sociale	S.S.	Social Security
S.S.P.	sous seing privé		under private seal
St	saint	St	saint
Sté	société	Co	company
suiv.	suivant		following
s.v.	sans valeur		worthless; valueless
S.v.p.	s'il vous plaît		please
	T		
T.	tare	T	tare
	taxe à percevoir		tax due
T/	traite	dft.	draft
t.br.	tonne brut	gr.tn	gross ton
t.c.	toutes coupures		all denominations
TC	télégramme avec collationnement		cable without repetition paid
Tél.	téléphone	Tel.	telephone
TM	tonne métrique	MT	metric ton
T.P.	Travaux Publics (administration)	P.W.	Public Works
t.p.	tout payé		all paid
T.P.S.	taxe sur les prestations de services		tax on fees, commissions, etc.
T.Q.	tel quel		as is
tr.	traite	dft.	draft
T.S.	tarif spécial		special rate
T.s.v.p.	Tournez, s'il vous plaît	P.T.O.	please turn over (to next page)
TT	transit temporaire		temporary transit
tt	tout		all; every
T.T.C.	toutes taxes comprises		all taxes included
T.V.A.	taxe à la valeur ajoutée	VAT	value-added tax
tx	tonneaux de jauge	t.	tons (tonnage)
	U		
UCE (ECU)*	unité de compte européenne	ECU	European Counting (monetary) Unit

* 1 ECU = 5,94 F
      = \$1,30 (Taux janvier 1981)

ABRÉVIATIONS USUELLES (*Suite*)

Abrév.	Sens	Abrév. angl.	Équivalent ou sens en anglais
UEP	Union européenne des paiements	EPU	European Payment Union
UTH	unité de travail-homme		Man-work year
	V		
v.	voir		see
	vendeurs; vendez!	s.	sellers; sell!
	votre	yr.	your
V/	valeur	sec.	security
val.	valeur	val.	value
v/c.	votre compte		your account
virt	virement	tfr.	transfer (banking)
vo	verso	vo.	back (of page)
vol.	volume	vol.	volume
Vve	veuve	Mrs.	widow (title)
	Z		
Z.A.D.	zones d'aménagement différé		areas to be urbanized in the future (Zoning plan)
Z.U.P.	zones à urbaniser en priorité		areas to be urbanized in priority (Zoning plan)

NOMS DE PAYS / LEURS ADJECTIFS / LEURS MONNAIES

La désignation officielle, ou le type d'entité politique, est donnée entre parenthèses.

Abréviations: Rép. = République; dém. = démocratique; pop. = populaire; soc. = socialiste; m. = membre; féd. = fédérale

Sauf indication contraire, l'unité monétaire est locale (dinar algérien pour l'Algérie, tunisien pour la Tunisie, yougoslave pour la Yougoslavie, etc.).

Art.	Pays	Monnaie	1F*	$1*	Country
l'	Afghanistan (Rép. dém.)/afghan	afghani	10,7	45	Afghanistan (Dem. Rep.)/Afghan
l'	Albanie (Rép. dém. pop.)/albanais	lek	0,95	4.1	Albania (People's Soc. Rep.)/Albanian
l'	Algérie (Rép. Algérienne dém. et pop.)/algérien	dinar	0,90	3.9	Algeria (Dem. & Pop. Rep. of Alg.)/Algerian
l'	Allemagne de l'Ouest (Rép. féd. d'Allemagne)/ouest-allemand	deutsche-mark	0,44	2	West Germany (Fed. Rep. of Germany)/West German
l'	Allemagne de l'Est (Rép. dém. allemande)/est-allemand	ostmark	0,44	2	East Germany (German Dem. Rep.)/East German
. . .	Andorre (Principauté)/andorran	franc franç. / peseta esp.	. . . / 17,8	4.6 / 82	Andorra (Principality)/Andorran
l'	Angola (Rép. pop. d'A.)/angolais	kwanza	10,7	46	Angola (People's Rep. of Angola)/Angolese
l'	Arabie Saoudite (Rép. d'Arabie S.)/saoudite/saoudien	riyal	0,72	3.33	Saudi Arabia (Kingdom of S. Arabia)/Saudi Arabian
l'	Argentine (Rép. Argentine)/argentin	peso	420	2018	Argentina (Argentine Republic)/Argentine
l'	Australie (Commonwealth d'Aust.)/australien	dollar	0,18	.85	Australia (Commonwealth of Aust.)/Australian
l'	Autriche (Rép. d'A.)/autrichien	schilling	3,23	14.9	Austria (Rep. of A.)/Austrian
les	Bahamas (Commonwealth des Bahamas)/bahamien	dollar	0,21	1	Bahamas (Commonwealth of the B.)/Bahamian

*Taux de change approximatifs (début 1981): $1 = 4,60 F

NOMS DE PAYS / LEURS ADJECTIFS / LEURS MONNAIES (*Suite*)

Art.	Pays	Monnaie	1F	$1	Country
...	Bahrein (État de B.)(Émirat)/bahreini	dinar	0,09	.4	Bahrain (State of Bahrain)/Bahraini
le	Bangla-Desh (Rép. pop. du B.-D.)/bangla-deshois	taka	3,6	15,5	Bangladesh (People's Rep. of Bangladesh)/Bangladeshi
la	Belgique (Royaume de B.)/belge	franc b.	7	32	Belgium (Kingdom)/Belgian
le	Bénin (Rép. pop. du B.)/béninois	franc CFA*	50	230	Benin (People's Rep. of Benin)/Beninese/Beninois
le	Bhoutan (Royaume)/bhoutanais	ngultrum	2,10	9	Bhutan (Kingdom)/Bhutanese
la	Birmanie (Rép. soc. de l'Union de Birmanie)/birman	kyat	1,57	6.75	Burma (Soc. Rep. of the Union of Burma)/Burmese
la	Bolivie (Rép.)/bolivien	peso	4,65	20	Bolivia (Rep.)/Bolivian
le	Botswana (Botswana)/botswanais	pula	0,16	.75	Botswana (Botswana)/Batswana
le	Brésil (Rép. féd. du B.)/brésilien	cruzeiro	14,82	68.2	Brazil (Federative Rep.)/Brazilian
la	Bulgarie (Rép. dem. pop.)/bulgare	lev	0,21	.88	Bulgaria (People's Rep.)/Bulgarian
le	Burundi (Rép. de B.)/burundais	franc	20,9	90	Burundi (Rep. of B.)/Barundi
le	Cambodge/cambodgien (voir Kampuchea)	riel	370	1590	Cambodia/Cambodian (see Kampuchea)
le	Cameroun (Rép. féd. du C.)/camerounais	franc CFA	50	230	Cameroon (United Republic of C.)/Cameroonian
le	Canada (m. du Commonwealth br.)/canadien	dollar	0,26	1.19	Canada (m. of Commonwealth)/Canadian
le	Cap-Vert (République du C.-V.)/cap-verdien	escudo	11	47	Cape Verde (Republic of C.V.)/Cape Verdean
le	Centrafrique (Rép. Centrafricaine)/centrafricain	franc CFA	50	230	Central African Republic/Central African
...	Ceylan (voir Sri Lanka)/cingalais	roupie†	3,63	15.6	Ceylon (see Sri Lanka)/Ceylonese

*CFA: Comptoirs Français d'Afrique   †En anglais: rupee

(*Suite*)

Art.	Pays	Monnaie	1F	$1	Country
le	Chili (République du C.)/chilien	peso	8,4	36	Chile (Republic of C.)/Chilean
la	Chine populaire (Rép. pop. de C.)/chinois	yuan	0,34	1.58	China (People's Republic of C.)/Chinese
la	Chine nationaliste (Tai Wan ou Formose)(République de C.)/chinois	dollar	7,8	35,8	Nationalist China (Taiwan or Formosa)(Republic of China)/Chinese
. . .	Chypre (Rép., m. du Commonwealth br.)/chypriot	livre	0,08	.36	Cyprus (Republic of C., m. of Commonwealth)/Cypriot
la	Colombie (Rép. de C.)/colombien	peso	11,15	51,3	Colombia (Rep. of C.)/Colombian
les	Comores (Rép. féd. islamique des C.)/comorien	franc CFA	50	230	Comoros (C. Fed. Islamic Rep.)/Comorian
le	Congo (Rép. pop. du C.)/congolais	franc CFA	50	230	Congo (People's Rep.)/Congolese
la	Corée du Nord (Rép. dém. de C.)/nord-coréen	won	0,6	2.58	North Korea (Dem. People's Rep.)/North Korean
la	Corée du Sud (Rép. de C.)/sud-coréen	won	140	662	South Korea (Rep. of K.)/South Korean
le	Costa Rica (Rép. de C.R.)/costaricien	colón	0,58	2.5	Costa Rica (Rep.)/Costa Rican
la	Côte-d'Ivoire (Rép. de C.-d'I.)/ivoirien	franc CFA	50	230	Ivory Coast (Rep. of I.C.)/Ivorian
. . .	Cuba (Rép. de C.)/cubain	peso	0,17	.75	Cuba (Rep. of C.)/Cuban
le	Dahomey (Rép. pop. du Bénin)/dahɔméen/béninois	franc CFA	50	230	Dahomey (People's Rep. of Benin)/Beninese/Beninois
le	Danemark (Royaume du D.)/danois	krone	1,42	6.55	Denmark (Kingdom of D.)/Danish
. . .	Djibouti (Rép.)/djiboutien	franc Djib.	0,38	1.6	Djibouti (Rep.)/Djibouti
la	Dominique (Commonwealth de la D.)/dominiquais	dollar	0,62	2.7	Dominica (Commonwealth of Dominica)/Dominican

NOMS DE PAYS / LEURS ADJECTIFS / LEURS MONNAIES (*Suite*)

Art.	Pays	Monnaie	1F	$1	Country
la	République domini-caine/dominicain	peso	0,21	1	Dominican Rep./Do-minican
l'	Égypte (Rép. Arabe Unie)/égyptien	livre	0,16	.70	Egypt (United Arab Rep.)/Egyptian
l'	Eire (voir Irlande)				Eire (see Ireland)
le	Salvador (El) (Rép.)/salvadorien	colón	0,58	2.5	El Salvador (Rep.)/Salvadorian
les	Émirats Arabes (Fédération des Émirats Arabes)/arabe	dirham	0,90	3.85	United Arab Emir-ates/Arab
l'	Équateur (Rép.)/équatorien	sucre	5,45	25.1	Ecuador (Rep.)/Ecu-adorian
l'	Espagne (État es-pagnol)/espagnol	peseta	17,45	80	Spain (Spanish State)/Spanish
les	États-Unis d'Amérique (Rép. des É.-U.A.)/américain	dollar	0,21	. . .	United States of America (Rep. of the U.S.A.)/Ameri-can
l'	Éthiopie/éthiopien	birr	0,48	2.07	Ethiopia (Ethiopia)/Ethiopian
les	Fidji (îles)/fidjien	dollar	0,2	.85	Fiji/Fijian
la	Finlande (Suomi) (Rép.)/finlandais/finnois	markka	0,87	4.01	Finland (Rep.)/Fin-nish
la	France (Rép. Française)/français	franc	. . .	4,60	France (French Rep.)/French
le	Gabon (Rép. Gabo-naise)/gabonais	franc CFA	50	230	Gabon (Gabonese Rep.)/Gabonese
la	Gambie (Rép. de G.)/gambien	dalasi	0,45	1.95	The Gambia (Rep.)/Gambian
le	Ghana (Rép. du G.)/ghanéen	cedi	0,64	2.75	Ghana (Rep.)/Ghan-aian
la	Grande-Bretagne (Royaume-Uni de G.-B. et d'Irlande du Nord)/britan-nique	livre ster-ling	0,09	.42	Great Britain (United Kingdom of G. B. and Northern Ireland)/British
la	Grèce (Rép. hellénique)/grec	drachme	10,70	49.2	Greece (Hellenic Rep.)/Greek
la	Grenade (Grenada)/grenadin	dollar EC*	0,62	2.70	Grenada/Grenadine

*EC: Est Caraïbe

(Suite)

Art.	Pays	Monnaie	1F	$1	Country
le	Guatémala (Rép.)/ guatémaltèque	quetzal	0,21	1	Guatemala (Rep.)/ Guatemalan
la	Guinée (Rép. pop. et révolutionnaire de Guinée)/guinéen	syli	4,50	19,5	Guinea (Pop. and Revolutionary Rep. of Guinea)/ Guinean
la	Guinée-Bissau (Rép.)/guinéen	escudo	8	34.5	Guinea-Bissau (Rep.)/Guinean
la	Guyane (Rép. coopérative de G., m. du Commonwealth)/guyanais	dollar	0,6	2.55	Guyana (Cooperative Rep. of Guyana)/ Guyanese
. . .	Haïti (Rép. d'Haïti)/ haïtien	gourde	1,2	5	Haiti (Rep. of H.)/ Haitian
la	Haute-Volta (Rép. de H.-V.)/voltaïque	franc CFA	50	230	Upper Volta (Rep. of U.V.)/Upper Voltan
le	Honduras (Rép. du H.)/hondurien	lempira	0,43	2	Honduras (Rep. of H.)/Honduran
la	Hongrie (Rep. dém. pop.)/hongrois	forint	4,8	20.3	Hungary (Hungarian People's Rep.)/ Hungarian
l'	Inde (Rép. féd., m. du commonwealth)/indien	roupie	1,73	8	India (Rep. of I.)/Indian
l'	Indonésie (Rép. d'I.)/ indonésien	roupie (roupiah)	145	625	Indonesia (Rep. of I.)/Indonesian
l'	Irak (Rép. irakienne)/ irakien	dinar	0,07	.29	Iraq (Rep. of I.)/ Iraqi
l'	Iran (Rép. islamique)/iranien	rial	17,4	80	Iran (Islamic Rep.)/ Iranian
l'	Irlande (Rép.)/irlandais	livre	0,12	.56	Ireland (Rep.)/Irish
l'	Islande (Rép.)/islandais	krôna	76,7	330	Iceland (Rep. of I.)/ Icelandic
. . .	Israël (État d'I.)/israélien	shekel	1,31	6	Israel (State of I.)/Israeli
l'	Italie (Rép. italienne)/italien	lire	205	945	Italy (Italian Rep.)/ Italian
la	Jamaïque/ jamaïquais/ jamaïcain	dollar	4,2	1.75	Jamaica/Jamaican

NOMS DE PAYS / LEURS ADJECTIFS / LEURS MONNAIES (*Suite*)

Art.	Pays	Monnaie	1F	$1	Country
le	Japon (Empire)/japonais	yen	44,2	203	Japan (Monarchy)/Japanese
la	Jordanie (Royaume jordanien hachémite)/jordanien	dinar	0,07	.30	Jordan (Hashemite Kingdom of J.)/Jordanian
le	Kamputchea (Kamputchea Démocratique)/khmer	riel	370	1590	Kampuchea (Democratic Kampuchea)/Khmer
le	Kenya (Rép., m. du Commonwealth/kenyan	shilling	1,8	7.6	Kenya (Rep. of K.)/Kenyan
...	Kiribati (Rép.) (ex-îles Gilbert)/kiribatien	dollar australien	0,18	.85	Kiribati (Rep. of K.)/Kiribati
le	Koweit (État du K.)/koweiti	dinar	0,07	.28	Kuwait (State of K.)/Kuwaiti
le	Laos (Rép. dém. pop. laotienne)/laotien	kip	46	200	Laos (Lao People's Dem. Rep.)/Laotian
le	Lesotho (Royaume du L.)/basuto	rand sud-africain	0,16	.75	Lesotho (Kingdom of L.)/Basotho
le	Liban (Rép. libanaise)/libanais	livre	0,83	3.83	Lebanon (Rep. of L.)/Lebanese
le	Libéria (Rép. du L.)/libérien	dollar	0,22	1.12	Liberia (Rep.)/Liberian
la	Libye (Rép. Arabe Libyenne)/libyen	dinar	0,07	.30	Libya (Socialist People's Libyan Arab Rep.)/Libyan
le	Liechtenstein (Principauté)/liechtensteinois	franc suisse	0,39	1.90	Liechtenstein (Principality)/Liechtensteiner
le	Luxembourg (Grand-duché de Luxembourg)/luxembourgeois	franc	7,2	30.2	Luxembourg (Grand Duchy of L.)/Luxembourgian
...	Madagascar (Rép. malgache)/malgache	franc	50	230	Madagascar (Malagasy Rep.)/Malagasy
le	Malawi (Rép. de Malawi)/malawien	kwacha	0.2	.83	Malawi (Rep. of M.)/Malawian

(Suite)

Art.	Pays	Monnaie	1F	$1	Country
la	Malaisie (État féd., m. du Commonwealth)/malais	ringgit	0,53	2.22	Malaysia (Malaysia)/Malaysian
les	Maldives (Rép. des M.)/maldivien	roupie	2,12	8.9	Maldives (Rep. of M.)/Maldivian
le	Mali (Rép. du Mali)/ malien	franc	100	460	Mali (Rep. of Mali)/ Malian
…	Malte (Rép. de Malte, m. du Commonwealth)/maltais	livre	0,08	.35	Malta (Rep. of M.)/ Maltese
le	Maroc (Royaume chérifien)/marocain	dirham	0,95	4.3	Morocco (Kingdom of M.)/Moroccan
…	Maurice (île) (m. du Commonwealth)/ mauricien	roupie	1,40	6	Mauritius/Mauritian
la	Mauritanie (Rép. Islamique de M.)/ mauritanien	ouguiya	11	46	Mauritania (Rep.)/ Mauritanian
le	Mexique (États-Unis Mexicains, rép. fédérale)/mexicain	peso	5,08	23,4	Mexico (United Mexican States)/Mexican
…	Monaco (Principauté)/ monégasque	franc franç.	1	4.6	Monaco (Principality)/Monacan
la	Mongolie (Rép. dém. pop.)/mongole	tugrik	0,7	3	Mongolia (Mongolian People's Rep.)/Mongol
le	Mozambique (Rép. pop. du M.)/ mozambicain	escudo	7,8	33	Mozambique (People's Rep. of M.)/ Mozambican
…	Nauru (Rép. de Nauru)/nauruan	dollar aust.	0,18	.85	Nauru (Rep. of N.)/ Nauruan
le	Népal (Royaume du N.)/népalais	roupie	2,85	12	Nepal (Kingdom of N.)/Nepalese
le	Nicaragua (Rép. du N.)/nicaraguayen	córdoba	2,1	10	Nicaragua (Rep.)/Nicaraguan
le	Niger (Rép. du N.)/ nigérien	franc CFA	50	230	Niger (Rep. of N.)/ Nigerien
le	Nigéria (Rép. féd. du N.)/nigérian	naira	50	230	Nigeria (Fed. Rep.)/ Nigerian

NOMS DE PAYS / LEURS ADJECTIFS / LEURS MONNAIES (*Suite*)

Art.	Pays	Monnaie	1F	$1	Country
la	Norvège (Royaume)/ norvégien	krone	1,17	5.4	Norway (Kingdom)/ Norwegian
les	Nouvelles-Hébrides (Vanuatu)/néo-hébridais/vanu-atuan	vatu (F.CFP) dollar aust.	18,18 0,18	83.6 .85	New Hebrides/New Hebridian
la	Nouvelle-Zélande (m. du Common-wealth)/néo-zélandais	dollar	0,22	1.04	New Zealand (New Zealand)/New Zealander
. . .	Oman (Sultanat d'Oman)/omani	rial	0,09	.35	Oman (Sultanate)/ Omani
le	Pakistan (Rép. Isla-mique)/pakistanais	roupie	2,1	9.88	Pakistan (Islamic Rep. of P.)/Pakistani
le	Panama (Rép. du P.)/panaméen	balboa	0,21	1	Panama (Rep. of P.)/ Panamanian
la	Papouasie-Nouvelle-Guinée/papou-néo-guinéen	kina	0,17	.72	Papua New Guinea/ Papua New Gui-nean
le	Paraguay (Rép. du P.)/ paraguayen	guarani	30	125	Paraguay (Rep.)/Par-aguayan
les	Pays-Bas (Royaume des P.-B.) néerlandais/hol-landais	florin (gulden)	0,50	2.3	The Netherlands (Kingdom)/Dutch
le	Pérou (Rép.)/ péruvien	sol	74,3	342	Peru (Rep. of P.)/Pe-ruvian
les	Philippines (Rép. des P.)/philippin	piso	1,60	7.55	Philippines (Rep.)/ Filipino
la	Pologne (Rép. dém. pop.)/polonais	zloty	7,8	33	Poland (Polish Peo-ple's Rep.)/Polish
le	Portugal (Rép. por-tugaise)/portugais	escudo	12	55	Portugal (Portuguese Rep.)/Portuguese
le	Qatar (Émirat du Q.)/qatari	riyal	0,9	3.85	Qatar (State of Q.)/ Qatari
la	Rhodésie (voir Zim-babwe)				Rhodesia (see Zim-babwe)
la	Roumanie (Rép. So-cialiste roumaine)/ roumain	lev (lei)	1,07	4,5	Romania (Soc. Rep.)/ Romanian
le	Rwanda (Rép. du R.)/rwandais	franc	22	93	Rwanda (Rep.)/ Rwandan

*CFP: Comptoirs Français du Pacific

(Suite)

Art.	Pays	Monnaie	1F	$1	Country
...	Sainte-Lucie (État de S.-L.)/sanlucien	dollar EC	0,65	2,70	Santa Lucia (State of S.L.)/Saint Lucian
...	Saint-Marin (Rép. de San Marino)/sanmarinien	lire ital.	205	945	San Marino (Most Serene Rep. of San Marino)/San-marinese
les	Samoa Occidentales (État indépendant des Samoa Occ.)/ouest-samoan	tala	0,17	.75	Western Samoa (Independent State of W.S.)/Western Samoan
...	São Thomé et Principe (Rép. dém.)/santhoméen	dobra	8	35	São Tomé and Principe (Dem. Rep.)/São Toméan
le	Sénégal (Rép. du S.)/sénégalais	franc CFA	50	230	Senegal (Rep. of S.)/Senegalese
les	Seychelles (Rép. des S.)/seychellois	roupie	1,55	6.5	Seychelles (Rep.)/Seychellois
le	Sierra Leone (Rép.)/sierraléonais	leone	0,25	1.05	Sierra Leone (Rep.)/Sierra Leonean
...	Singapour (Rép. de S.)/singapourais	dollar	0.44	2.06	Singapore (Rep.)/Singaporean
les	Salomon (îles)/salomonien	dollar	0,21	.90	Salomon Islands/S. Islander
la	Somalie (Rép. dém. somalienne)/somali	somalo	1,5	6.30	Somalia (Somali Dem. Rep.)/Somali
le	Soudan (Rép. dém. du S.)/soudanais	livre	0,1	0.40	Sudan (Dem. Rep.)/Sudanese
le	Sri Lanka (Rép. de S.L.)/sri lankais	roupie	3,7	15.5	Sri Lanka (Dem. Soc. Rep.)/Sri Lankan
la	(République) Sud-Africaine/sud-africain	rand	0,16	.75	South Africa (Rep. of)/South African
le	Sud-Yémen (Rép. pop. du S.-Y.)/sud-yéménite	dinar	0,08	.35	South Yemen (People's Dem. Rep.)/Southern Yemenite or Yemeni
la	Suède (Royaume de S.)/suédois	krone	1	4.57	Sweden (Kingdom)/Swedish

NOMS DE PAYS / LEURS ADJECTIFS / LEURS MONNAIES (*Suite*)

Art.	Pays	Monnaie	1F	$1	Country
la	Suisse (Confédération suisse)/helvétique/ suisse	franc	0,39	1.81	Switzerland (Swiss Confederation)/ Swiss
le	Surinam (Rép. de S.; ex-Guyane hollandaise)/surinamien	guilder (florin)	0,43	1.8	Suriname (Rep. of S.)/Surinamese
le	Swaziland (Royaume)/swazilandais	lilangeni	0,16	.75	Swaziland (Kingdom)/Swazi
la	Syrie (Rép. Arabe Syrienne)/syrien	livre	1	4	Syria (Syrian Arab Rep.)/Syrian
la	Tanzanie (Rép. Unie de T.)/tanzanien	shilling	2	8.3	Tanzania (United Rep. of T.)/Tanzanian
le	Tchad (Rép. du Tchad)/tchadien	franc CFA	50	230	Chad (Rep. of Chad)/ Chadian
la	Tchécoslovaquie (Rép. socialiste tchécoslovaque)/ tchécoslovaque	couronne (koruna)	2,5	10.5	Czechoslovakia (Czechoslovak Socialist Republic)/ Czechoslovakian
la	Thaïlande (monarchie)/thaï/ thaïlandais	baht ou tical	4,2	20	Thailand (Kingdom)/ Thai
le	Togo (Rép. Togolaise)/togolais	franc CFA	50	230	Togo (Togolese Rep.)/Togolese
...	Tonga (Royaume de T.)/tongeais	pa'anga	0,21	.90	Tonga (Kingdom)/ Tongan
la	Trinité et Tobago (État m. du Commonwealth)/trinidadien	dollar	0,6	2.5	Trinidad and Tobago (Rep. of T. and T.)/Trinidadian, Tobagonian
la	Tunisie (Rép. Tunisienne)/tunisien	dinar	1	.41	Tunisia (Rep. of T.)/ Tunisian
la	Turquie (Rép. turque)/turc	lire	6,4	27	Turkey (Rep. of T.)/ Turkish
...	Tuvalu (ex-îles Ellice)/tuvalusien	dollar aust.	0,18	.85	Tuvalu (Tuvalu)/Tuvaluan
l'	Uganda (Ouganda) (Rép. d'Uganda)/ ugandais/ougandais	shilling	1,8	7.6	Uganda (Rep. of U.)/ Ugandan

(Suite)

Art.	Pays	Monnaie	1F	$1	Country
l'	Union des Républiques Socialistes Soviétiques (URSS)/soviétique	rouble	0,15	.65	Union of Soviet Socialist Republics (USSR)/Soviet
l'	Uruguay (Rép. orientale de l'U.)/uruguayen	peso	2,10	9.7	Uruguay (Oriental Rep. of U.)/Uruguayan
le	Vatican (État du Vatican)	lire ital.	205	945	Vatican City (State of the Vatican City)/Vatican
le	Vénézuéla (Rép. du V.)/vénézuélien	bolivar	0,93	4.3	Venezuela (Rep.)/Venezuelan
le	Vietnam (Rép. dém. du V.)/vietnamien	dong	0,52	2.2	Vietnam (Socialist Rep. of V.)/Vietnamese
le	Yémen (Rép. Arabe Yéménite)/yéménite	rial	1	4.6	Yemen (Yemen Arab Rep.)/Yemeni
la	Yougoslavie (Rép. féd. socialiste yougoslave)/yougoslave	dinar	4,5	19	Yugoslavia (Socialist Federal Republic of Y.)/Yugoslav
le	Zaïre (Rép. du Zaïre)/zaïrois	zaïre	0,65	3	Zaire (Rep. of Zaire)/Zairean
la	Zambie (Rép. de Zambie)/zambien	kwacha	0,2	.80	Zambia (Rep. of Z.)/Zambian
le	Zimbabwe (État de Z.)/zimbabwéen	dollar	0,14	.50	Zimbabwe (State of Z.)/Zimbabwean

vocabulaire français-anglais

Abréviations:

f.   nom féminin
m.   nom masculin
pl.   pluriel

Le participe passé des verbes irréguliers est donné entre parenthèses. Les mots dont le sens est aisé à deviner n'ont pas été retenus.

abaissement *(m.)* lowering, reduction
abeille *(f.)* bee
  apiculture *(f.)* beekeeping
abonné *(m.)* subscriber
abonnement *(m.)* subscription
abonner (s') à to subscribe to
abréger to abbreviate, to abridge
abus abuse, excess
abusif excessive, exaggerated
acception *(f.)* meaning
accise *(f.)* excise
accord *(m.)* agreement
  — commercial trade agreement
accorder to grant
accréditif *(m.)* letter of credit
accroître (accru) (s') to increase, to augment
accusé *(m.)* **de réception** receipt, acknowledgment of receipt

accuser réception de to acknowledge receipt of, to be in receipt of
achat *(m.)* purchase
acheminement *(m.)* **du courrier** conveying of mail
acier *(m.)* steel
acompte *(m.)* down payment, deposit
acquéreur *(m.)* buyer, purchaser
acquittement *(m.)* payment
acquitter une dette to pay off a debt
acre *(f.)* acre *(.40 hectare)*
acte *(m.)* deed, certificate
  — constitutif de société memorandum of agreement
  — de candidature (faire) to apply, to be a candidate
  — notarié notarized deed
actif *(m.)* assets
action *(f.)* share, stock

  — ordinaire equity share
  — privilégiée preferred stock
actionnaire *(m.)* shareholder, stockholder
actuaire *(m.)* actuary
actuellement currently, presently
adjudicataire *(m.)* contractor, highest bidder
adjudicateur *(m.)* adjudicator, awarder
adhérent *(m.)* member
admettre en franchise to admit duty free
administrateur *(m.)* administrator, manager
administration *(f.)* administration, management
  conseil d'— board of directors
aéroport *(m.)* airport
affaire *(f.)* deal, transaction, bargain
  avoir — à to deal with
affaires *(f.pl.)* business, dealings

banque d'— merchant bank

chiffre d'— sales figures

affecter earmark, to allocate, to appropriate

afférent (à) related to, attached

affiche *(f.)* poster

afficher to post (an ad, a notice)

afflux *(m.)* influx, flow, rush

affranchir (courrier) to stamp (mail)

affranchissement *(m.)* postage

agence agency

— **de publicité** advertising agency

— **immobilière** real estate agency

agent *(m.)* agent

— **d'assurances** insurance agent

— **de change** stockbroker

— **de douane** customs officer

— **de maîtrise** supervisor

— **exclusif** sole agent

agneau *(m.)* lamb

agrafe *(f.)* staple

agrafeuse *(f.)* stapler

agréer to accept, to approve

veuillez— ... sincerely ...

agro-commercial pertaining to agribusiness

ajouter to add

alcool *(m.)* alcohol

alimentation *(f.)* food, foodstuff, feeding

— **animale** animal feed

alimenter to feed

alinéa *(m.)* paragraph

allécher to allure, to entice

allégement *(m.)* alleviation, lightening

allocation *(f.)* allowance, grant, benefit

— **de chômage** unemployment benefit

—**s familiales** family allowances

allouer to allocate, to grant

alourdir to make heavy, to burden

améliorer to improve

aménagement *(m.)* development, equipment

amidon *(m.)* starch

amortir to amortize, to pay off, to redeem

amortissable redeemable

ampleur *(f.)* importance, scope, size

ancien former, old

animé brisk (market)

annexe *(f.)* enclosure, document attached

annonce *(f.)* advertisement, notice

annuaire *(m.)* **ou Bottin** directory

annuler to cancel, to rescind, to void

antillais from the Antilles (Martinique, Guadeloupe)

aperçu *(m.)* overview, glimpse

apiculture *(f.)* beekeeping

appareil *(m.)* apparatus, device, appliance

l'— the (telephone) receiver

appartenir (appartenu) to belong

appel *(m.)* call, request

— **d'offres** tender for bids

— **téléphonique** telephone call

faire — à to call on, for; to request the help of

appliquer to apply

apport *(m.)* input, contribution, assets brought in

après-vente after sale

service —s maintenance and repair department

arable arable, capable of producing crops

argent *(m.)* money, silver

armateur *(m.)* ship owner

arme *(f.)* **à deux tranchants** double-edged sword

arrêt *(m.)* stop, stoppage

arrhes *(f.pl.)* deposit, earnest money

arriver to arrive, to happen

— **à échéance** to be due

arrondissement *(m.)* district

article *(m.)* item, article

artisan *(m.)* craftsman, small trade owner

artisanal pertaining to craft or small trade business

artisanat *(m.)* small trade business

assemblée *(f.)* **générale des actionnaires** general meeting of shareholders

asseoir (assis) to base, to establish

assiette *(f.)* **des impôts** tax base

association *(f.)* partnership, organization

— **sans but lucratif** nonprofit organization

associé *(m.)* partner

assolement *(m.)* rotation (crops)

assujetti à subject to, liable to

assurance *(f.)* insurance, guaranty
  les —s the insurance business

assuré *(m.)* insured

assureur *(m.)* insurer, underwriter

atout *(m.)* trump, advantage

atteindre (atteint) to reach

attendre (attendu) to wait, to expect

attente *(f.)* wait, waiting
  délai d'— waiting period

atténuer to lessen, to soften

auditeur *(m.)* listener

augmentation *(f.)* increase, rise

autoroute *(f.)* super highway

autrui *(m.)* others

avance *(f.)* advance; loan
  d'— in advance

avant-projet *(m.):* **étude d'—** prefeasibility study, plan, proposal

avantage *(m.)* advantage, benefit

avarie *(f.)* damage

averti experienced, knowledgeable

avicole pertaining to poultry keeping

aviculture *(f.)* poultry keeping, raising

avion *(m.)* airplane
  par — air mail

avis *(m.)* advice, notification, notice

avocat *(m.)* lawyer, attorney

avoine *(f.)* oats

avoir *(m.)* property, assets

avoir (eu) droit à to be entitled to

avoisiner to be close to, in the neighborhood of

bail *(m.)* lease
  — à ferme farming lease
  — emphytéotique ninety-nine-year lease

baisse *(f.)* decline, decrease

baisser to lower, to decline, to decrease

baissier (marché boursier) bearish (Stock Exchange market)

balance *(f.)* balance
  — commerciale balance of trade
  — déficitaire negative balance
  — des paiements balance of payments
  — excédentaire positive, favorable balance

bancaire pertaining to banks and banking
  traite — banker's draft

banderole *(f.)* banner, streamer

banlieue *(f.)* suburbs

banque *(f.)* bank, banking
  — d'affaires merchant bank
  — de dépôt deposit bank
  — Mondiale the World Bank

banquier *(m.)* banker

barème *(m.)* scale

baril *(m.)* barrel (159 l./ 31½ U.S. gal.)

barrage *(m.)* dam

barrière *(f.)* barrier
  —s douanières customs barriers

bas low; *(m.)* bottom
  au — de at the bottom of

basse-cour *(f.)* chicken run

bassin *(m.)* **houiller** coal basin, deposit

bâtiment *(m.)* building
  le — the construction industry

bâtir (bâti) to build

bauxite *(f.)* bauxite (aluminum ore)

beaux-arts *(m.pl.)* fine arts

bénéfice *(m.)* profit
  prélèvement d'un — extraction of a profit

bénéficiaire showing profit; *(m.)* beneficiary
  marge — profit margin

besoin *(m.)* need

bétail *(m.)* cattle

betterave *(f.)* beet

bien-être *(m.)* well-being, welfare

bienfait *(m.)* advantage, benefit

biens *(m.pl.)* goods, property
  — corporels worldly goods
  — de consommation consumer goods
  — immeubles ou immobiliers real estate, fixed property
  — meubles ou mobiliers personal property, chattels, movables

bijou *(m.)* jewel

bilan *(m.)* balance sheet

billet *(m.)* note, ticket
  — à ordre promissory note

blanc *(m.)* blank
laisser en — to leave blank
blé *(m.)* wheat
blessure *(f.)* injury, wound
bloc-notes *(m.)* writing pad, scratch pad
blocage *(m.)* freezing, stoppage
boeuf *(m.)* ox, steer, beef
bois *(m.)* wood
— d'oeuvre lumber
boisson *(f.)* drink
bon *(m.)* note, order form, certificate, bond
— d'État Government bond
bon gré mal gré willy-nilly
bon marché cheap, inexpensive
bons soins: aux — de care of
Bordelais (le) the Bordeaux region
bordereau *(m.)* list, statement
Bottin (le) the (telephone) directory
Bourse (la) (the) Stock Exchange
— de Commerce Commodity Exchange
— des Valeurs Stock Exchange
— du Travail Labor Exchange
boursier pertaining to the Stock Exchange
gains —s Stock Exchange profits
bout *(m.)* end, extremity
au — du fil at the other end of the line (telephone)
bouteille *(f.)* bottle

bovins *(m.pl.)* bovine animals, cattle, oxen
branché hooked up, plugged in
brasserie *(f.)* brewery, beer industry
brebis *(f.)* ewe
bref brief, short; in short
brièvement briefly
brut gross, raw, unfinished
**produit national —
(PNB)** gross national product (GNP)
bulletin *(m.)* bulletin, form
— de naissance birth certificate
— météorologique weather forecast
bureau *(m.)* desk, office, board, bureau
but *(m.)* aim, goal, purpose
association à — lucratif profit organization

cabine *(f.)* booth, cabin
cachet *(m.)* seal
cacheté sealed up
cadre *(m.)* framework; management employee, staff member
—s moyens et supérieurs middle management and executives
cahier *(m.)* **de charges** conditions of a contract, specifications and requirements
caisse *(f.)* cash, cash register; fund
— d'épargne savings and loan association
— de prévoyance provident fund, credit union
calcul *(m.)* calculation

calendrier *(m.)* calendar, schedule
cambiste *(m.)* foreign exchange broker
camion *(m.)* truck
campagne *(f.)* campaign; countryside
canal *(m.)* canal, waterway, channel
par le — de through, by means of
candidature *(f.)* candidacy
faire acte de — to apply, to be a candidate
cantine *(f.)* cafeteria
capital *(m.)* **social** registered capital, capital stock
caractères *(m.pl.)* print
— gras boldface
gros — large print
petits — small print
carbochimie *(f.)* coal-based chemical industry
carburant *(m.)* fuel
carburol *(m.)* gasohol
carnet *(m.)* notebook
— de chèques checkbook
cas *(m.)* case
le — échéant if need be, when necessary, possibly
casier *(m.)* file, record; file cabinet
cautionnement *(m.)* security, collateral, bond
cave *(f.)* cellar
CEDEX (Courrier d'Entreprise à Distribution Exceptionnelle) priority business mail
célibataire single, unmarried
centrale *(f.)* plant, power-house

— **nucléaire** nuclear plant

— **syndicale** trade or labor union

— **thermique** thermo-electric plant

centre *(m.)* center

— **ville** downtown

plein — heart of town

cerise *(f.)* cherry

chambre *(f.)* room, chamber

— **à coucher** bedroom

— **de compensation** clearing house

— **forte** safe deposit room

change *(m.)* exchange

taux de — exchange rate

chantier *(m.)* work site

—**s navals** shipyards

chanvre *(m.)* hemp

charbon *(m.)* coal

charbonnage *(m.)* coal mine

charge *(f.)* load, cargo

une personne à — a dependent

chargé de responsible for, in charge of

charges *(m.pl.)* (incidental) charges, expenses

cahier de — conditions of a contract, specifications and requirements

chargeur *(m.)* shipper, shipping agent

chasse *(f.)* hunt, hunting

chauffage *(m.)* heating

chef *(m.)* head, chief

— **d'entreprise** business executive

— **d'équipe** foreman

— **de famille** head of a household

— **de section** division head

— **de service** department head

chemin *(m.)* path, way

— **de fer** railroad, railway

chèque *(m.)* check

— **de voyage** traveler's check

— **postal** postal money order

— **sans provision** bad check

chéquier *(m)*. checkbook

cher dear, expensive

cherté *(f.)* expensiveness, high cost

cheval *(m.)* horse

chiffre *(m.)* figure, digit

— **d'affaires** sales figure

chiffrer to calculate, compute

se — **à** to amount to

chimie *(f.)* chemistry

chômage *(m.)* unemployment

allocation de — unemployment benefit

chute *(f.)* fall, drop

ci-après hereafter, below

ci-contre opposite

ci-dessous below

ci-dessus above

ci-joint herewith; attached, enclosed

ciment *(m.)* cement

cinéma *(m.)* **de plein air** drive-in theater

circulaire *(f.)* circular, letter or memorandum for general circulation

circulation *(f.)* traffic, movement

citadin *(m.)* city dweller

classement *(m.)* filing

classer to sort out, to file

se — to rank

classeur *(m.)* file; filing cabinet

clause *(f.)* clause, condition, term

clé *(f)* key

client *(m.)* customer

clientèle *(f.)* customers

clôture *(f.)* closing

coefficient *(m.)* ratio, coefficient

coffre *(m.)* coffer

— **fort** safe

coffret *(m.)* **de sûreté** safe deposit box

coiffer to top, to head

colis *(m.)* parcel

collecte *(f.)* collection, levy

collectivité *(f.)* group, community

combler to fill, to make up

— **le retard** to fill the gap

combustible *(m.)* fuel (for burning)

commande *(f.)* order

commanditaire *(m.)* silent partner

commandite *(f.)* limited partnership

commandité *(m.)* active partner acting as managing partner

commerçant *(m.)* merchant, shopkeeper

commerce *(m.)* commerce, trade, business

— **de détail** retail business

— **de gros** wholesale business

commercialiser to market

commissaire *(m.)* **aux comptes** auditor

commissaire vérificateur *(m.)* tax auditor

commission *(f.)* commission, fee; committee

commune *(f.)* commune, municipality, township

communication *(f.)* communication; call (telephone)

compétence *(f.)* aptitude, competence, qualification

comportement *(m.)* behavior

composer (un numéro) to dial (a number)

compression *(f.)* compression, squeezing, reduction

comprimé compressed

comptabilité *(f.)* accounting, bookkeeping

comptable *(m.)* accountant, bookkeeper

comptant (payer) cash (to pay)

compte *(m.)* account

— **courant** checking account

— **courant postal (C.C.P.)** postal account

—**-rendu** *(m.)* report

— **tenu de** given that, taking into consideration

comté *(m.)* county

conception *(f.)* design

conclure (conclu) to conclude, to enter into

concours *(m.)* contest, competition, competitive exam

concurrence *(f.)* competition

— **déloyale** unfair competition

jusqu'à — de up to, to the extent of

concurrent *(m.)* competitor

concurrentiel competitive

conditionnement *(m.)* packaging, conditioning

conformément à according to, in accordance with

confrère *(m.)* colleague

congé *(m.)* leave, holiday

congédier to dismiss, to fire

conjoint *(m.)* spouse

conjoncture *(f.)* conjuncture, situation, circumstances

connaissement *(m.)* bill of lading

connexe linked, related, connected

consacrer to devote

conseil *(f.)* advice, counsel, consultant

— **d'administration** board of directors

conseiller *(m.)* adviser, counsel, consultant

— **fiscal** tax consultant

— **juridique** legal adviser

conservateur *(m.)* **des hypothèques** mortgage registrar

conserves *(f.pl.)* canned food

consommateur *(m.)* consumer

association de —s consumer group

consommation *(f.)* consumption, use

biens de — consumer goods

— **courante** everyday consumption

— **intérieure** home consumption

vin de — ordinary wine

constat *(m.)* official report, recording

constater to register, notice, realize

constructible which could be built upon

terrain — residential land

contentieux *(m.)* legal domain, matters; claims department

contenu *(m.)* contents

contingent *(m.)* quota

contraindre (contraint) to force, oblige

contrainte *(f.)* constraint

contrat *(m.)* contract, agreement

contre in exchange for, against

contrebande *(f.)* contraband, smuggling

contrebandier *(m.)* smuggler

contremaître *(m.)* foreman

contribuable *(m.)* taxpayer

contributions *(f.pl.)* taxes

convenir (convenu) to agree, to decide

convention *(f.)* agreement, covenant

convoquer to convene, to call (a meeting), to summon

copropriétaire *(m.)* joint owner

copropriété *(f.)* condominium, joint ownership

corporel pertaining to the body

accidents —s bodily injury

biens —s worldly goods

correspondance *(f.)* correspondence, mail; connection

cote *(f.)* quotation, assessment

coté (en bourse) registered (in Stock Exchange)

côte *(f.)* coast

côté *(m.)* side
   du — de on the part of

cotisation *(f.)* contribution, subscription (share)

couche *(f.)* layer, segment
   —s sociales défavorisées low-income groups

couler to melt; to flow

coup *(m.)* **de téléphone** telephone call

coupure *(f.)* cut; denomination (bill)

courant current, present, usual

courrier *(m.)* mail, correspondance
   acheminement du — conveying of mail

cours *(m.)* price, current rate
   — d'eau waterway, river

course *(f.)* race
   — à la consommation consumer race

courtage *(m.)* brokerage, commission

courtier *(m.)* broker

coût *(m.)* cost
   — de la vie cost of living

coûteux costly, expensive

couvrir (couvert) to cover, to satisfy, meet (a need)

créance *(f.)* debt, claim

créancier *(m.)* creditor

crédit *(m.)* credit

— documentaire documentary credit

creux hollow, off-peak
   saison creuse offseason

crier à to denounce loudly

crise *(f.)* crisis
   — du logement housing crisis

croissance *(f.)* growth, increase
   — démographique population increase

croître (crû) to grow, to increase

cru *(m.)* vintage
   grand — fine wine

cuir *(m.)* leather

cuisine *(f.)* kitchen

culture *(f.)* crop, culture, cultivation
   —s maraîchères fruit and vegetable crops

cure *(f.)* cure, health treatment

curiste *(m.)* health vacationer

dactylo *(m./f.)* typist

dactylographié typewritten

date limite *(f.)* deadline

de par on account of, by, given

débarras *(m.)* catchall, storage room

débiteur *(m.)* debtor

débouché *(m.)* outlet, opening (job)

débourser to disburse

début *(m.)* beginning, start

débuter to begin, to start

décès *(m.)* death

déclaration *(f.)* statement, declaration
   feuille de — d'impôt income tax form

déclin *(m.)* decline, downward movement

décollage *(m.)* take-off

découvert *(m.)* overdraft
   à — unsecured

décrocher (téléphone) to pick up (the telephone)

dédommager to indemnify, to compensate

dédouaner to clear through customs

déduction pour charges de famille personal deduction

déduire (déduit) to deduct

défaire (se) de to get rid of

défalcation *(f.)* deduction (tax)

défectueux defective

déficitaire negative, adverse (balance)

dégât *(m.)* damage

dégrèvement *(m.)* **d'impôts** tax cut, relief

délai *(m.)* term, time within which something must be done
   — écoulé time elapsed

délibération *(f.)* discussion, proceedings

délivrer to issue (passport, document, etc.)

déloyal unfair
   concurrence —e unfair competition

demande *(f.)* demand, application, inquiry
   — d'emploi job application
   —s en instance pending applications, waiting list
   l'offre et la — supply and demand

demandeur *(m.)* **d'emploi** job seeker

démêlé *(m.)* trouble

déménagement *(m.)* move, moving

demeurer to stay, to remain, to reside

demi-gros *(m.)* wholesale trade in small quantities

denrée *(f.)* commodity, produce

départ *(m.)* start, departure

prix de — original, starting price

dépasser to exceed

dépendance *(f.)* dependency, dependent territory

dépense *(f.)* expense, expenditure

dépenser to spend

dépliant *(m.)* folder, brochure

déposant *(m.)* depositor

déposer to deposit

dépôt *(m.)* deposit; warehouse

dérangement *(m.)* disturbance

ligne en — line out of order (telephone)

dérouler (se) to unfold, develop, to follow its course

descriptif *(m.)* description (real estate)

déséquilibre *(m.)* imbalance

dessous underneath

au- — below, under

destinataire *(m.)* addressee, recipient

détaché separate

pièce —e spare part

détail *(m.)* retail

commerce de — retail trade

détaillant *(m.)* retailer

détaxe *(f.)* tax exemption, reduction, decontrol

détenir (détenu) to hold, to possess

détenteur *(m.)* holder

dette *(f.)* debt

développement *(m.)* development

pays en voie de — developing country

devise *(f.)* (foreign) exchange, currency

diffuser to broadcast, to propagate

diminuer to diminish, to reduce

dinde *(f.)* turkey

directeur *(m.)* manager, director

— **commercial** sales manager

— **général** managing director

direction *(f.)* management

directive *(f.)* instruction

disparition *(f.)* disappearance

dispenser to exempt

disponibilités *(f.pl.)* available funds, liquid assets

disponible available

disposer de to have at one's disposal

dissoudre (dissout) to dissolve

distributeur *(m.)* distributor

— **automatique** vending machine

dividende *(m.)* dividend, yield

diviser to divide

dock *(m.)* dock, warehouse

documentaire documentary

crédit — documentary credit

domestique domestic

production — home production

domicile *(m.)* domicile, place of residence

domicilié residing

dommage *(m.)* damage

— **corporel** personal damage

donnée *(f.)* datum, data

donner lieu à to bring about

donner une communication to place a call

dossier *(m.)* file, dossier, case

— **en étude** project under study

douanier pertaining to customs; *(m.)* customs officer

réglementation douanière customs regulations

dresser (un inventaire, un procès-verbal) to draw up (an inventory, a report)

droit *(m.)* law, right; *(m.pl.)* dues, duties

— **d'enregistrement** registration fees

— **de suite** right on a property even when passed into third party's hands

— **de timbre** stamp duty

éboulement *(m.)* landslide

écart *(m.)* difference, gap, discrepancy

échange *(m.)* exchange, trade, traffic

échantillon *(m.)* sample

échapper à   to escape, to be exempt from

échéance *(f.)*   due date, term

à longue —   long term, in the long run

échéant   falling due

le cas —   if need be, if necessary

échec *(m.)*   failure

échelle *(f.)*   scale

à grande —   on a large scale

— progressive   graduated, progressive scale

échelon *(m.)*   step, level

échoir (échu)   to fall due

échouer   to fail

économie *(f.)*   economy, saving

économique   economic, economical, cheap

écoulé   elapsed, passed; last (month, year)

écoulement *(m.)*   outflow, sale (of merchandise)

écourter   to shorten, to cut short

écrit *(m.)*   writing

écritures *(f.pl.)*   entries, books, accounts

édifice *(m.)*   building

effacer   to erase

effectif *(m.)*   manpower, number of personnel

effet *(m.)*   bill; effect; *(m.pl.)*   securities, stock

— de commerce   bill of exchange

sans —   void, ineffective

efficace   efficient, effective

efforcer (s') de   to try, make an effort to

effraction *(f.)*   forcible entry, burglary

élevage *(m.)*   keeping, breeding, raising; livestock breeding, ranching

élevé   high, raised

élever (s') à   to amount to, to total

éleveur *(m.)*   breeder, rancher

emballage *(m.)*   wrapping

emballer   to pack, to wrap

embarquement *(m.)*   loading

embauche *(f.)*   hiring, employment

embaucher   to hire, to recruit

emmagasinage *(m.)*   warehousing, storage

emmagasiner   to store, to put in a warehouse

émoluments *(m.pl.)*   civil servant's salary

empêcher   to prevent

emphytéotique   long (18 to 99 year) lease

emploi *(m.)*   use, employment; job

employé   employed; *(m.)* employee

emprunt *(m.)*   loan, borrowing

emprunter   to borrow

en   in, by

— conséquence   as a result, accordingly

— fonction de   in accordance with, in relationship to

— gros   wholesale, in bulk

— matière de   in relation to, in the area of

— mesure de   capable of

— provenance de   coming, originating from; from

— régression   in decline, decreasing

— retrait   indented

— usage   in use, current

— voie de   in the process of, on the road to

— vue de   for the purpose of

encadrement *(m.)*   supervision, staffing; staff

personnel d'—   supervisory personnel

encaisser   to cash, to collect

enchère *(f.)*   bid, auction

endetter (s')   to get into debt

endommager   to damage

endossement *(m.)*   endorsement

endosser   to endorse

énergétique   pertaining to energy

énergie *(f.)*   energy

engager   to bind, to hire, to engage, to involve

englober   to comprise, to embrace

engrais *(m.)*   fertilizer

enjeu *(m.)*   stake

énoncer   to formulate

enquête *(f.)*   inquiry, survey, study, investigation

enregistrer   to register, to file

enseigne *(f.)* **lumineuse**   neon sign

ensemble *(m.)*   set

en-tête *(m.)*   heading

entracte *(m.)*   intermission

entrepôt *(m.)*   warehouse, storage place

entreprenant   enterprising

entrepreneur *(m.)*   contractor

entreprise *(f.)*   business, concern, venture, firm

— pilote   leading concern

entresol *(m.)*   low room between ground floor and second floor; mezzanine

entretenir (entretenu) to maintain, to keep up

entretien *(m.)* maintenance, upkeep; talk, interview

entrevoir (entrevu) to get a glimpse of, to foresee

entrevue *(f.)* interview, appointment

envergure *(f.)* size, breadth, span, scope

environ about, around, approximately

environs *(m.pl.)* surroundings, neighborhood

envisager to consider, to contemplate, to intend, to plan to

envoi *(m.)* sending; piece of mail

épargne *(f.)* saving(s)
  caisse d'— savings and loan association

épicerie *(f.)* grocery
  — du coin corner grocery store

épouse *(f.)* wife, spouse

époux *(m.)* husband, spouse

éprouver to experience, to go through

équipement *(m.)* act of equipping, equipment

erreur *(f.)* error, mistake

escompte *(f.)* discount

escroc *(m.)* swindler

escroquerie *(f.)* swindle

espèces *(f.pl.)* cash

espérer to expect, hope

essai *(m.)* trial, test

essence *(f.)* gasoline

essor *(m.)* upward movement, surge, development

estimer to estimate, to value

établissement *(m.)* estab-lishment, institution; *(m.pl.)* firm, enterprise

étage *(m.)* floor, story

étalage *(m.)* display

étang *(m.)* pond

étape *(f.)* step, stage

état *(m.)* state, condition, statement
  — civil vital statistics
  — des rémunérations list of previous salaries
  — de service résumé, vita

étendu extensive

étendue *(f.)* extent, stretch, area

étiquette *(f.)* label, tag

étranger foreign
  à l'— abroad

étude *(f.)* study, survey; office (lawyer's)

évasion *(f.)* escape
  — fiscale tax evasion, fraud

évoquer to suggest, to evoque, to raise (a question)

excédent *(m.)* surplus

excédentaire in excess, positive (balance)

exclure (exclu) to exclude

exécuter to execute, to implement, to realize

exécution *(f.)* implementation

exemplaire *(m.)* copy
  en double — in duplicate

exempt d'impôt tax-exempt, tax-free

exercer to exercise

exercice *(m.)* fiscal year

exigence *(f.)* requirement, exigency

exonération *(f.)* exemption

exonérer to exempt, to exonerate

expédier to send, to ship

expéditeur *(m.)* sender

exploitant *(m.)* owner, operator
  — agricole farmer

exploitation *(f.)* farm, business, undertaking; operation
  mode d'— usité method of operation used

exploiter to run, to operate

exposition *(f.)* exhibit, show

extrait *(m.)* excerpt, transcript; extract
  — d'acte de naissance copy of birth certificate

fabricant *(m.)* manufacturer

fabrique *(f.)* factory, plant

facteur *(m.)* mailman; factor

facture *(f.)* bill, invoice
  — consulaire consular invoice

faiblesse *(f.)* weakness

faillite *(f.)* bankruptcy

faire (fait) appel à to call on, to rely on

faire face à to face, to meet, to confront

fardeau *(m.)* burden

faute *(f.)* mistake, fault
  — de frappe typing error

faux false, wrong; *(m.)* forgery

férié pertaining to holidays
  jour — holiday

ferme *(f.)* farmhouse

fermeture *(f.)* closing

ferré pertaining to railroads

le réseau — the railroad network

ferroviaire pertaining to railways

le réseau— the railway system, network

une ligne — a railroad line

feuille *(f.)* sheet, form, leaf

— de déclaration d'impôts income tax form

fiche *(f.)* card, slip

— technique technical data sheet

fichier *(m.)* card index

— immobilier real estate listing

— informatisé computerized listing

figé fixed, set, frozen, unchanging

fin *(f.)* end, purpose

financer to finance

financier financial

firme *(f.)* firm, business, company

fisc *(m.)* revenue, tax system

le — the I.R.S.

fiscalité *(f.)* taxation

fixé determined, fixed, established, decided

flair *(m.)* knack, flair

flambée *(f.)* blaze, flareup

— des prix skyrocketing of prices

fleuve *(m.)* river

foi *(f.)* faith

de bonne — of good faith, bona fide

foire *(f.)* fair, exhibit

foncier pertaining to land

crédit — loan bank

impôt — land tax

fonction *(f.)* function; position, title

en — de depending on, in relation to

la — publique the civil service

fondateur *(m.)* founder

fondé de pouvoir *(m.)* proxy, legal representative, authorized agent

fonds *(m.)* fund, funds

— de terre real property, land

forfait *(m.)* lump sum

format *(m.)* size, format

formateur *(m.)* training instructor

formation *(f.)* training; professional background

— sur le tas on-the-job training

formule *(f.)* formula, form, expression

— finale complimentary close

fourgon *(m.)* van

fournir (fourni) to furnish, to provide, to supply

fournisseur *(m.)* supplier

fourrage *(m.)* fodder

fourrager, -ère pertaining to fodder

plantes fourragères crops used as fodder

frais *(m.pl.)* expenses, charges, costs

— d'obsèques funeral costs

franchise *(f.)* exemption, franchise

admis en — admitted free of duty

frapper (d'un impôt) to tax

fraude *(f.)* fraud

— fiscale tax dodging

fréquenter (une école) to attend (a school)

fret *(m.)* freight, cargo

fromage *(m.)* cheese

frontière *(f.)* border

fumier *(m.)* manure

fusion *(f.)* merger, amalgamation

fusionner to merge

gabarit *(m.)* gauge, dimension, size

gage *(m.)* pledge, security; *(pl.)* wages (for domestic help)

gagnant *(m.)* winner

gagner to earn, to win, to gain

gain *(m.)* profit, gain

— boursier Stock Exchange profit

gamme *(f.)* range, series (for products)

garantie *(f.)* guarantee, warranty; coverage, benefits

garde-côtes *(m.)* coast guard

garder to keep

gare *(f.)* (railway) station

gas-oil *(m.)* diesel fuel (also sp. **gazole**)

gaspillage *(m.)* waste

gênant bothersome, embarrassing

gêner to hinder, to bother, to burden

général general

magasins généraux warehouses

gérer to run, to manage

gestion *(f.)* management, administration

mauvaise — mismanagement

gestionnaire *(m.)* manager, person in charge of management

gisement *(m.)* deposit (oil, ore)

goût *(m.)* taste

grand large, big

à —**e échelle** on a large scale

— **cru** fine wine

—**e École** French National School

— **magasin** department store

—**e surface** giant supermarket

— **standing** de luxe, luxury

—**s travaux** projects

gratuit gratuitous, free of charge

graver to engrave

gré *(m.)* will, accord

bon — mal — willy-nilly

de plein — with full accord

grenier *(m.)* attic

grève *(f.)* strike

griffe *(f.)* stamped signature

gros *(m.)* wholesale

en — in bulk

— **oeuvre** foundations, walls and roof

grossiste *(m.)* wholesaler

groupement *(m.)* group, association, grouping

guichet *(m.)* window (in a bank, station, etc.)

habilité à entitled, empowered to

hausse *(f.)* rise, increase, upward movement

hausser to raise, increase

haussier bullish (stock market)

haut fonctionnaire *(m.)* government official, high-level civil servant

hebdomadaire *(m.)* weekly

hébergement *(m.)* housing, accommodation

HLM (habitation à loyer modéré) moderate-income housing

holding *(m.)* holding company

homologue *(m.)* counterpart

honoraires *(m.pl.)* fees

horaire *(m.)* timetable

hôtelier pertaining to hotels, hotel industry

houblon *(m.)* hops

houille *(f.)* coal

— **blanche** waterpower

houiller pertaining to coal

houillère *(f.)* coal mine

huile *(f.)* oil (cooking, lubrication)

huître *(f.)* oyster

ostréiculture oyster farming

hydrocarbure *(m.)* hydrocarbon

hypermarché *(m.)* giant supermarket

hypothécaire pertaining to mortgage

caisse — mortgage loan office or association

hypothèque *(f.)* mortgage

illisible illegible (used for a signature in a copy)

image *(f.)* **de marque** good reputation

immeuble *(m.)* building, premises

immobilier, -ière pertaining to real estate

agence —**e** real estate agency

agent — realtor

biens —**s** real estate property

fichier — real estate listing

immobilisations *(f.pl.)* capital expenditures, fixed assets

imparti allotted, devoted

implantation *(f.)* installation, development, setting up

imposable taxable

imposer to charge, to tax; to impose

imposition *(f.)* taxation

impôt *(m.)* tax

frapper d'— to tax, to levy a tax

— **individuel** personal income tax

— **sur les bénéfices des sociétés** corporate income tax

— **sur le revenu** income tax

passible d'— taxable

perception des —**s** tax collection

inattendu unexpected

incendie *(m.)* fire

— **criminel** arson

incitation *(f.)* incentive, encouragement

inconvénient *(m.)* disadvantage, drawback

indemniser to indemnify, to compensate

indemnité *(f.)* benefit, allowance

indication *(f.)* information

indice *(m.)* index

— **du coût de la vie** cost-of-living index

industriel *(m.)* industrialist, manufacturer

inégal uneven, unbalanced

influer to exert an influence

informatique *(f.)* computer science, electronic data processing

informatisé computerized

fichier — computerized listing

infraction *(f.)* infraction, law breaking

ingénierie *(f.)* engineering

ingénieur *(m.)* engineer

inondation *(f.)* flood, flooding

inonder to flood

inscription *(f.)* registration, entry, recording

inscrire (inscrit) to register, to enter, to write in

insérer to insert, to place (an ad, an announcement) in a paper

insolvabilité *(f.)* insolvency

installation *(f.)* facility

— portuaire harbor facility

instance *(f.)* process, instance; authority

en — pending

interdire (interdit) to prohibit, forbid

intéressé, -e party involved

intérêt *(m.)* interest

interligne *(m.)* space between two lines (typing)

double — double space

simple — single space

intermédiaire *(m.)* intermediary, middleman

interurbain *(m.)* long distance (telephone network), intercity

inventaire *(m.)* inventory

inverse *(m.)* opposite, reverse

à l'— de as opposed to, contrary to

investir (investi) to invest

investissement *(m.)* investment

investisseur *(m.)* investor

jauge *(f.)* tonnage

— brute gross register tonnage

jauger to have the tonnage, capacity of

jeton *(m.)* token (telephone, etc.)

jouir (joui) de to enjoy, to benefit from

jouissance *(f.)* enjoyment, use

journal *(m.)* newspaper

journalier *(m.)* laborer

jugé utile deemed useful, necessary

juger to deem

jusqu'à concurrence de up to, to the extent of

jusqu'ici up to now

kérosène *(m.)* aircraft fuel

label *(m.)* trademark, commercial prestige

lac *(m.)* lake

laine *(f.)* wool

lancement *(m.)* launch

lancer to launch, to put on the market; to float (a loan)

législation *(f.)* laws, legislation, regulations

lettre *(f.)* letter

— de crédit letter of credit

levée *(f.)* **(du courrier)** (mail) pickup

libellé worded, made out (check)

libre-échange *(m.)* free trade

libre-service *(m.)* self-service

licence *(f.)* license

— d'importation import license

licencié license or degree (M.A. level) holder

licencier to fire, to lay off

lien *(m.)* link

— de parenté family relationship

lieu *(m.)* place, location

au — de instead of

ligne *(f.)* line

— en dérangement (téléphone) line out of order

limite *(f.)* limit

date — deadline

limoneux silty

lin *(m.)* flax

liquidation *(f.)* clearance (sale)

lisible legible

litige *(m.)* litigation

littoral *(m.)* coast, coastline

— languedocien the Languedoc coastal area

livraison *(f.)* delivery

livre *(f.)* pound; *(m.)* book

livrer (se) à to indulge in, to be busy in

livret *(m.)* booklet, book

locataire *(m./f.)* tenant

location *(f.)* rent, rental, renting

— saisonnière seasonal rental

—-vente leasing

locaux *(m.pl.)* premises, facilities

logement *(m.)* housing

loi *(f.)* law, act

loin de far from

loisir *(m.)* leisure

lors de   at the time of

lotissement *(m.)*   housing area, residential project

louer   to rent, to hire

lourd   heavy

loyer *(m.)*   rent

lucratif   profitable, lucrative

association sans but — nonprofit organization

machine *(f.)* **à écrire**   typewriter

magasin *(m.)*   store, warehouse

grand —   department store

— à succursales   chain store

—s généraux   warehouse

maillon *(m.)*   link (e.g., in a chain)

main-d'oeuvre *(f.)*   labor, manpower

maintenir (maintenu)   to maintain, to keep up

maintien *(m.)*   maintenance

maïs *(m.)*   corn (maize)

maïsier   pertaining to corn

maison *(f.)*   house, business, firm

— de campagne   country house

maître *(m.)* **de l'ouvrage** project owner

majorer   to increase

majuscule *(f.)*   capital letter

mandat *(m.)* **(P.O.** or **postal)**   money order

manifestation *(f.)*   event, demonstration, protest

manoeuvre *(m.)*   laborer, unskilled worker; *(f.)* maneuver, manipulation

manque *(m.)*   lack, shortage

manquer   to be missing, to miss

— à   to fail

— de   to be in need of, short of

manuel *(m.)*   manual, guide, textbook

manufacture *(f.)*   factory, manufacturing

marchand *(m.)*   dealer, merchant

marine —e   merchant marine

marchander   to bargain, to haggle

marchandise *(f.)*   merchandise; *(pl.)* goods

marché *(m.)*   market; transaction, deal

bon —   cheap

marge *(f.)*   margin

marocanisation *(f.)*   placing under Moroccan control

marque *(f.)*   mark, brand, tradename

mas *(m.)*   Southern (Provence) farmhouse

matériel *(m.)*   equipment

matière *(f.)*   matter, material

en — de   in relation to, in the field of

—s premières   raw materials

mauvais   bad, wrong

— numéro   wrong number

mécontentement *(m.)*   dissatisfaction, displeasure

menacer   to threaten

mensualité *(f.)*   monthly payment

mensuel   monthly

messageries *(f.pl.)*   parcel

service, shipping company

mesure *(f.)*   measure, measurement

à la — de   commensurate with, befitting

en — de   capable of

méthanier *(m.)*   gas tanker

métier *(m.)*   job, trade, profession

métrage *(m.)*   length in meters

court —   short film

mettre (mis)   to put

— sur pied   to initiate, start, to set up

meuble *(m.)*   piece of furniture

meublé *(m.)*   furnished apartment

midi *(m.)*   noon

le Midi   the South, Southern France

milliard *(m.)*   billion

minerai *(m.)*   ore

ministère *(m.)*   ministry, department

mixte   joint, combined; co-educational

mobilier   movable, personal (estate); *(m.)* furniture

valeurs mobilières stocks

modalités *(f.pl.)*   terms, conditions

mondial   pertaining to the world; worldwide

monétaire   monetary, pertaining to currency

moniteur *(m.)*   instructor, training supervisor

monnaie *(f.)*   currency; change

montant *(m.)*   amount, sum, total

— percevable   tax load

monter to rise, hike
— **une maison** to set up a business
moyen mid-size, average; *(m.)* means
Moyen Orient Middle East
moyennant by means of, for, in exchange for
— **rémunération** for a fee, in exchange for payment
moyenne *(f.)* average
mutuel mutual
mutuelle *(f.)* association, mutual insurance company, union

naissance *(f.)* birth
acte de — birth certificate
navigation *(f.)* navigation, shipping
navire *(m.)* ship
né born
néant *(m.)* nil, nothing, none (when filling a blank on a form)
négoce *(m.)* trade, trading
négociant *(m.)* trader
négocier to negotiate; to trade
niveau *(m.)* level
— **d'instruction** educational level, background
— **de vie** standard of living
nominatif nominal
valeurs nominatives registered shares
notamment among others, in particular
note *(f.)* bill, note, invoice
notifier to notify
nul null, nonexistant, void; nobody
numéraire *(m.)* cash

numéro *(m.)* number
mauvais — wrong number
numéroter to number

objectif *(m.)* objective, aim, goal
objet *(m.)* object; (in letters) re
obligataire *(m.)* bondholder
obligation *(f.)* bond
obligatoire compulsory, mandatory
obligé obliged
je vous serai — de I would be grateful, I would appreciate
obsèques *(f.pl.)* funeral
obtention obtaining
occasion *(f.)* opportunity; bargain, second-hand, occasion
à l'— occasionally
occasionner to cause
octroi *(m.)* granting
oeuvre *(m.)* work
gros — foundations, walls and roof (of a building)
main-d'— manpower, labor force
offre *(f.)* offer
l'— et la demande supply and demand
— **publique d'achat (O.P.A.)** take-over bid
offrir (offert) to offer
oie *(f.)* goose
oléagineux oleaginous, fatty
oléoduc *(m.)* pipeline
réseau d' —s pipeline network
omettre (omis) to omit, to leave out
OPEP (Organisation des

Pays Exportateurs de Pétrole) OPEC (Organization of Petroleum Exporting Countries)
or *(m.)* gold
ordinaire ordinary, common; regular (gas)
essence — regular (gas)
ordinateur *(m.)* computer
ordre *(m.)* order
— **du jour** agenda
organigramme *(m.)* organizational chart
organisme *(m.)* agency, organization, board
orge *(m.)* barley
osciller to fluctuate
ostréiculture *(f.)* oyster farming
où where; when
d'— hence
— **que** wherever
outil *(m.)* tool
outillage *(m.)* tools, equipment
outre-mer overseas
ouvrable (jour) working day
ouvrage *(m.)* work, project
maître de l' — project owner
ouvrier *(m.)* worker, laborer
— **spécialisé (O.S.)** skilled labor
ouvrir (ouvert) to open
ovins *(m.pl.)* sheep

paie *(f.)* wage, payment
paiement *(m.)* payment
pallier to remedy temporarily
— **la pénurie** to mitigate the shortage
panneau *(m.)* billboard, panel, sign
paquebot *(m.)* liner

paquet *(m.)* package, pack
par with, by
  de — on account of, given
  — suite de as a result of
parapher to initial
parc *(m.)* park; fleet, total number of
  — automobile car fleet
part *(f.)* share, part
  — d'intérêt ou — sociale nonnegotiable share in a partnership
partager to share
participation *(f.)* participation, interest, holding
particulier *(m.)* individual
partir: à — de starting from
parvenir (parvenu) to reach, to be able to
passager *(m.)* passenger
passe-partout for all occasions, for multiple uses
passer: — (un) contrat to enter into a contract
  — par to be dependent upon
passible liable
  — d'impôt taxable, liable for tax
passif *(m.)* liabilities
pâtes *(f.pl.)* noodles
patron *(m.)* employer, boss
patronage *(m.)* sponsorship
patronat *(m.)* management, employers (as a group)
patronner to sponsor
pays *(m.)* country
  les Pays-Bas the Low Countries, the Netherlands
  — en voie de développement developing country

P.-D.G. (Président-Directeur Général) Chairman and Managing Director
péage *(m.)* toll
pêche *(f.)* fishing
pêcheur *(m.)* fisherman
pénurie *(f.)* scarcity, shortage
percepteur *(m.)* tax collector
perception *(f.)* collection; tax collector's office
  — de droits collection of duties
percevable collectable
  montant — tax load, amount collectable
percevoir (perçu) to collect
perliculture *(f.)* raising of pearl oysters
perlier pertaining to pearls
permis *(m.)* permit, license
personnage *(m.)* **officiel** official
personne *(f.)* person
  — morale corporate body
  — physique (private) individual
  société de —s partnership
personnel *(m.)* personnel, staff
  — d'encadrement supervisory personnel
perte *(f.)* loss
peser to weigh
pétrole *(m.)* petroleum, oil
pétrolier pertaining to petroleum
pétrolifère containing oil (deposit)

pièce *(f.)* room; piece; coin; document; part
  — détachée spare part
pintade *(f.)* guinea fowl
pisciculture *(f.)* fish farming
placement *(m.)* investment
placer to invest
  se — to rank
plafond *(m.)* ceiling, limit
plaindre (plaint) (se) to complain
plainte *(f.)* complaint
plancher *(m.)* floor
plantes sarclées *(f.pl.)* root and tuber crops
plein full
  en — dans le mille right in the bull's eye
plier (se) à to abide by, to follow (a procedure)
plus-value *(f.)* appreciation, increment value, increase of value
pluviosité *(f.)* rainfall frequency
poids *(m.)* weight
point *(m.)* **d'attache** base of operations, main station
poisson *(m.)* fish
  poissonnerie *(f.)* fish store
police *(f.)* policy
  — d'assurance insurance policy
pomme *(f.)* apple
  — de terre potato
porcin pertaining to swine, porcine
port *(m.)* port; postage
porte-conteneur *(m.)* container ship
portefeuille *(m.)* portfolio; billfold
  société à —s holding company

porter to bear, to carry
— atteinte à to encroach, intrude upon
porteur *(m.)* bearer; carrier
portuaire pertaining to ports, harbors
installation — harbor facility
poste *(m.)* position, job, post
— vacant opening, vacancy
poste *(f.)* post, post office
les P & T (Postes et Télécommunications) the French Post Office
postuler to apply for, seek (job)
poulet *(m.)* chicken
pourcentage *(m.)* percentage
poursuite *(f.)* **judiciaire** legal suit
pourvoir (pourvu) to provide for
— à une vacance to fill a vacancy
pouvoir (pu) can, may, to be able to; *(m.)* power
fondé de — authorized agent, legal representative
préalablement previously, first
préavis *(m.)* notice
préconiser to recommend
prélèvement *(m.)* deduction, levy
— d'un bénéfice extracting a profit
prélever to levy, to deduct (e.g., from wages)
prendre (pris) part à to take part, participate in
prestation *(f.)* provision; delivery; allowance

— de service provision of a service
prêt *(m.)* loan
— à court terme short-term loan
— sur découvert loan on overdraft
preuve *(f.)* proof
prévision *(f.)* forecast, estimate, projection
les —s météorologiques the weather forecast
prévoyance *(f.)* contingency, insurance, precaution
fonds de — provident fund, contingency fund
prier de to request
je vous prie de . . . please . . .
prière *(f.)* **de . . .** please . . .
— de faire suivre Please forward
prime *(f.)* premium, bonus
— fixe fixed premium
primeurs *(f.pl.)* fresh vegetables, early fruit or vegetables
prise *(f.)* catch, collection
privilégié preferred, preferential
prix *(m.)* price
— de départ starting, original price
procédé *(m.)* process, device
procès-verbal *(m.)* report (police); proceedings, minutes (meeting)
prochain next
procuration *(f.)* proxy, power of attorney
producteur productive, producing; *(m.)* producer
production *(f.)* production, output

produire (produit) to produce
produit *(m.)* product, yield, produce
— national brut (PNB) gross national product (GNP)
profit *(m.)* advantage, benefit, profit
au — de to the advantage of, in favor of
projet *(m.)* plan, draft; project
— définitif final project
propriétaire *(m./f.)* owner, landlord
propriété *(f.)* property, ownership, estate
prospection *(f.)* canvassing, prospection
— des marchés market study
prospectus *(m.)* prospectus, leaflet
provenance *(f.)* origin, source
provision *(f.)* provision, fund
chèque sans — bad check (insufficient funds)
publicitaire pertaining to advertising
publicité *(f.)* advertising, publicity
puissance *(f.)* power

quai *(m.)* quay, wharf; platform (train station)
qualifié qualified, skilled
qualité *(f.)* quality; status, title, capacity
en sa — de in her/his capacity as
questionnaire *(m.)* questionnaire, form

quote-part *(f.)* quota, share

quotidien daily

quotité *(f.)* amount, proportion, quota, share

rabais *(m.)* discount, rebate, reduction

raccrocher to hang up (telephone)

racheter to buy back

raffinage *(m.)* refining

raffiner to refine

raffinerie *(f.)* refinery

raison *(f.)* **sociale** trade name

rang *(m.)* rank

rappel *(m.)* reminder; recall

rapport *(m.)* ratio, report; return, yield

rapporter to earn, to yield

rattacher (se) à to be connected to

rattraper to catch up

ravitailler to supply

rayer to cross out, to delete

— **les mentions inutiles** strike out where not applicable

rayon *(m.)* department (e.g. in a store)

réalisation *(f.)* implementation

réaliser to realize, to implement

réassurance *(f.)* reinsurance

reboisement *(m.)* reforestation

récepteur *(m.)* receiver (telephone); set (radio)

recette *(f.)* receipt (money), revenue

receveur *(m.)* collector

recevoir (reçu) to receive

réclamation *(f.)* claim, complaint

réclame *(f.)* advertising, promotion

réclamer to complain

récolte *(f.)* crop, harvest

recommandé registered (mail); recommended

reconnaissance *(f.)* acknowledgment

— **de dette** I.O.U.

recouvrement *(m.)* recovery, collection

recouvrer to recover, to collect

recto *(m.)* right-hand page, front side (of a page)

reçu *(m.)* receipt

recul *(m.)* decline

rédaction *(f.)* **(journal)** staff, editorial board; write-up, wording

redevance *(f.)* fee, tax

rédiger to write out, to draw up

redressement *(m.)* **économique** economic recovery

réduction *(f.)* reduction, cut, deduction

réduire (réduit) to reduce, to cut down

rééducation *(f.)* rehabilitation

référence *(f.)* reference

regain *(m.)* second growth, resurgence

régie *(f.)* management, administration; Excise agency

taxe de — excise tax

régime *(m.)* system, set of rules, government

régir (régi) to rule, to govern, to regulate

registre *(m.)* register, book, record

règle *(f.)* rule

règlement *(m.)* payment, settlement; regulations

— **fiscal** tax regulations

réglementation regulations, control

— **douanière** customs regulations

réglementer to regulate, to control

régler to pay, to settle, to regulate

régression *(f.)* decrease, drop

en — in decline, decreasing

relevé *(m.)* statement

— **de compte** account statement

relever to increase

— **de** to answer to, to be responsible to, to pertain to

rembourser to reimburse, to refund, to repay

remercier to thank; to dismiss (employee)

remettre (remis) to deliver, to hand

remise *(f.)* discount; remittance; postponement

rémois from Rheims (Reims)

remontée *(f.)* upward change, upturn, upswing

remplir (rempli) to fill out (a form); to fulfill (conditions)

rémunération *(f.)* remuneration, fee, payment

moyennant — for a fee

rendement *(m.)* yield, return

rendez-vous *(m.)* appointment

prendre — to make an appointment

renouveau *(m.)* revival
renseigné informed
renseignement *(m.)* information
rentabilité *(f.)* profitability, productivity
rente *(f.)* annuity, income
— **sur l'État** Government annuity
— **viagère** life annuity
rentier *(m.)* fundholder
rentrées *(f.pl.)* receipts, returns
rentrer en possession de to recover
renvoyer to fire, dismiss; to return
réparation *(f.)* repair
réparti distributed
répartition *(f.)* distribution, appropriation
réponse *(f.)* answer, reply, response
représentant *(m.)* representative, agent
reprise *(f.)* recovery, renewed activity, resumption, rally, upturn
requis required
réseau *(m.)* network, system
— **d'oléoducs** pipeline network
— **ferroviaire** railway system
— **routier** highway network
réserve *(f.)* **obligatoire** required reserve (funds)
résilier to cancel, to terminate (a contract)
résineux *(m.)* softwood tree
résoudre (résolu) to solve
responsabilité *(f.)* responsibility, liability
responsable liable, responsible, in charge of

ressortir (ressorti) à to fall under the heading of
ressortissant *(m.)* national, resident
ressource resource, means
restant *(m.)* remainder
restaurer to restore, renovate
résulter to insure, to result, to follow
retard *(m.)* delay
être en — to be late, behind, overdue
prendre du — to lag, fall behind
retenir (retenu) to withhold, to deduct
retenu à la base withheld as you go
retirer to withdraw
retour *(m.)* return
par — du courrier by return mail
retrait *(m.)* withdrawal; indention
en — indented
retraite *(f.)* retirement, pension
retrancher to take off, deduct
réunion *(f.)* meeting
La Réunion an island in the Indian Ocean
réunionnais, -e from La Réunion
rêve *(m.)* dream
revendeur *(m.)* reseller, retailer
revendication *(f.)* claim, demand
revenu *(m.)* income
revient *(m.)*: **prix de —** cost
risque *(m.)* risk
riz *(m.)* rice
rôles *(m.pl.)* lists, records (tax)

rubrique *(f.)* heading, section (in a newspaper)
— **immobilière** real estate section
rupture *(f.)* break, breach

sain sound
saison *(f.)* season
saisonnier seasonal
salaire *(m.)* salary, pay, wages
— **de début** initial, starting salary
salarié *(m.)* wage earner, employee
salle *(f.)* room
— **à manger** dining room
— **de bain** bathroom
— **de cinéma** movie theater
— **de séjour** living room
salon *(m.)* living room (formal); parlor
salutation *(f.)* greeting
— **finale** complimentary close
sapin *(m.)* fir
sarcler to hoe
plantes sarclées root and tuber crops
satisfaire (satisfait) to satisfy, to meet (a need, a demand)
sauvage wild, uncontrolled, unchecked
savoir (su) to know
à — namely, to wit
—**-faire** know-how
schéma *(m.)* pattern, diagram, chart
secours *(m.)* help, aid; emergency, rescue
secrétaire *(m./f.)* secretary
secrétariat *(m.)* secretary's office

secteur *(m.)* sector
— **nationalisé ou public** public sector
— **primaire** primary activities (agriculture)
— **privé** private sector
section *(f.)* section, division
sécurité *(f.)* safety, security
la Sécurité Sociale Social Security (French health system)
seigle *(m.)* rye
séjour *(m.)* stay
selon according to, based on
semestriel semestrial, biannual
sériculture *(f.)* raising of silk worms
serment *(m.)* oath
service *(m.)* service; department; agency
— **après-ventes** maintenance and repair department
—**s publics** public utilities
sidérurgie *(f.)* steel industry
siège *(m.)* office, seat
— **social** head office, registered office
sigle *(m.)* abbreviation, word made by literation
signataire *(m./f.)* signatory, signer
similitude *(f.)* similarity
sinistre *(m.)* accident, damage, disaster
situer (se) to be located
sketch *(m.)* skit
SMIC (le) (Salaire minimum interprofessionnel de croissance) minimum wage

smicard *(m.)* minimum wage earner
SNCF (la) (Société nationale des chemins de fer français) the French National Railways
sociétaire *(m./f.)* member of a group, company, union (e.g. insurance)
société *(f.)* company
— **à portefeuille** holding company
— **à responsabilité limitée (S.A.R.L.)** limited liability company
— **à succursales** chain store company
— **anonyme (S.A.)** limited, incorporated company (Inc.)
— **de capitaux** limited company (general term)
— **de personnes** partnership
— **en commandite** limited partnership
— **en nom collectif** general partnership
— **mixte** company jointly owned by the private and public sectors
soie *(f.)* silk
soigneusement carefully
soin *(m.)* care
aux bons —s de care of
soit . . . soit either . . . or
sol *(m.)* soil, land
solde *(m.)* balance; clearance sale; *(f.)* military pay
solvabilité *(f.)* solvency; credit rating
solvable solvent
somme *(f.)* amount, sum, total
sondage *(m.)* survey, poll

souche *(f.)* stub
souffrir (souffert) de to suffer from
souhaiter to wish
souligner to underline; to stress
soumettre (soumis) to submit
être soumis à to undergo
soumission *(f.)* tender
soumissionner to tender
souscripteur *(m.)* subscriber, applicant
souscription *(f.)* subscription (loan), application
souscrire (souscrit) to subscribe, to apply
sous-directeur *(m.)* assistant manager
sous-louer to sublet
sous-produit *(m.)* by-product
soussigné *(m.)* the undersigned
sous-sol *(m.)* basement
soustraction *(f.)* subtraction
sous-traitant *(m.)* subcontractor
soutien *(m.)* support
spectacles *(m.pl.)* entertainment (sector)
spectateurs *(m.pl.)* (the) audience
spot *(m.)* **publicitaire** TV ad, slot, commercial
stade *(m.)* stage, level
au — artisanal at the small business level, as a small trade
stage *(m.)* training (period)
stagiaire *(m./f.)* trainee
stagner to stagnate
standardiste *(m./f.)* (telephone) operator

station *(f.)* station, resort
— **balnéaire** spa, beach resort
— **de sports d'hiver** winter sports resort
— **service** filling station
statut *(m.)* status; *(pl.)* bylaws
sténo-dactylo *(m./f.)* shorthand typist
sténographie *(f.)* shorthand, stenography
stipuler to stipulate, to specify as a requirement
subir to undergo
subvention *(f.)* subsidy
successoral pertaining to inheritance
succursale *(f.)* branch, branch office
sucre *(m.)* sugar
super *(m.)* premium, high-test gas
superficie *(f.)* surface, area
supermarché *(m.)* supermarket
supplanter to take the place of, supersede, replace
supporter to sustain, to bear, to withstand
sûr sure, secure, safe
sur place on the spot; *(m.)* open house (real estate)
surface *(f.)* area, acreage, surface
grande — giant supermarket
survenir (survenu) to happen, to take place
survivant *(m.)* survivor
sus: en — over and above
susceptible de likely to
susciter to provoke, to create
suspect suspicious
sylviculteur *(m.)* forester

sylviculture *(f.)* forestry; timber industry
syndicat *(m.)* labor union; association
syndiqué unionized

tabac *(m.)* tobacco
table *(f.)* table, index
tableau *(m.)* list, table
tâche *(f.)* task, duty
taille *(f.)* size
talon *(m.)* stub
taper à la machine to type
tapé typewritten
tarif *(m.)* tariff, rate
tarifaire pertaining to tariffs
tas *(m.)* heap, pile
sur le — on-the-job (training)
taux *(m.)* rate
— **de change** (foreign) exchange rate
— **d'imposition** tax assessment rate
taxe *(f.)* tax, duty
— **à la valeur ajoutée (TVA)** value-added tax (VAT)
— **d'atterrissage** landing tax
— **de décollage** take-off tax
— **de régie** excise tax
— **successorale** inheritance tax
— **sur les ventes** sales tax
tel quel as is, unchanged
téléphone *(m.):* **coup de —** telephone call
téléphonique pertaining to the telephone
cabine — telephone booth
télescripteur *(m.)* teletype, ticker

tendre à to tend to
teneur *(f.)* content
tenir (tenu) compte de to take into account, consider
tenter de to try, attempt to
tenu de bound to, responsible for
terrain *(m.)* land, ground, plot, field
— **constructible** residential land
terre *(f.)* land
— **arable** arable, cultivable land
— **bâtie** land having buildings on it, developed
testament *(m.)* will
testamentaire pertaining to wills
T.G.V. (train à grande vitesse) high-speed train
tiers *(m.)* third person, party
timbre *(m.)* stamp
tirage *(m.)* drawing
tiré *(m.)* drawer
tirer to draw
tireur *(m.)* maker (of a promissory note), drawer
titre *(m.)* title, bond, certificate
— **au porteur** bearer certificate, stock
— **nominatif** registered security
titres *(m.pl.)* securities, shares, stocks
placement de — investment in deeds
titulaire *(m.)* title holder, bearer; tenured employee

toile *(f.)* **d'araignée** cobweb

toiture *(f.)* roofing, roof

tonnage *(m.)* tonnage

tonneau *(m.)* barrel, ton; — **de jauge brute** gross register ton (2,83 m³/100 cu. ft.)

totaliser to amount to, to reach a total of

toucher to reach — **de l'argent** to receive money

tracé *(m.)* layout

traction *(f.):* — **électrique** electric power — **à vapeur** steam power

trafic *(m.)* traffic, circulation

traite *(f.)* draft, bill — **bancaire** banker's draft

traitement *(m.)* treatment; salary (for a civil servant), processing

traiter to deal, to transact

tranchant *(m.)* edge

tranche *(f.)* portion, slice, bracket — **d'imposition** tax bracket

transfert *(m.)* transfer

transformation *(f.)* processing, transformation

transiter to transit, to pass through

transmissible transferrable

transport *(m.)* transport, transportation

transporteur *(m.)* carrier

travail *(m.)* work, labor **travaux et aménagements** works and projects

Trésor (le) (the) Treasury

trésorerie *(f.)* treasury (office), finances

triage *(m.)* sorting, screening

tributaire tributary, dependent

trier to sort, to screen

trimestre *(m.)* quarter

trompeur misleading

trop-perçu *(m.)* overcharge, overpayment, excess withholding (tax)

troupeau *(m.)* flock, herd

trouver preneur to find takers, buyers

ultérieur subsequent **date —e** later date

ultra-rapide super fast

union *(f.)* union — **douanière** customs union

unique *(m.)* sole

urgence *(f.)* emergency

usage *(m.)* use, usage, custom **en —** in use, current

usager *(m.)* user

usine *(f.)* factory

usuel usual, regular, ordinary

usure *(f.)* usury; wear; attrition

utilisateur *(m.)* user

utiliser to use

vacance *(f.)* vacancy, opening; *(pl.)* holidays, vacation

vacancier *(m.)* vacationer

vacant vacant **terrain —** empty lot

vache *(f.)* cow

vaisseau *(m.)* vessel

valable valid

valeur *(f.)* value, worth **objects de —** valuables — **mobilière** stock, share

valeurs *(f.pl.)* securities, bonds, shares, stocks **placement de —** investment in securities, stock — **vedettes** blue chips

valoir (valu) to be worth, to cost

valorisation *(f.)* valorization, increase of worth, value

vanter to praise, to boost **se —** to brag

veau *(m.)* calf, veal

vedette *(f.)* (inside) address of correspondant

veiller à to make sure, to look after

vendeur *(m.)* seller

vendre (vendu) to sell

vente *(f.)* sale — **au rabais** discount sale

vérificateur *(m.)* controller, auditor, inspector

vérification *(f.)* audit, control

véritable genuine

vers à soie silkworm **sériculture** *(f.)* raising of silk worms

versement *(m.)* payment, installment, deposit

verser to pay, deposit

verso *(m.)* back, left-hand page

veuillez . . . please . . .

viande *(f.)* meat

vie *(f.)* life **niveau de —** standard of living

vigne *(f.)* grapevine, vineyard

vignoble *(m.)* vineyard

ville *(f.)* **d'eaux** spa, health resort town

villégiature *(f.)* vacation, holiday (in the country), resort

vin *(m.)* wine
  — de consommation courante ordinary wine

vinicole pertaining to wine making

virement *(m.)* transfer (money)

virer to transfer (money)

virgule *(f.)* comma, decimal point

viser to sign, to put a visa on
  — à to aim at

visite *(f.)* **sur le terrain** on-site inspection

vitesse *(f.)* speed
  à grande — high speed

viticulteur *(m.)* wine grower

vitrine *(f.)* shop window

vivant alive

voie *(f.)* way, track
  en — de in the process of
  par — aérienne air mail, by air
  par — de by way, means of
  pays en — de développement developing country
  — hiérarchique official channels

voisin *(m.)* neighbor

voisinage *(m.)* neighborhood

voiture *(f.)* car
  — de fonction company car

vol flight; theft
  — qualifié aggravated theft; robbery

  — simple petty larceny

volaille *(f.)* poultry

voyageur *(m.)* passenger, traveler

vrac *(m.)* bulk
  en — in bulk

vu . . . given . . .

vue *(f.)* view
  en — de for the purpose of

wagon *(m.)* wagon, car (railway)

W.C. (les) restrooms

zone *(f.)* zone, area
  — monétaire monetary zone

vocabulaire anglais-français

Abréviations:

n.   nom
pl.   pluriel

abbreviate, to   abréger
abuse   abus
according to   selon, conformément à
account   compte
  bank —   compte en banque, compte bancaire
accountant   comptable
  certified public —   expert-comptable
accounting   comptabilité
acknowledge   reconnaître, accuser réception de
ad man   agent de publicité
add, to   ajouter; additionner
additional   supplémentaire
address   adresse
addressee   destinataire
advantageous   avantageux
adverse   défavorable, contraire
  — trade balance   balance commerciale déficitaire
advertise, to   faire de la publicité

advertisement   annonce, publicité, réclame
advertiser   annonceur
advertising   publicité
advice   avis, conseil
advise, to   aviser, conseiller
affluence   abondance
afford, to   avoir les moyens de, se permettre, disposer de
agency   agence, bureau, organisme
agenda   ordre du jour
agent   agent, représentant
agreement   convention, accord, contrat
agricultural   agricole, agronomique
air mail   par avion, poste aérienne
airport   aéroport
alcohol   alcool
allocate, to   allouer, attribuer
allowance   allocation, prestation

amenity   confort
  all amenities   tout confort
amount   montant, quantité, somme
amount to, to   s'élever à, totaliser
annuity   annuité, rente
appliance   appareil
applicant   candidat, postulant
application   demande, candidature
apply, to   s'adresser à
  to — for a position   solliciter un poste, un emploi; faire une demande
appraise, to   évaluer, estimer
appreciate, to   estimer, apprécier
  I would — ...   je vous aurais gré de ...
approval   approbation
area   zone, région, superficie, surface
around   autour de; vers

229

ascertain, to   constater

assess, to   estimer, évaluer

assignment   cession, transfert

associate   associé

attached   afférent, annexe, qui accompagne

attorney   avoué, avocat
  power of —   procuration

attractive   attirant, attractif

auction   vente aux enchères

auctioneer   commissaire-priseur

audit   apurement, vérification de comptes

auditor   commissaire aux comptes

available   disponible

average   moyen; *(n.)* moyenne; avarie (assurance maritime)

avoid, to   éviter

backer   commanditaire

background   arrière-plan, antécédents, documentation

backing   appui, soutien

bad   mauvais
  — check   chèque sans provision

balance   balance, équilibre, solde
  — due   solde débiteur
  — on hand   solde créditeur
  — of payments   balance des paiements
  — sheet   bilan

bank   banque
  — account   compte en banque, compte bancaire

— balance   avoir en banque

— book   carnet de banque

— deposit   depôt en banque

— discount   escompte en dehors

— statement   relevé de compte

— transfer   virement bancaire

banker   banquier

banking   opérations bancaires
  — institution   établissment bancaire

bankrupt (to be)   faire faillite

bankruptcy   banqueroute, faillite

bargain, to   marchander; *(n.)* affaire, marché

barge   péniche, chaland, barge

barrel   tonneau, fût, baril (159 l) (pétrole)

barter   troc

bear, to   spéculer

bearer   porteur

bearish   baissier (bourse)

bee   abeille
  —keeper   apiculteur, exploitant apicole
  —keeping   apiculture

beneficiary   bénéficiaire

benefit   avantage; allocation, indemnité

bid, to   faire un offre; *(n.)* enchère, soumission (d'offres)
  take-over —   offre de rachat

bidder   offrant, enchérisseur
  the highest —   le plus offrant

bidding   enchères, mises

bill   billet; facture; note
  — of exchange   lettre de change
  — of lading   connaissement
  — of sale   accord, contrat de vente
  — payable   effets à payer
  — receivable   effets à recevoir

billing   facturation

billion   milliard

binding clause   clause qui engage

black market   marché noir

block, to   bloquer
  —ed account   compte bloqué

blockage   blocus

blue book   l'Argus (pour les prix des voitures d'occasion)

blue chips   valeurs de premier ordre, valeurs vedettes

blue collar workers   cols bleus

board   bureau, comité
  — meeting   réunion du conseil
  — of directors   conseil d'administration

body   corps
  corporate —   personne morale

bona fide   de bonne foi

bond   bon, obligation
  government —   rente sur l'État
  registered —   obligation nominative

bonded goods   marchandises entreposées en douane

bonded warehouse magasins généraux

bondholder obligataire, rentier

bonus bonus, prime

book, to louer, retenir (des places)

—**keeper** commis aux écritures

book value valeur comptable

bookkeeping tenue des livres, comptabilité

booklet livret, notice descriptive

boom période de prospérité, hausse rapide, "boom"

booth cabine (téléphone), stand (foire)

borrow, to emprunter

borrower emprunteur

bottleneck embouteillage, goulot d'étranglement

boycott, to boycotter

brackets crochets

age — classes d'âge

tax — tranches d'imposition

branch succursale, filiale

brand marque

brand new flambant neuf, tout neuf

breach of contract inexécution de contrat

break even, to rentrer dans ses frais

break-even point seuil de rentabilité

breakable fragile

brisk trade marché actif, animé, vif

broker courtier

stock— agent de change, courtier

brokerage courtage

budget, to inscrire au budget; (*n.*) budget

— **appropriations** affectations budgétaires

— **estimates** prévisions budgétaires

— **surplus** excédent budgétaire

building construction; bâtiment, building, immeuble

bulk (in) en vrac, en gros

bulletin communiqué, bulletin

bullion or en barre

bullish market à la hausse (Bourse), haussier

business affaire(s)

— **address** adresse commerciale

— **circles** milieux d'affaires

— **day** jour ouvrable

— **hours** heures de bureau

— **meeting** séance de travail

businessman homme d'affaires

buy, to acheter

buyer acheteur

—**'s market** marché favorable aux acheteurs

buying achat

— **department** service des achats

— **power** pouvoir d'achat

— **rate** cours acheteur

by-product sous-produit

cable câble, câblogramme

— **transfer** transfert télégraphique

calculator calculatrice

calendar calendrier

— **year** année civile

call appel

— **for money** appel de fonds

phone — coup de téléphone, communication téléphonique

campaign campagne

cancel, to annuler, résilier

candy bonbons

canned goods conserves

cannery conserverie

canvas, to prospecter la clientèle

capacity capacité, potentiel

capital capital

— **assets** capitaux immobilisés

— **budget** budget d'investissement

— **expenditures** immobilisations

— **gains** gains en capital

— **income** revenu du capital

— **inflow** allux de capitaux

—**market** marché des capitaux

— **needs** besoins en capital

— **stock** capital social

capitalize, to mettre en majuscules, en lettres capitales

cardboard carton

cargo cargaison

— **list** bordereau de chargement

carrier transporteur

carry over, to reporter

case cas; caisse

in — **of** en cas de

— **study** étude de cas

cash, to toucher, encaisser (chèque); *(n.)* espèces, argent compant
— **assets** avoir en caisse
— **balance** solde de caisse
— **flow** cash flow, capacité de financement
— **register** caisse enregistreuse
— **statement** relevé de caisse
cash and carrry au comptant et à emporter
cashier caissier
caterer traiteur
cattle bétail
ceiling plafond
— **price** prix plafond
certainty certitude
certificate certificat, attestation; acte; titre
certified certifié, conforme
— **broker** courtier attitré
— **check** chèque visé
chain store magasin à succursales multiples
chairman président
— **and Managing Director** Président-Directeur Général (P.-D.G.)
change changement; change; monnaie
charge(s) frais; droits; prix; charges
handling — frais de manutention
charge account compte courant (d'un client)
chart diagramme, courbe
organizational — organigramme
charter affrètement; charter (transport aérien)
cheap bon marché

cheat, to tricher, tromper
check, to contrôler, vérifier; *(n.)* chèque; contrôle
— **book** chéquier, carnet de chèques
— **stub** souche de chèque
checking account compte courant (en banque)
chemicals produits chimiques
civil servant fonctionnaire
civil service fonction publique
claim réclamation, revendication
clear, to affranchir, dédouaner
clearance sale liquidation de stock, soldes
clearing house chambre de compensation
clerical error erreur d'écriture
clerical staff personnel de bureau
clerk vendeur (dans un magasin)
close, to fermer, arrêter
closing clôture, fermeture
— **price** cours de clôture
clothing habillement, vêtements
coal charbon, houille
— **field** bassin houiller
— **mine** houillère
— **mining** charbonnage
coin pièce de monnaie
collapse effondrement
collateral subsidiaire
as a — en nantissement
collect, to recouvrer, percevoir
collection recouvrement, encaissement

collective bargaining convention collective
collector receveur, percepteur
college graduate diplômé de l'enseignement supérieur
commercial publicité, annonce (à la radio, à la télévision)
T.V. — annonce télévisée, spot TV.
commission commission, pourcentage; comité
commit, to destiner, réserver, commettre, engager
committee commission, comité
executive — conseil de direction
commodity denrée, marchandise, produit
— **Exchange** Bourse de commerce, de marchandises
common commun, ordinaire
— **carrier** transporteur public
— **Market** Marché Commun
— **stocks** actions ordinaires
company société, compagnie, entreprise
compensate, to dédommager, indemniser, compenser
compete, to (with) faire concurrence (à)
competition concurrence, rivalité; concours
competitive compétitif, concurrentiel
competitor concurrent

complain, to se plaindre, réclamer

complimentary close formule de politesse finale (lettre)

component composant, élément constitutif

compound composé

comprehensive policy assurance tous risques

computation calcul, compte

computer ordinateur
— **science** informatique

computerization informatisation, traitement informatique

computerize, to informatiser, passer à l'ordinateur

concern entreprise, exploitation, affaire, établissement

conditioned conditionné, climatisé (air)

condominium appartement en copropriété

connection rapport, relation(s), lien; correspondance (transports passagers)

consent accord, consentement

consolidated balance sheet bilan consolidé

consular consulaire
— **invoice** facture consulaire

consultant conseiller, conseil·

consume, to consommer

consumer consommateur
— **goods** bien de consommation
— **group** association de consommateurs
— **price index (CPI)** indice des prix à la consommation (IPC)

consumerism course à la consommation

container récipient, conteneur

contents contenu, teneur

contingency contingence, imprévu; *(pl.)* faux frais
— **fund** fonds de prévoyance

contract contrat, convention

contractor entrepreneur

convene, to convoquer, réunir

convenient commode

conveyance transfert (propriété), acheminement

co-ownership copropriété

copy copie; exemplaire

copy, to copier

copyright droits d'auteur

corn maïs
— **cultivation** culture du maïs, production maïsière

corner, to accaparer (le marché d'une denrée)

corporate assets actif social

corporate body corps constitué, personne morale

corporate tax impôt sur les sociétés

corporate name raison sociale

corporation société

cost coût, prix de revient, frais
— **accounting** comptabilité industrielle
— **of living allowance (COLA)** indemnité de vie chère

— **of living index** indice du coût de la vie

costly coûteux, cher

counter guichet, caisse

country pays
developing — pays en voie de développement

cover, to couvrir

craftsman artisan

crash catastrophe; krach (Bourse); accident (voiture)

credentials pièces justificatives, lettres de créance

credit crédit
— **balance** solde créditeur
— **card** carte de crédit
— **crunch** reserrement du crédit
— **rating** solvabilité
documentary — crédit documentaire
to have a good — **rating** être solvable

creditor créancier, créditeur

crop récolte

crude brut

curb, to contrôler, freiner

currency monnaie, devise
foreign — devises (étrangères)
hard — devises fortes

curve courbe

customer client

customize, to personnaliser

customs douane
— **clearance** dédouanement
— **duties** droits de douane
— **officer** douanier, agent de douane
— **warehouse** entrepôt de douane

cut réduction
  tax — dégrèvement
  d'impôts

daily journalier, quotidien
dairy laiterie, crémerie
  — products produits
  laitiers
dam barrage
damage dommages,
  dégâts; avarie; préjudice
damaged endommagé,
  abîmé
data données
  — processing traitement de l'information
dated October 20, 1979 en
  date du 20 octobre 1979
deadline date limite,
  échéance
deal, to (with) traiter
  (avec), négocier; *(n.)*
  affaire, marché
dear cher, coûteux
  — Sirs Messieurs
death mort, décès
debit balance solde
  débiteur
debt dette, créance
debtor débiteur
deceptive trompeur
decline declin, baisse,
  fléchissement
declining en decline
  — prices cours en
  fléchissement
decrease, to diminuer;
  décroître, baisser
decreasing en baisse, en
  diminution
deduction déduction,
  prélèvement
deed acte, titre
  notarized — acte notarié
deem, to juger

  to — it necessary juger
  nécessaire
default, to faire défaut,
  faillir à ses engagements
  — on payment, to faire
  défaut de paiement
default *(n.)* défaut, man-
  quement
defer, to ajourner,
  différer, remettre à une
  date ultérieure
deficit deficit, moins-value
defray, to rembourser les
  frais
delay retard, délai
delinquent non payé, impayé
deliver, to délivrer, livrer
delivery livraison
  general — poste res-
  tante
  special — par exprès
demand demande
  supply and — l'offre et
  la demande
denomination coupure
  (billet)
department service, rayon
  — store grand magasin
depend upon, to dépendre
  de, être tributaire de
deposit dépôt; caution
  — slip bordereau de
  versement
depositor déposant
depreciation dépréciation,
  moins-value; amortisse-
  ment
design conception, modèle
devalue, to dévaluer
develop, to développer,
  mettre en valeur
developing countries pays
  en voie de
  développement
diagram diagramme,
  schéma

dial, to composer un
  numéro (téléphone); *(n.)*
  cadran
dime store magasin à prix
  unique
**diminishing returns (law
  of)** (loi des) rende-
  ments décroissants
dip fléchissement (Bourse)
directory annuaire; Bottin
disability incapacité, invalidité
disaster désastre, catastrophe, sinistre
  natural — catastrophe
  naturelle
disbursement
  déboursement
discount rabais, remise;
  escompte
  — rate taux d'escompte
  (banque)
display étalage, exposition
distributor distributeur,
  concessionnaire
dividend dividende
documentary bill traite
  documentaire
donor donateur
door-to-door porte-à-porte
**Dow Jones Industrial Aver-
  age** Indice Dow Jones
  moyen des valeurs in-
  dustrielles
down payment acompte,
  versement initial
downturn ralentissement
downward trend tendance
  à la baisse
dozen douzaine
draft, to rédiger; *(n.)*
  traite, effet; projet
drastic énergique, radical,
  drastique
draw, to tirer
drawback désavantage,
  inconvénient

drawee tiré, payeur

drawer tireur, souscripteur; tiroir

drawing tirage, prélèvement; dessin

drink boisson

drive, to conduire
— **-in theater** cinéma de plein air

driver chauffeur, conducteur
— **'s license** permis de conduire

driving conduite

drop chute, baisse, régression

druggist pharmacien

drugs produits pharmaceutiques

drugstore pharmacie-bazar

drum tonneau (carburant)

due échu, exigible
— **date** échéance

dull terne
— **market** marché terne, sans animation

duplicate, to faire en double; faire double emploi; *(n.)* double, duplicata

duplicating machine duplicateur

duration durée

duties droits; fonctions; responsabilités

duty free exempt de droit de douane, en franchise

earmark, to (funds) affecter (des fonds)

earn, to gagner

earned income revenu salarial

earnest money arrhes, cautionnement

earnings gain, bénéfices, salaire

economical économique

economics économie

edible comestible

education formation, instruction

effective efficace, réel

elective facultatif, á option

eligible éligible, qui remplit les conditions requises

embezzlement détournement de fonds

emergency urgence, de secours

employment emploi, embauche
— **office** bureau de placement

enclose, to inclure, joindre
Enclosed, please find . . . Veuillez trouver ci-joint . . .

enclosure annexe

endorse, to endosser, avaliser

endorsement endossement, endos

engineer ingénieur

engineering ingénierie, génie civil

enquire, to demander des renseignement, s'informer

ensure, to assurer, garantir

entertainment amusement, spectacle(s)

equipment équipement, matériel, outillage

equities actions ordinaires

equity capital capital-actions

error erreur, faute

escalator clause clause d'échelle mobile des salaires

escrow document déposé en garantie
— **account** compte de garantie, en dépôt légal

estate propriété, biens
real — biens immobiliers

estimate estimation, prévision; devis; évaluation

exceed, to dépasser

excess excès, excédent
— **baggage** excédent de bagages
— **capacity** capacité excédentaire

exchange échange; change; bourse
— **market** marché des changes
— **value** contre-valeur

excise impôt indirect, régie, accise (Canada)

executive cadre supérieur, directeur
— **committee** comité de direction

executor exécuteur testamentaire

exempt, to (from taxation) exonérer (d'impôts)

exemption franchise, exonération (impôts)

exhibit exposition

expanding en expansion

expenditure dépense, frais

expense dépenses, frais

expensive cher, coûteux

expire, to expirer, être périmé

export exportation

extent étendue, mesure
— **of damages** étendue des dégâts
to the — of jusqu'à concurrence de

fabric étoffe, tissu
face value valeur nominale
facility installation; facilité
factor facteur, élément
factory fabrique, usine, manufacture
fair loyal, équitable, juste; *(n.)* foire
fall chute, baisse
fall through, to échouer, ne pas aboutir
family famille
— **business** entreprise familiale
fare tarif, prix du billet
farm ferme
farmer cultivateur, exploitant agricole
farming exploitation agricole
fashion mode, manière
faulty défectueux
favorable avantageux, favorable
favored favorisé
the most — nation la nation la plus favorisée
feasibility faisabilité
— **study** étude préalable, avant-projet
feature caractéristique
fee droit, redevance
feed: animal — alimentation animale
swine and poultry — alimentation porcine et avicole
fees honoraires, cachet
fee-simple en toute propriété
fertilizer engrais
figure chiffre
file, to classer, archiver; *(n.)* classeur; dossier, fiche

tax — registre fiscal
filing classement, archivage
fill, to (out a form) remplir (un formulaire, une feuille)
financial statement bilan, situation de trésorerie
financial year exercice, année budgétaire
financing financement
fine, to imposer une amende; *(n.)* amende
fire, to congédier, licencier, renvoyer; *(n.)* incendie
firm firme, société
fiscal year exercice, année budgétaire
fixed assets actif immobilisé
flax lin
fleet flotte
flight vol
float (a loan) lancer (un emprunt)
floor plancher; étage
— **price** prix plancher
fluctuate, to fluctuer, osciller
fluency connaissance
with — in a foreign language ayant une bonne connaissance d'une langue étrangère
folder dépliant, prospectus
follow-up suivi
— **letter** lettre de rappel, de relance
food aliments, nourriture; alimentation, les produits alimentaires
foodstuffs(s) denrées alimentaires, vivres
foot pied (mesure: 30,48 cm)

foreclosure forclusion, saisie
foreign étranger
— **currency** devises (étrangères)
— **exchange** devises
— **trade** commerce extérieur, échanges avec l'étranger
foreman, contremaître, chef d'équipe
foresee, to prévoir
forge, to contrefaire
forger faussaire, faux-monnayeur
forgery faux en écriture
form forme, formulaire; bulletin
tax — (feuille) déclaration d'impôts
forward, to faire suivre (courrier); acheminer (marchandises)
framework cadre
franchise franchise; concession exclusive
fraud fraude
free libre, franc, franco; gratuit
— **sample** échantillon gratuit
— **trade** libre-échange
freeze, to bloquer, geler; *(n.)* blocage (salaires, prix)
freight fret
fringe benefits avantages pécuniaires supplémentaires
frozen immobilisé, bloqué
fuel carburant, combustible
full plein, entier
— **fare** plein tarif
— **time** plein temps
fund fonds

funding consolidation, financement
furnished meublé
furniture meubles, mobilier, ameublement

gadget dispositif; truc, machin, "gadget"
gap lacune, écart
garden produce produits maraîchers
gas gaz; essence
— **pipeline** gazoduc
— **tanker** méthanier
genuine authentique, véritable, d'origine
gift cadeau
— **shop** boutique de nouveautés
give away, to donner, distribuer
glut encombrement, saturation
go down, to baisser, descendre
go up, to monter
go-ahead feu vert
going rate taux en vigueur
gold or
goods biens, marchandises
government gouvernement
— **loan** emprunt d'État
— **securities** fonds d'État
— **spending** dépenses publiques
grace grâce, délai de paiement
grade qualité, degré, classe
low — ore minerai de faible teneur
graduate diplômé
graduated income tax

impôt progressif par paliers
grant, to accorder; *(n.)* subvention, allocation
graph graphique, courbe
grocery épicerie
gross brut
— **national income** revenu national brut
— **national product (GNP)** produit national brut (PNB)
ground floor rez-de-chaussée
grow, to cultiver; augmenter, croître; pousser (plante)
growth croissance, expansion
guarantee garantie, caution
guideline norme, ligne directrice

handbill prospectus
handling charges frais de manutention
handmade fait à la main
handwritten letter lettre manuscrite
hardware quincaillerie; "hardware" (électronique)
harvest moisson, récolte
heading en-tête, intitulé, rubrique
health insurance assurance maladie
healthy sain
heater appareil de chauffage
water — chauffe-eau
heating chauffage
heir héritier
hemp chanvre
hike hausse
hire, to embaucher

hiring embauche
holder détenteur
holding avoir, effets en portefeuille
— **company** holding, société à portefeuilles
holiday fête, jour férié, congé
home maison, foyer
at — à la maison, chez soi
— **consumption** consommation intérieure
— **economics** gestion ménagère, économie domestique
hope, to espérer
hoping to hear from you en espérant vous lire, dans l'attente d'une réponse
hops houblon
household maison, ménage
— **goods** mobilier; produits d'usage domestique
housing logement
hunting chasse
apartment — la chasse aux appartements

idle oisif, inactif, improductif
imbalance déséquilibre
implement, to exécuter, mettre en oeuvre
implementation mise en oeuvre, réalisation, exécution
import importation
importer importateur
incentive stimulant, mesure incitative, encouragement
inch pouce (2,54 cm)

incidental expenses faux frais

income revenu, recette, tente

  gross — revenu brut

  — bracket tranche de revenus

  — tax impôt sur le revenu

incorporated company société anonyme

increase, to augmenter, accroître; *(n.)* augmentation, hausse, accroissement

  on the — en augmentation

indemnity indemnité, dédommagement

indent, to mettre en retrait

  indented en retrait

index indice; répertoire

individual *(n.)* individu, particulier

industrial engineer ingénieur industriel

inheritance tax droits de succession

input apport

insert, to insérer

in-service training formation en cours d'emploi

installment versement partiel, mensualité, tranche

  — plan vente à tempérament, à crédit, facilités de paiement

instruction instruction, directive

instructor instructeur, formateur, moniteur

insurance assurance

insured assuré

insurer assureur

interest intérêt

intermission entracte

Internal Revenue Service le fisc, les contributions

interview entrevue, entretien; interview (presse)

introductory campaign campagne de lancement

inventory inventaire, stocks

invest, to investir, placer (de l'argent)

investment investissement, placement

investor investisseur

invitation for tenders adjudication

invoice facture, note

I.O.U. (I owe you) reconnaissance de dette

iron fer

  — ore minerai de fer

issuance émission

issue, to émettre, lancer, mettre en circulation

  to — a report publier un rapport

item article

  luxury — article de luxe

job emploi, poste, place

  — applicant demandeur d'emploi

  — site chantier

  on-the-— training formation sur le tas

joint joint, combiné

  — account compte indivis

  — manager codirecteur

  — owner copropriétaire

  — partner coassocié

  — stock company société par actions

jump saut, bond

keeper garde, gardien

  bee— exploitant apicole, apiculteur

key clé; touche (machine à écrire)

keyboard clavier

knot noeud (1852 m/h)

know-how savoir-faire, technique

knowledge connaissance

label étiquette

labor travail; main-d'oeuvre, force ouvrière

  — laws législation du travail

lack manque, absence, pénurie

lag, to rester en arrière, traîner

land terre, terrain

  — area superfice, surface

landlord propriétaire

large grand

  — scale de grande envergure

largely en grande partie

late tardif, en retard

launch, to lancer

lawful légal, licite

lawsuit procès, poursuite judiciaire

lawyer avocat, avoué

lay a tax on, to imposer, frapper d'un impôt

lay off, to congédier, licencier

layout tracé, dessin

leadership direction; ''leadership''

leaflet imprimé publicitaire

leap year année bissextile

lease bail

leasehold tenure à bail

leasing location à bail, crédit-bail, leasing, location-vente

leather cuir

legal légal, licite
  — **adviser** conseiller juridique
  — **department** service du contentieux
  — **document** acte authentique
legible lisible
lend, to prêter
lender prêteur
  money — bailleur de fonds
lending institution institution de crédit
let, to louer
letter of credit lettre de crédit
letterhead en-tête
level niveau
level off, to se stabiliser
levy, to percevoir, frapper de
liabilities passif
liability responsabilité, engagement, obligation
liable responsable
license licence, permis, autorisation
lien privilège, droit de rétention, recours
life vie; durée
  — **expectancy** espérance de vie
lighting éclairage
lightning éclair
likely probable, vraisemblable
lime chaux
line ligne
  air — ligne aérienne
  assembly — chaîne de montage
  — **of credit** facilité de crédit
linen toile; linge, lingerie
liner paquebot, transatlantique

link lien, maillon, trait d'union
liquid assets actif disponible, liquidités
liquidity liquidité
listed coté, énuméré
  — **stock** actions cotées en Bourse
litigation litige
livestock bétail, cheptel
load charge
loan prêt; emprunt
  — **department** service du crédit
  mortage — emprunt hypothécaire
location lieu, emplacement
lodging logement
long term à long term
loss perte
loudspeaker haut-parleur
low bas, faible, modique
  —-**income group** groupe économiquement faible, couches sociales défavorisées
  —-**income (housing) unit** logement pour les économiquement faibles, habitation à loyer modéré (H.L.M.)
lower, to abaisser, baisser, diminuer, réduire
lumber bois de construction
lump sum somme globale, forfaitaire
luxury tax taxe de luxe

maiden name nom de jeune fille
mail, to expédier, poster; (n.) courrier
  — **order catalogue** catalogue de vente par correspondance (V.P.C.)

mailing list liste d'adresses
mailing receipt récépissé
maintenance entretien, maintenance, maintien
manage, to diriger, gérer, administrer
management gestion, administration, gérance, direction; management (science)
manager chef, directeur
manpower effectif(s), main-d'oeuvre
manufacturer fabricant, industriel
margin marge
  — **of profits** marge bénéficiaire
markdown baisse, rabais
market marché
  dull — marché terne, sans animation
  — **price** prix courant
  — **value** valeur marchande
  spot — marché au comptant
marketing commercialisation, marchéage, marketing, écoulement
markup hausse, augmentation, bénéfice brut
mass production production en masse, fabrication en série
material matière; matériau; tissu
matter matière, question, affaire
  printed — imprimés
maturity échéance
means moyen(s)
measure mesure; disposition

meet, to rencontrer; se réunir; faire face à, satisfaire
to — the needs satisfaire les besoins
meeting réunion, assemblée, séance
the — is adjourned la séance est levée
membership adhésion, qualité de membre; l'ensemble des membres
memorandum mémorandum, note, rappel
— of association acte constitutif de société
merchandising promotion commerciale, commercialisation
merchant négociant, commerçant, marchand
merge, to fusionner, fondre
merger fusion
meter compteur
middleman intermédiaire
mileage distance en milles
gas — consommation d'essence aux 100 km, litres/100 km
mine mine
coal — houillère
mint hôtel des monnaies
minutes (of a meeting) procès-verbal
miscellaneous divers, varié
mismanagement mauvaise gestion
misuse abus, mauvais usage
monetary monétaire
money argent, monnaie
— lender bailleur de fonds
— market marché monétaire
— order mandat
— supply masse monétaire
monthly mensuel
mortgage, to hypothéquer; (n.) hypothèque
— Registry Office Bureau de Conservation des Hypothèques
mortgagee créancier hypothécaire
mortgagor débiteur hypothécaire
mother country métropole (par rapport aux possessions d'outre-mer)
motto devise
movables biens mobiliers, meubles meublants
move, to se déplacer, déménager
multiple coverage insurance assurance multirisques
mutual funds company société d'investissement
mutual savings bank caisse, mutuelle d'épargne

name nom
first — prénom
trade — raison sociale
namely à savoir, notamment
need, to avoir besoin de, nécessiter; (n.) besoin, nécessité
negative trade balance balance commerciale déficitaire
neighbor, to avoisiner
neighborhood voisinage
in the — of environ, dans les

neon sign enseigne lumineuse
notarize, to authentiquer
notary notaire
note billet, note
— pad bloc-notes
notify, to aviser, avertir, notifier
nowadays de nos jours
number, to totaliser, compter, s'élever à; numéroter; (n.) nombre, numéro, chiffre
wrong — (telephone) mauvais numéro

oats avoine
obtain, to obtenir
occasional occasionnel, fortuit
odd number nombre impair
office bureau; fonction; office
— hours heures de bureau, de consultation
— supplies fournitures de bureau
officer agent, administrateur, dirigeant
customs — douanier, agent de douane
off-season morte-saison
offset, to compenser
oil huile, pétrole
— company société pétrolière
— drum bidon d'huile
— field gisement pétrolifère
— tanker tanker
— well puits de pétrole
on-site inspection visite sur le terrain, mission sur place
on-the-job sur le tas

— **training** formation sur le tas

OPEC (Organization of Petroleum Exporting Countries) OPEP (Organisation des Pays Exportateurs de Pétrole)

open house "sur place" (immobilier); "portes ouvertes"

opening poste vacant

orchard verger

order, to commander; ordonner; *(n.)* ordre; commande

in — to de façon à, afin de

oscillate, to osciller

ounce once (28,35 g)

outlet sortie, issue, débouché

outline aperçu, esquisse, ébauche, grandes lignes

outstanding impayé (dette)

over-the-counter hors cote (Bourse); vente directe à l'acheteur

overcharge, to surcharger, compter en trop

overdraft découvert, solde débiteur

overdraw, to tirer à découvert, excéder son crédit

overdrawn (to be) (avoir) un découvert

overdue échu, en retard

overhead frais généraux

overseas outre-mer

overtime heures supplémentaires

own, to posséder, être propriétaire de

owner propriétaire

land — propriétaire foncier

— **of the project** maître de l'ouvrage

ownership propriété, possession

oyster huître

— **farm** parc à huîtres, exploitation ostréicole

— **farming** ostréiculture

package, to empaqueter; *(n.)* paquet

packaging conditionnement

paragraph paragraphe, alinéa

parcel colis, paquet

partner associé, partenaire

silent — commanditaire

partnership société de personnes

limited — société en commandite

passenger passager

pay off, to acquitter, amortir

payment paiement, règlement, versement

monthly — mensualité

pending en instance

personnel personnel

— **department** service du personnel

pertaining to afférent à, relatif à

pipeline pipe-line, oléoduc (pétrole), gazoduc (gaz)

plan plan, projet

plant usine, centrale, fabrique

please . . . prière de... , veuillez...

— **find enclosed** veuillez trouver ci-joint

poll sondage, enquête

pond étang

position poste, fonction, emploi

positive positif, excédentaire (balance)

postage affranchissement, timbrage; port

poster affiche

poultry volaille

power pouvoir, puissance, énergie

powerhouse centrale

prefeasibility study avant-projet

preferred stock action privilégiée

premises locaux, lieux

prevent, to empêcher

price prix, cours

closing — cours de clôture

current — prix courant, du jour

declining — cours en fléchissement

soaring — cours montant en flèche

print imprimé; caractères

printed matter imprimés

proceedings procès-verbal, compte-rendu, débats

processing transformation

produce, to produire; *(n.)* denrées, produits, fruits et légumes

profit bénéfice

— **organization** association à but lucratif

profitability rentabilité

profitable lucratif, rentable, avantageux

prohibit, to interdire, prohiber

property propriété, avoir, biens

real estate — biens immobiliers

provide, to fournir

provident fund caisse de prévoyance

proxy fondé de pouvoir; procuration

purpose but, objet, fin

qualification aptitude, capacité, qualification

qualified qualifié, compétent

quarter trimestre; quart

quota quote-part, contingent

quotation cote, cours (Bourse)

railroad chemin de fer

raise, to augmenter, élever, majorer

range gamme, éventail

rank, to être classé, se classer; *(n.)* rang, place

rate taux, cours, prix
— **of exchange** taux de change

rating évaluation
credit — solvabilité

ratio rapport, coefficient

raw brut
— **materials** matières premières

re en ce qui concerne; objet (dans une lettre)

reach, to toucher, atteindre

reader lecteur

real estate biens immeubles
— **agency** agence immobilière
— **tax** impôt foncier

rebate rabais, réduction

receipt réception; reçu, récépissé
We are in — of your letter Nous accusons réception de votre lettre

receiver destinataire, récepteur (tél.)

recipient destinaire, bénéficiaire

record, to enregistrer; *(n.pl.)* archives

recover, to recouvrer, rentrer en possession de, récupérer

recovery redressement, reprise (économie)

reduce, to réduire, baisser

reduction réduction, diminution, baisse, rabais

refinery raffinerie

refund, to rembourser

register, to inscrire, enregistrer; *(n.)* registre
— **tonnage** tonnage de jauge

registered inscrit; recommandé (courrier)
— **office** siège social
— **mail** pli recommandé
— **security** titre nominatif

registrar conservateur

regulation règlement, réglementation

reinsurance réassurance

relieve, to atténuer, soulager

rely, to (on) compter (sur)

rent, to louer; *(n.)* loyer, location

rental location

renter locataire; loueur

repair, to réparer; *(n.)* réparation

reply, to répondre

report rapport, compte-rendu, procès-verbal

request demande

require, to exiger, requérir

requirements cahier de charges, exigences

residence résidence, domicile

resort station
health — town ville d'eaux

result, to (in) résulter, entraîner

résumé curriculum vitae, état de service

retail, to vendre au détail; *(n.)* détail

retailer détaillant

retirement retraite

return, to retourner, renvoyer, rendre, restituer; *(n.)* retour; rapport, revenu, rendement

revenue revenu, recettes
tax — recettes fiscales

rice riz
— **production** production rizicole, riziculture

rise augmentation, hausse

rotation rotation, roulement
crop — assolement

run, to exploiter, diriger

safe sûr; *(n.)* coffre-fort
— **deposit box** coffret de sûreté

sagging en fléchissement

salary salaire, traitement, paie
— **record** état des rémunérations

sale vente, écoulement
for — en vente, à vendre
—**s figure** chiffre d'affaires

sample échantillon

save, to économiser, épargner

savings économies
— **and loan institution** caisse d'épargne

— **bonds** bons du Trésor

scale échelle, envergure

large — de grande envergure

scarce rare

scarcity pénurie, rareté

schedule programme, horaire, emploi du temps

seal, to cacheter, apposer un cachet; *(n.)* cachet, visa, sceau

seasonal saisonnier

secondhand d'occasion

secretary secrétaire

—'s office secrétariat

sector secteur

security garantie, caution

—ies valeurs, titres

seek, to demander, chercher

job —er demandeur d'emploi

select, to choisir, retenir

self-service libre-service, self-service

sell, to vendre, écouler

semicolon point virgule

send, to envoyer, expédier

sender expéditeur, envoyeur

session séance (réunion)

share, to partager; *(n.)* part; action, valeur

shareholder actionnaire

sheet feuille

balance — bilan

ship navire, vaisseau, bâtiment

shipbuilding construction navale

shipper expéditeur, chargeur

shipping expédition

— agency agence maritime

shipyard chantier de constructions navales

shop magasin, boutique; atelier

shore rivage, littoral

short court

— term à court terme

shortage insuffisance, manque, pénurie

housing — crise du logement

shorthand typist sténodactylo

show, to montrer, faire apparaître; *(n.)* spectacle

signature signature

stamped — griffe

silver argent (métal)

single simple; célibataire

site site, chantier

on-— inspection visite sur le terrain

size dimensions, format, taille

skilled spécialisé

— worker ouvrier spécialisé (O.S.)

small business petites entreprises

smuggle, to passer en contrebande

soar, to monter en flèche

solvency solvabilité

sorry: to be — regretter, avoir le regret de

space espace; interligne

double — double interligne

spouse conjoint

staff personnel

stamp timbre

standard étalon; type

— of living niveau de vie

staple, to agrafer

stapler agrafeuse

start, to commencer, entamer, lancer (une affaire)

state, to déclarer, indiquer

statement déclaration, état, relevé; bilan

bank — relevé de compte bancaire

station gare

filling — station service

stay, to séjourner; *(n.)* séjour

steel acier

— industry sidérurgie

stipulate, to stipuler

stock stock; action, valeur, titre

stockbroker agent de change, courtier

stoppage arrêt, blocage

storage entreposage, emmagasinage

story étage

strike, to se mettre en grève, faire la grève; *(n.)* grève

stub souche, talon

sublet, to sous-louer

subscribe, to s'abonner

subscriber abonné

subscription abonnement

subsidize, to subventionner, accorder des subsides

subsidy subvention

substraction soustraction

sugar sucre

— production production sucrière

supervision encadrement; surveillance; supervision

supervisor cadre; surveillant; moniteur; agent de maîtrise

supervisory personnel cadres; personnel d'encadrement

supply, to fournir, approvisionner
— and demand l'offre et la demande
surplus surplus, excédent
survey étude
swine porcins
system système; réseau
   railroad — réseau ferré

table table, tableau
tag étiquette
take, to prendre
   —-over bid offre de rachat
   to — part prendre part, participer
   to — place avoir lieu, arriver
   to — the minutes dresser le procès-verbal (des délibérations)
tanker tanker, bateau-citerne
   gas — méthanier
tape ruban
tariff tarif
tax, to imposer, frapper d'un impôt; *(n.)* taxe, impôt, contribution
   income — impôt sur le revenu
   land — impôt foncier
   — collector receveur des contributions, percepteur
   — consultant conseiller fiscal
   — dodging fraude fiscale
   — exemption exonération fiscale, d'impôts
   — form feuille de déclaration d'impôts
   — relief dégrèvement d'impôts
taxable imposable

taxpayer contribuable
telephone booth cabine téléphonique
telephone directory annuaire, Bottin
telephone operator standardiste
teller caissier (banque)
tenant locataire
tender soumission, offre
term terme, durée, délai; *(pl.)* clauses, conditions
theft vol
third troisième; tiers
   — party tiers, tierce personne
ticker téléscripteur
ticket billet, ticket
tip tuyau, renseignement
title titre; qualité, fonction
token jeton
toll péage
ton tonne
   gross register — tonneau de jauge brute
total, to totaliser, s'élever à; *(n.)* total
track voie, piste
trade commerce, échange, négoce
   — balance balance commerciale
   — name raison commerciale
   foreign — commerce extérieur
   retail — commerce de détail
   wholesale — commerce de gros
trademark marque de fabrique
trader négociant, commerçant
traffic trafic, circulation
train, to former

trainee stagiaire
training formation
   in — en stage
   — period stage
transaction opération, transaction
transfer transfert, transmission; virement
transportation transport
travel voyage
traveler voyageur
   —'s check chèque de voyage
treasurer trésorier
Treasury le Trésor
treaty traité
trend tendance
truck camion
turnover chiffre d'affaires
type, to taper à la machine
   —written dactylographié
typist dactylo

unbalanced inégal, non équilibré
underline, to souligner
undersigned soussigné
understanding accord
undertake, to entreprendre
undertaking entreprise
underwriter assureur, souscripteur
unemployment chômage
uneven inégal
unexpected inattendu
unfair déloyal
union union; syndicat
unionized syndiqué
united uni
   — Kingdom Royaume-Uni
   — States États-Unis
unlike à l'inverse de, contrairement à

unsecured à découvert, sans garantie
unskilled non spécialisé, non qualifié
up to jusqu'à concurrence de
— **now** jusqu'ici
ups and downs hauts et bas, fluctuations
upturn reprise
upward en hausse
— **trend** tendance à la hausse
use, to utiliser, employer; *(n.)* emploi, usage
used usagé; d'occasion
user usager
utilities services, eau-gaz-électricité
public — services publics

vacancy emploi vacant, vacance
vacation vacances, villégiature
vacationer vacancier
valid valable
valorization valorisation
valuables objets de valeur
value valeur
value-added tax (VAT) taxe à la valeur ajoutée (TVA)
van camion, camionnette, fourgon
various divers
vegetables légumes, primeurs

vending machine distributeur automatique
venture entreprise
vessel navire; vaisseau
viewer (T.V.) téléspectateur
vital vital
office of — **statistics** bureau d'état civil
void, to annuler, résilier; *(n.)* nul

wage(s) salaire, paie
— **earner** salarié
warranty garantie
waterway cours d'eau, voie navigable
way chemin, voie
on the — **out** en voie de disparition
weather temps
— **forecast** prévision météorologique
weekly hebdomadaire
weigh, to peser
weight poids
wheat blé
while tandis que, alors que, pendant que
wholesale en gros
small — demi-gros
— **trade** commerce de gros
wholesaler grossiste
will testament
win, to gagner
withdraw, to retirer
withdrawal retrait
withhold, to retenir
within dans

wood bois
wooded boisé
wording rédaction, libellé
work, to travailler; *(n.)* travail
— **force** force ouvrière, effectif, main-d'oeuvre
worker ouvrier, travailleur
skilled — ouvrier qualifié (O.Q.), spécialisé (O.S.)
working day jour ouvrable
workshop atelier
world monde
The — **Bank** la Banque Mondiale
— **currency market** marché monétaire mondial
worldwide mondial, à l'échelle mondiale
worth valeur
write, to écrire, rédiger
— **out (check)** tirer
writing écriture, rédaction

yard chantier
ship — chantier de constructions navales
year année, an
calendar — année civile
fiscal — exercise, année budgétaire
yield, to rapporter; *(n.)* rapport, rendement

zip code code postal
zipper fermeture-éclair

illustration credits

Cover: *Front left:* Rhône-Poulenc, Inc. *Front center:* Thomson-C.S.F. *Front right:* Peugeot. *Back upper left:* Liquid Air Corporation. *Upper right:* Crédit Lyonnais. *Middle left:* Saint-Gobain, Inc. *Middle right:* Crédit Industriel et Commercial. *Lower left:* Roussel *UCLAF. Lower right:* Thomson-Brandt.

Pages 8–9: Dictionnaire Français-Anglais des Affaires, Larousse, 1968. *18–19: Valeurs Actuelles,* July 21, 1980. *26: L'Express,* Dec. 2–9, 1978. *27: L'Express,* Aug. 18, 1979. *38: Valeurs Actuelles,* Nov. 24, 1980. *68: Valeurs Actuelles,* July 21, 1980. *83: L'Express. 91: L'Expansion,* Feb. 1981. *92:* Bureau de Vérification de la Publicité. *101:* Société Mutualiste Accidents Corporels. *127: L'Express,* Jan 19, 1980. *128: L'Express,* June 21, 1980. *140: COGEDIM,* 1979. *151* (top): *Valeurs Actuelles,* Jan. 5, 1981. *151* (bottom): *Valeurs Actuelles,* March 3, 1980. *152–53: L'Expansion,* Feb. 1981. *154: Valeurs Actuelles,* Dec. 1, 1980.

A 1
B 2
C 3
D 4
E 5
F 6
G 7
H 8
I 9
J 0

246